图书在版编目（CIP）数据

大清首辅张廷玉：新版 / 寒山客著 . —2版 . — 广州：广东人民出版社，2024.1（2025.7重印）

ISBN 978-7-218-17028-2

Ⅰ.①大… Ⅱ.①寒… Ⅲ.①张廷玉（1672-1755）— 传记 Ⅳ.①K827=49

中国国家版本馆CIP数据核字（2023）第200831号

DAQING SHOUFU ZHANGTINGYU (XINBAN)
大清首辅张廷玉（新版）
寒山客 著

版权所有　翻印必究

出 版 人：肖风华

策　　划：李　敏
责任编辑：李　敏　温玲玲
特约编辑：段　洁
装帧设计：仙　境　刘焕文
责任技编：吴彦斌

出版发行：广东人民出版社
地　　址：广州市越秀区大沙头四马路10号（邮政编码：510199）
电　　话：（020）85716809（总编室）
传　　真：（020）83289585
网　　址：https://www.gdpph.com
印　　刷：广东鹏腾宇文化创新有限公司
开　　本：787毫米×1092毫米　1/16
印　　张：17.5　　　字　　数：230千
版　　次：2017年1月第1版　2024年1月第2版
印　　次：2025年7月第12次印刷
定　　价：52.00元

如发现印装质量问题，影响阅读，请与出版社（020-85716849）联系调换。
售书热线：（020）87716172

/ 序言一 /

穿越历史的烟尘,搜寻破碎的细节

·胡野秋·

中国人在一路狂奔了若干年之后,终于愿意坐下来朝后看了,这是一件亦喜亦忧的事情。喜的是人们至少意识到咱们的那几千年历史,还有弥足珍贵之处;忧的是咱们已经快找不到北了,如果不去历史的风尘里找找坐标,可能真有翻船的危险。

这从近些年通俗历史书籍的畅销可以看出,在大大小小书店的新书台上,历史类图书都是让人驻足的理由。但在我看来,此类书真真假假,泥沙俱下,借历史的躯壳,填充今日之糟糠者甚多,更有误导后人的伪作。所以我提醒身边的一些年轻人,如果喜欢历史,还是多读读正史,至于演义、戏说之类,最好轻轻飘过。

所以当这本《大清首辅张廷玉》摆在我的面前时,我一开始并没有特别重视。好在张廷玉是我熟悉的人物,他是清代除了皇帝之外最出名的人物之一,并在当朝和后世均享有盛誉。而且作为一个安徽人，我始终以这位老乡为荣，且时有莫名沾光的虚荣感。所以即使冲着张廷玉的面子，也得认真翻一下这本书。

张廷玉仅凭辅佐过三朝皇帝的功业，便足以构成传奇，更难得的是，作为一个从政半个世纪的三朝元老，张廷玉几乎没有什么被后人非议之处，近乎完人，这在苛刻的清朝尤其罕见。

纵观中国历史，皇帝的宠臣从不缺少，每位皇帝都有自己的宠臣，有时候爱到快不分彼此了，但越受皇帝宠爱的大臣，往往下场越惨，而且是一个比一个惨。一代霸主晋文公，当年落难时三个月不闻肉味，因臣子介之推割下腿上的肉才尝了顿美食，但到头来介之推却被晋文公烧死于绵山；秦始皇把李斯宠得不分东西，转眼李斯却被秦二世处死，而且以最残酷的腰斩方式；汉武帝刘彻临死时托孤于大将军霍光，但到了汉宣帝，霍光却被灭了族；岳飞为宋朝收回了多少被金人占领的土地，屡获嘉奖，但宋高宗还是在风波亭缢杀了岳飞父子；而明朝更过分，八十一个开国功臣，最后只有三位善终，其余各位均死于非命，所谓伴君如伴虎是也。

可是张廷玉不但伴了三只虎，而且是三只性格、风格均截然不同的猛虎，康熙、雍正、乾隆是一个比一个狠的角色。他们也砍下了不少宠臣的脑袋，连皇太极留下来的顾命大臣鳌拜、苏克萨哈都老命不保。唯独张廷玉和他的父亲张英全身而退，善始善终，尤其是张廷玉死后配享太庙，成为有清一朝汉人大臣配享太庙的孤例。张廷玉的一生经历成为一个传奇，越来越多的人试图解开这个谜一样的古人，并对这个男人的背景产生兴趣，而且我预料在未来一个时期，会有越来越多的研究者进入这一领域。

现在我们看到的这本书，就是揭开这个谜团的一把独特而实用的钥匙。

寒山客是我的朋友，年龄不大却给人少年老成之感，他一直以历史写作为乐，他既不走如今大行其道的戏说之路，又不走人云亦云的抄录史书的翻版之途，因而提供给读者的史实大致是可信的，他帮助我们穿越历史的烟尘，打捞破碎的细节。此外，他的历史书写又具有其一贯的毒辣文风，言辞间时而金刚怒目，时而调侃俏皮；点评中时而冷峻犀利，时而装疯卖傻。读他的历史文字，我们不觉得有时代的隔膜，倒反而像在看当下的故事，确实成为"所有的历史都是当代史"的最好注脚。

读这样的历史书籍，不需要噘嘴皱眉，也不需要正襟危坐，所以应该是最松弛、最舒服的阅读。

不信？您就试试。

是为序。

序言二

白玉微瑕——盛世里的失语者

· 吕峥 ·

清宫剧里常见张廷玉公忠体国的身影，在汉人备受歧视的清代，作为皇帝的秘书，既没有孔尚任、高士奇的文治，也没有年羹尧、阿桂的武功，张廷玉能在朝堂居官五十载而不倒，就连李鸿章也由衷赞道：

> 汉之萧张（萧何、张良），唐之房杜（房玄龄、杜如晦），得君抑云专矣（也可说是得君专宠了），视公犹其末焉。

康熙四十三年（1704），张廷玉入值南书房，此后一直到乾隆初年，其遵旨缮写的上谕皆能详达圣意，尤其在康熙驾崩、雍正守丧的敏感时期，稍有差池便会引火烧身，但才思敏捷的张廷玉往往操笔立就，文不加点，深孚众望。

张廷玉过目不忘，举凡官吏的姓名、籍贯，各部的开支、收入，从来如数家珍，并且身兼数职，任劳任怨，经常坐在轿子里都没空休息，一刻不停地处理文件，把雍正感动得击节赞道：

  尔一日所办，在他人十日所不能也。

  张廷玉堪称"循吏"的模板，克己到了苛刻的程度。所有馈赠，凡价值超过一百两银子，均严词拒绝；皇帝的赏银，或购置公田资助乡亲，或激励学子发奋求学。
  张廷玉从不赌牌，也不看戏，每天下班回家，除了检查子侄的课业，就是独处一室，与青灯黄卷做伴。他极少接见京外官员，也从不跟地方督抚私信往来，经他举荐擢升之人，绝不会知道是谁暗中使力。
  在对待家人方面，张廷玉更是严酷无情。雍正十一年（1733），张廷玉的长子张若霭廷试中了探花，他获悉后以"天下人才众多，三年大比莫不望鼎甲，官宦之子不应占天下寒士之先"为由，上疏建议将张若霭列为二甲。
  雍正允其所请，置张若霭为二甲第一名。
  一次，张廷玉请假回乡省亲，来回要走几个月，把雍正想得茶饭不思，下了道圣旨给他：

  朕即位十一年来，在廷近内大臣一日不曾相离者，唯卿一人，义固君臣，情同契友。今相隔月余，未免每每思念……

  然而，彼之蜜糖，我之砒霜。乾隆即位后，张廷玉和鄂尔泰这两位前朝重臣不得不重新定位自己与新君的关系。鄂尔泰性格张扬，幸亏走得早，好歹给了个谥号"文端"。就在鄂尔泰死去的第二年，乾隆降旨给张廷玉，说老先生身体不好，朕很心疼，就不必这么早来上朝了，可以多睡会儿。

如此明显的政治信号，张廷玉当然一点就透，加之张若霭刚刚去世，老头饱受打击，心灰意懒，萌生了去意。问题是为朝廷服务了近五十年的他，如何平安落地？

站在乾隆的角度，你张廷玉门生故吏遍布朝野，现在想功成身退，一走了之，赢得生前身后名，把摊子留给自己，门都没有！除非你名誉扫地，让所有攀缘阿附你的人清楚张廷玉这棵大树倒了，否则朕心着实难安啊。

于是，乾隆跟张廷玉玩起了文字游戏。

张廷玉说自己岁数大了，腿脚不灵便，记忆力也衰退得厉害，请求致仕。乾隆说你是先帝下旨"配享太庙"的人，死后有无上荣光，生前岂能偷懒？张廷玉说死后"配享太庙"而生前告老还乡并非没有先例，刘伯温就是如此。乾隆说刘伯温明明是被朱元璋罢黜的，你要学他吗？你怎么不学好的？比如诸葛孔明的鞠躬尽瘁，死而后已。张廷玉说诸葛孔明生逢乱世，天天打仗。我命好，躬逢盛世与圣主，所以可以歇着了。

乾隆还是不同意，拖了一年，见张廷玉实在是油尽灯枯、老眼昏花，监制的《御制诗集》里居然有错别字，终于准他次年开春舟行回乡。

万万没想到，张廷玉担心人走茶凉，像张居正那样墙倒众人推，回头"配享太庙"的荣誉也保不住，那可真是一夜回到了解放前。为此他专门面圣，"请一辞以为券"，即讨个口头保证。

乾隆满足了他的要求，但心里窝着团火，赐了首阴阳怪气的诗给张廷玉，结果又出事了。

按常规，张廷玉收到御诗，翌日就应当到宫门前叩头谢恩。但不知他出于什么考虑，没有亲自去，而让儿子代往。

乾隆暴怒，当即召开军机会议，准备拟旨责问张廷玉是何居心。军机大臣汪由敦是张廷玉的弟子，赶紧写了张字条让人送到老师家示警。

年近八十的张廷玉真的老糊涂了，第二天天没亮就跑到宫门前请罪，此时谕旨还没下发，摆明了告诉乾隆有人给他通风报信。

最后，乾隆勉强保留了张廷玉的"配享太庙"，以示对雍正的尊重，但剥夺了他"伯爵"的身份。

好不容易熬到开春，张廷玉终于可以启程了，谁知就在他即将南下之际，乾隆的长子永璜死了。这是乾隆最为钟爱的儿子，也是张廷玉的学生。按情分，追悼会不能不参加，张廷玉也确实以老迈之躯前去祭奠，但归心似箭的他等不到葬礼结束便上表说要走，还沉浸在悲痛之中的乾隆忍无可忍，下旨叱问道："你自己说还配不配得上'配享太庙'的荣誉？"

就这样，张廷玉一无所有地回到了桐城，从此一病不起。

可惜，人在家中坐，祸从天上来，张廷玉的亲家朱荃又出事了。

朱荃在清贫的翰林院苦熬多年，好不容易撞上个外放学政的差事，到四川主持乡试，这一把能捞不少，把连年的欠债都还清。但天命无常，就在他准备动身时，家里传来噩耗：母亲去世了。

圣朝以孝治天下，一般来说这种情况官员都得回家奔丧并丁忧，但朱荃反复权衡，觉得外放学政的机会估计下半辈子很难再碰上了，于是匿丧不报，直奔四川。

此事被人检举，乾隆小题大做，怪罪到张廷玉头上，下旨斥责他道："你怎么跟这样的小人结为姻亲？明白回奏！"

张廷玉不卑不亢地回复说，我什么都不知道，当初犬子娶他女儿时，我也稀里糊涂的，多亏您提醒，我现在如梦初醒。

乾隆合计了一下，发现张廷玉已经没什么可剥夺的了，就命他把家里所有的御赐物件悉数上交。具体负责追缴事宜的是内务府大臣德保，临行前，乾隆专门密嘱他到桐城后带着兵丁去张家，看张廷玉是否家藏万贯，是否有片纸只字诽谤朝廷。

然而，让乾隆大失所望的是，张廷玉的私德近乎一尘不染，什么把柄都没有，德保回京复命时还帮他说好话，乾隆只好下旨把张廷玉痛骂了一番，任其自生自灭。

读史至此，感慨万千，不由得想起与管仲齐名的战国名将乐毅。

当年燕昭王高筑黄金台延揽天下人才，乐毅正是其中的佼佼者。他率兵连破齐国七十余城，只剩下莒和即墨两座孤城未克。这时，燕昭王去世，齐将田单派人施展反间计，使即位不久的燕惠王撤掉了乐毅。田单用火牛阵大破燕军，一举光复齐国。

乐毅见燕惠王昏庸，拒不奉诏，一口气跑回了自己的祖国——赵国。燕惠王悔恨交加，给乐毅写了封信，一边道歉一边大谈燕昭王当初对乐毅的恩情，暗示他一走了之不仗义。

乐毅回了封信，即著名的《报燕惠王书》，主旨用孟子的话说就是"君之视臣如手足，则臣视君如腹心；君之视臣如犬马，则臣视君如国人；君之视臣如土芥，则臣视君如寇仇"。

乐毅明白无误地告诉燕惠王，他的人生信条是能任劳，不能任怨。为君王效力可以，流血又流泪不干。

燕惠王收到乐毅的"绝交信"，竟然继续善待他留在燕国的家人，还欢迎他常回家看看，并以客卿之礼待之，不禁让人感慨。

以后周宰相范质为例，此人是周世宗任命的托孤重臣，但陈桥兵变后，范质无力回天，只能顺应潮流，继续为赵宋效力，死后家无余财，赵匡胤赞之道："这才是真宰相！"

然而，宋太宗赵光义的评价却很奇葩：宰辅当中若论守规矩、慎名节、重操守，没人能比得过范质。范质这人什么都好，就是有一点很可惜——他欠周世宗一死啊！

典型的得了便宜还卖乖。

即便如此，不杀士大夫及上书言事者的宋朝仍然是无数文人向往的时代，再往下发展，到了清代，那可真是"君要臣活，臣不敢不活"。

一次，雍正对一份奏折里的"君恩深重，涓埃难报"八个字大为光火，乍看之下，很难理解——人家明明是在表忠心啊！但雍正不这么认为，他驳斥说："但尽臣节所当为，何论君恩之厚薄。"言外之意是，不管皇帝对你恩深恩浅，哪怕无恩有仇，冤枉了你，也得发自灵魂地尽忠，不能有丝毫二心。

雍正是这么想的，也是这么干的。有一年黄河水清，官员们纷纷上奏歌功颂德，就在这些拍马文章中，有两道奏折在格式上不合规矩，一道是鄂尔泰的，一道是杨名时的。

鄂尔泰好说，雍正曾告诉左右"朕有时自信不如信鄂尔泰之专"（我有时宁可信他，也不信自己）；杨名时虽然正直，但太好名，雍正神烦此人。

于是同样的错误，前者因属"难得的忠臣，不能因小节有失就处分他"，而后者"向无忠君爱国之心，犯了这么大的错，必须严惩不贷"。

说一千道一万，其实无非梁武帝的那句名言："自我得之，自我失之，亦复何恨？"（我打来的天下又从我手里失去，也没什么好遗憾的。）中国传统的君臣关系，还不如《古惑仔》里的陈浩南与山鸡来得真挚。

张廷玉去世后，乾隆顾念"皇考之命何忍违"，恢复了他心心念念的"配享太庙"，使其成为有清一代十二个享此殊荣的大臣里唯一的汉人。

然而二百年后，溥仪都成了战犯；千秋万代之后，谁还记得太庙里有过哪些人？张廷玉妄执了一生的终极意义，终归只是一道幻光，一把君主利用臣子"名我心"的利器。他超越了那个时代绝大多数的

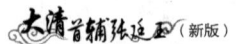

人，但始终未能超越身处的时代。

生命的意义就是生命本身，而不应当成为任何概念与目的的工具。大部分的痛苦都是不肯离场的结果，没有命定的不幸，只有死不放手的执着。

是为序。

第一辑　张氏父子的康熙时代 /001

第一章　张廷玉的先辈 /002

第二章　张廷玉出世 /007

第三章　决意除三藩 /014

第四章　新年团拜会 /033

第五章　瀛台夜宴 /039

第六章　小廷玉初见康熙爷 /044

第七章　张英的智慧 /051

第八章　张廷玉的康熙朝官场 /081

第二辑　张廷玉和他的雍正时代 /123

- 第一章　雍正接过大清权力棒 /124
- 第二章　雍正的改革 /137
- 第三章　张廷玉的官路最高峰 /181
- 第四章　西北战事与京师地震 /189
- 第五章　张廷玉回乡省亲 /197
- 第六章　作别雍正时代 /202

第三辑　张廷玉和他的乾隆时代 /207

- 第一章　心惊胆战的新王朝 /208
- 第二章　避不开的党争 /226

附录：本书主要参考文献 /265

第一辑

张氏父子的康熙时代

康熙对张廷玉如此恩赏，对此，张廷玉除了磕头谢恩，就是一心替皇上办好差。皇上外出的这段日子里，张廷玉主管南书房，凡事都得自己拿主意。张廷玉没有政治野心，可眼看皇上一天天老去，他总得为自己的仕途谋划，康熙驾崩后，自己将何去何从？

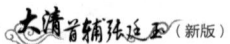

第一章 张廷玉的先辈

安徽桐城的张家，是大清有名的仕宦望族。起初，张廷玉的始祖张贵四住在江西饶州的瓦屑坝，后来为了躲避兵祸，于元末明初之际，带领家小从鄱阳湖仓皇出逃。当时朱元璋与陈友谅在鄱阳湖决战，为了争夺天下，双方是打得难舍难分，哪里会顾及老百姓的死活。战争让帝王登上了宝座，也让将军的功勋刻于钟鼎之上，却给小老百姓带来了硝烟焦土，能够从炮火中捡回一条小命，算是老天的眷顾了。

在惶恐当中，张贵四夫妻俩也不知道该去往何方，只要能逃命就好，于是借风扬帆，漂往长江。夫妻二人拼命地轮番摇橹，不分白天黑夜地行了三四天，侧耳倾听厮杀声渐行渐稀，估计已经脱离了战事区。此时二人早已精疲力竭，实在是挺不住了，随即双双倒头而睡。一觉醒来，小船竟然停在一个避风的大湖汊，令人称奇的是，这湖汊竟然被一个大湖泊环围着，这里没有战船和硝烟，只见渔船和炊烟，夫妻俩听着湖里的涛声和岸上松林的风声，庆幸自己找到了一个世外桃源。随后夫妻二人赶紧将小船靠往湖岸，接着牵大抱小，从船中走出，抬头一望，只见岸上全是松软的红土，坡岗上遍布郁郁葱葱的松树。

此山就是松山，此湖就是松湖，怀抱松湖的大湖泊就是白兔湖。张廷玉的始祖，领着孩子在此上岸，伐木搭起了窝棚，从此就算安下了家。

日子好比射出去的箭，一晃就过去了两百多年。朱元璋灭掉陈友谅，做了大明皇帝，朱氏江山传了十几代，而此时从鄱阳湖逃难而来的桐城张家，经过七八代的传承繁衍，竟然成了当地的大家族。遥想张廷玉的始祖张贵四，本是个读书人，虽然躲避兵祸，远迁到桐城，即便靠打鱼种田过日子，教育后代苦读圣贤书这件事也没有落下。随着一代代耕读传家，到了大明隆庆年间，张氏一族的后代里边，出了一个名叫张淳的读书人，他竟然草鸡变凤凰，一举高中进士，被朝廷选拔做了浙江永康县令，后来因为政绩斐然，被朝廷提拔为礼部主事，最后官拜陕西左参政。

桐城张家，自从张淳入仕后，才开始在宦海发达起来。张淳一生有四个儿子，其中长子张士维，好像从笔筒里生出来似的，打小就喜欢舞文弄墨，嗜书如命，十四岁就中了秀才，闻名乡里，后来因长子张秉文做官受封中宪大夫、抚州知府。他擅长书画，建筑半亩园于獭桥湖畔，自绘《龙眠山庄图》于壁上，著有《半亩园诗集》。

说来也巧，张士维也生了四个儿子，其中长子张秉文和三子张秉彝才学出众。长子张秉文，于大明万历三十八年（1610）中了进士，官至山东左布政使。而后大明江山危如累卵，崇祯也是束手无策，大清铁骑在崇祯十一年（1638）攻破济南城，张秉文率部与清兵巷战数日，无奈寡不敌众，随即以身殉国，其夫人方氏以及多名妾室一齐投了大明湖，做了忠贞的烈妇。三子张秉彝，也就是张廷玉的爷爷，因为哥哥张秉文在朝廷当差，有了这层关系，张秉彝也就成了贡生。本来在帝都的国子监苦读圣贤书是挺好的事情，怎奈明末时代，在帝都北漂并不好过。李自成的军队，还有皇太极的军队，把帝都当成了磨盘，你推过来，我推过去。此时在帝都北漂的每一个人，被这磨盘碾得生命都没有了保障。外边炮声隆隆，张秉彝压根儿没有心思坐下来读书。无奈之下，他只好回到桐城老家，侍奉父母，守护祖宗坟地，培育子孙后代。张秉彝在桐城的人脉广、圈子大，不仅善于持家，为人也乐善好施，经常扶危济困，是张氏族中的领袖。朝代更替之时，张献忠、李自成的农民军先后在桐城一带与大明的政府军激战，长期的战争导致许多盗匪趁机打家劫舍，加上没完没了的天灾，老百姓深受其害，生活苦不堪言，而张秉彝带领族人硬是度过了民如草芥的时代。待到天下初定时，张家祖上的产业自是所剩无几，只能勉强支持日常生活开销，无法维持大家族的体面。为了营生，张秉彝学会了打铁，其技术在桐城周边的十里八乡都是很有名气的。张秉彝沦落到靠打铁糊口的地步，可是日子还是过得悠然自得。

张秉彝的夫人吴氏是麻溪吴应耀之女。吴氏为张秉彝生了五个儿子。待到小子们长大成人时，张秉彝便把家产分割，让他们各立门户，便于和谐发展。因为张秉彝自身有些学问，加上教子有方，所以膝下各子都在读书治学。在这些儿子当中，数五子张英，也就是张廷玉的老爸最为优秀。他打小被乡里称为神童，自幼读书过目不忘。张英平日里，一边跟老爸打铁，一边苦读经书。大清取代了大明，这已是铁定的事实。前朝遗老随大流归顺大清后，自己不入仕，总不能让子孙后代守着祖产，坐吃山空，况且读书人也不可能干一辈子扶犁、屠宰或打铁的力气活，于是这些前朝遗老就让后人赶赴今朝科举，博取功名，以求靠做官养家糊口。康熙二年（1663），为了重振张家门楣，张秉彝让五子张英去江南省城南京赶赴乡试，竟然取得了第十二名的好成绩。中举之后，张英没有像范进一般发疯，而是决定顺杆爬，在康熙六年（1667）赶赴京都会试。大清为了笼络天下士子之心，自打顺治六年（1649）恢复科举，就明文规定，凡是进京赶考的举子，一律由各省布政使派出公车，车马费由官府买单。可是进京后，伙食、住宿费还得自己掏银子，张英只好卖了一百五十亩良田，才凑足进京赶考的盘缠。

张英会试，一路考下来，竟然觉得神清气爽，待贡院发榜下来，张英中了第六十一名，心里甭提多高兴。接下来的一个月，张英便在太和殿参加小皇帝康熙主持的殿试。别看康熙此时仅有十四岁，可当他高高地端坐在龙椅上，接受监考臣工和应试贡士的朝拜时，那表情和做派完全不像一个乳臭未干的小子，却像一个饱读诗书的白头儒生。看到少年天子如此端庄有礼，贡士们心里也没有了紧张。此次殿试下来，张英高中二甲第二名，被朝廷起用为内弘文院庶吉士。

内弘文院早期隶属于翰林院，主要职能是注释古今政事得失，为皇帝进讲，为皇子侍讲。庶吉士这个官职起始于明朝初期，是中国明清时期翰林院所属的官职，好比现在公司招聘的储备干部一样。明朝的翰林院作为政府官员的储备库，有"非进士不入翰林，非翰林不入内阁"的说法。因此庶吉士也号称"储相"，也就是说读书人只要能成为庶吉士，做官就可以顺杆爬了。清朝很多大权在握的汉臣，也多出身于翰林院庶吉士。

在张英进入翰林院的第二年，不幸的事情发生了，张英的父亲张秉彝驾鹤西去了。张英是孔子门生，讲孝悌是做人的根本，他得知父亲仙去，赶紧去礼部报丁忧。丁忧是汉人沿袭下来的祖制，朝廷官员的父母一旦死去，不论该官担任何职，都得从获悉丧事的那一天起，回到祖籍地守制三年。此时康熙刚刚除掉鳌拜，由于依附鳌拜的党徒甚多，自然拔出萝卜带出泥，康熙肃清鳌拜一党后，庙堂内外竟然出现许多官位空缺，加上少年天子亲政不久，根基不稳，在急需用人之际，满人不像汉人那么看重守丧，张英就这样被康熙夺情。张英无奈之下，只好再报吏部，吏部也只得再报皇帝，康熙正在倡行汉人礼制，准备笼络汉人，大概觉着于心不忍，便降旨张英带职守丧。

张英守丧期满后，吏部便将他召回京城，朝廷给他加官一级，升任翰林院编修，赏五品顶戴花翎，主编《世祖实录》。

第二章 张廷玉出世

康熙十一年（1672）的重阳节注定不平凡，将近中午的时候，张英坐着官轿，优哉游哉地从翰林院下班回来，一路上高兴得哼起小调。原来，康熙帝今天在毓庆宫召见张英一干翰林院学士，询问《世祖实录》的编撰情况，并饶有兴趣地与汉臣们谈起了重阳节，众汉臣见皇帝对汉文化如此熟谙，便与皇上高兴地讲谈起来。正在此时，内务府首席太监魏珠走到皇上跟前，呈上了一份礼物，原来是琼州府进献的一箱珊瑚雕刻。康熙作为一国之君，见过无数的奇珍异宝，像这样栩栩如生的珊瑚雕刻还是头一次见到。其时，大清坐稳江山不久，满汉之争仍旧激烈，为了化解汉人对满人的偏见，康熙尊汉制，学汉文化，希望汉人当中有更多的名家大儒出来为朝廷效命。于是皇上对众汉臣说："今儿请爱卿们前来议事，这礼物进献也逢时，重阳节是你们汉人喜庆的日子，你们这些个文人墨客也该早早回去，遍插茱萸少了你们，谁来登高赋诗啊！朕因为朝政耽搁了你们的节庆，现赐每人一件礼物，以表朕的心意。"

这些耍笔杆子的翰林们，做梦也想不到皇上如此待见他们。皇上叫翰林们自己动手挑选中意的珊瑚雕刻，这些死要面子的文人硬是杵在原地不动。康熙无奈之下，只得亲手为每人挑选了一件，张英受赏了一只麒麟。众翰林受赏谢恩后，各自出宫回到翰林院，而后早早打道回府。

张英一路都在感怀皇上如此重用汉臣，直到听得轿夫一声喊起："大人，到了！"张英这才如梦初醒，慢慢地从轿子里走出来。张英刚来到京城做官，赤裸裸的清官，没宅子、没轿子，因为翰林院是个清水衙门，捞不到什么油水，一年的俸禄也不过百十来两银子，要养活一家子人实为不易。张家在北京的府邸，也是租赁人家的。一座青砖灰瓦的宅院，位于紫禁城西直门外，房间也不多，门洞小得连一顶轿子都无法进入，张英坐轿都是在门口起落。请来的轿夫也不是全职，是在轿行包月的。所以轿子一停，张英就得掀开帘子，从轿里走出来，片刻不能耽搁人家生意。张家世代书香，为人处世十分低调，与周边邻居来往从不张扬。张英的夫人姚氏，也是桐城大户出身，知书达礼。平日里除了张英赶往翰林院办公，或是家人出去采办货物之外，府邸大门总是紧闭的，与外界闲杂人等几乎没有来往。

可是这天，张家府邸却是人来人往的，忙得不亦乐乎！原来张英的夫人姚氏临盆在即，张家马上又要添丁了。

于是当张英习惯性地抬头一看，只见今儿自家府邸大门敞开，心里头便觉着有些不对劲，过个重阳节，也没必要搞得这么张扬，一时性急，他也忘了雅士风度，三两步就走进府内。此时一声婴儿的啼哭传来，清脆响亮，张英这才想起夫人姚氏的生产来。刚走到客厅，只见府中管事王富贵的老婆王嫂兴冲冲地抱出一个包裹着的婴儿，向他赶来，走到跟前,便道了一个万福,说:"恭喜老爷,夫人又给您生了一个少爷!"张英看着包着的小人儿,红扑扑的脸蛋,一双水灵的眼睛滴溜溜地转动,正打量他呢。此时张英心里甭提多高兴,他急忙推开西厢房的门,忽觉一股异香扑鼻而来,来不及细究,他抢步走到床前,怜惜地看着面色苍白的夫人,心里十分愧疚,满含泪花地握着夫人的手说:"夫人,让你受苦了!"姚氏精神还好,毕竟是第二胎,有了经验,她抬头对张英说:"老爷,把那小家伙抱来与我看看。"张英从王嫂手头接过新生小儿,虽然不是头胎,可也是个宝贝儿子,他激动地抱起儿子,忍不住凑上去亲了亲小脸蛋。此时他又闻到了那股异香,原来是从儿子襁褓里散发出来的,张英随即纳闷地问夫人说:"小儿的衣服是否被什么香料蒸熏过?竟然这么香!""家里哪有钱买什么香料?"夫人回答说,"小儿出生时,说来也奇怪,当时在屋里头的人都闻到一股香气,我疼得撕心裂肺的,哪有心思在意这个!"

张英听了夫人的话后,赧然地笑了笑。他轻轻地把孩子放在夫人身边,俯身亲了亲满身香气的儿子。那香气一直在屋子里缭绕,张英深深地吸了吸鼻子,还是无法分辨出到底是什么香味儿,像兰花,像麝香,像檀香,像茉莉,却又都似像非像。

日月如梭,转眼又到康熙十二年(1673)的重阳节,也就是张家小儿的周岁生日。孩子满周岁,对于汉人家庭来说,是一件值得庆贺的大事。张英为人低调,生活简朴,况且自身经济条件也不是很好,只能大事小办。抓周也是张英老家桐城的风俗,不管孩子抓到什么,前来庆贺的亲友都会说些好听的祝福语,还会给孩子取个正式的名字。这是小孩一生中的大事,张英断然不会马虎,他特意告假在家,请了一些在京都的亲友,还有几位关系不错的同僚。这里要特别提到新任刑部左侍郎姚文然,这个姚大人不仅与张英是同乡,一起在朝堂为官,还是张家夫人姚氏的堂兄，也是孩子的堂舅。另外几位就是张英的同僚好友——翰林院掌院学士熊赐履、编修李光地、新科状元韩慕庐。

姚文然刚到张家，与张英正在叙话，此时熊赐履、李光地、韩慕庐三人也匆匆赶到。姚夫人一见来客都已到齐了，便吩咐下人王富贵夫妇，赶紧去往厅堂，在八仙桌上摆放文房四宝、胭脂水粉、算盘账簿等一应物品。众人见状，纷纷放下手中的茶杯酒盅。姚夫人将小儿递到张英的怀里，张英顺势将小儿递给了姚文然，微笑着说："姚兄，你是小儿的娘舅，今天的抓周仪式，应当由你来主持！"众人一听，都点头赞同。

姚文然也没有推辞，他随手从身上摸出一块玉，挂在孩子的脖颈上，转头对姚夫人说："做娘舅的也没什么值钱的东西好送，这块古玉就给小外甥留作纪念吧。"说罢，姚文然一把接过孩子，放在桌面中间坐着。大伙全神贯注地看着，只见小家伙爬向杂乱堆放的物品，抓起一支毛笔，转头望着姚夫人咯咯地笑起来，然后抓起一张宣纸，在上面乱涂乱画。孩子有这样的举动，说来也不足为奇，姚夫人出身书香门第，打小就与家中兄弟一起在私塾进学，也算个才女，婚后又经常与夫君张英诗词唱和。姚氏还常常抱着孩子读书写字，加上张英也是个耍笔杆子的翰林，时常在家看书作文。孩子天天耳濡目染，眼下便学着大人的样子，捣鼓笔墨，纯属好奇心所致。因为平日里张英夫妇不让孩子动纸笔，怕他打翻砚池，弄得一身墨迹。

大伙见小儿没有抓胭脂水粉或算盘账簿，心里总算松了一口气，当下纷纷祝贺道："此小儿将来必定大有出息！"张英听了，心里十分高兴，当然希望后代继承他的衣钵。可他还是不放心，于是走到孩子跟前，将他手中的纸笔抢了过来。小儿看着老爸抢走了他手中的家伙什，小嘴就嚷嚷起来，而后转身看着姚氏，好像求救的样子，姚氏指着桌上的一堆物品，朝他努了努嘴。他回过头来，四下一看，忽然咯咯地笑起来，向一本书爬了过去。只见他拿起书，竟然坐在桌上，煞有介事地翻看起来，像个小大人样，很是可爱。

大伙见了，惊喜地赞道，看来张家又要出大儒了，此小儿将来必是翰林，说不定还要胜过他老爸。张英听了，内心欢喜，嘴上却谦逊地说："小儿抓周，就是图个乐呵，也断定不了将来，只是感谢大家吉言相庆。诸君都是满腹经纶的大儒，烦请给犬子取个名吧？"众人齐声推举姚文然，说姚大人是孩子的娘舅，就请姚大人赐名吧。姚文然捋着胡须，沉思了一会儿，自言自语地说："小孩这一辈是廷字辈，先前老太爷给孙儿们取的名字，都带有王字旁。可是带王字旁的，有什么脱俗的好字呢？这个倒要仔细斟酌……"

熊赐履是翰林院掌院，张英的领导，此时急着想去登高赋诗，盼着抓周仪式和庆宴早点结束，也顾不上姚文然年长他几岁，抢先说道："我看姚大人就不要搞得那么复杂，劳神去想什么王字旁，在廷字后面加上一个玉字不就得了。玉不琢不成器，好玉当精雕细刻，日后必成大器！"众人一听，齐声叫好。李光地看了看张家小儿，合掌笑道："此小儿面如润玉，眉清目秀，将来定是个好儿郎。熊大人取这个玉字，我看甚妙！"新科状元韩慕庐刚刚入选翰林院，不免要拍熊领导一记马屁，趁机附和说："熊大人取的这个玉字绝妙，王字怀墨，才成玉字。只有玉字，端庄文静，实乃字中正人君子。何况此小儿还是一块廷上之玉，将来必是国之大器啊！"韩慕庐这一番解说，一时赢得众人喝彩。张家小儿的名字就这样定下来了。

抓周仪式结束后，周岁庆宴就开席了，诸位大人推让着入席。待众人坐定后，张英便给各位斟酒，举杯致敬说："犬子周岁恰逢重阳节，烦劳诸君前来庆贺，小弟敬各位大人！"正在大伙有说有笑地吃喝时，张家府邸大门前传来一阵叩门声，众人一听，齐声笑道："不知哪位大人这时才来，如此磨蹭，定要罚酒几杯。"

府中管事王富贵闻声，赶紧去开门迎客。府邸大门打开后，走进来的竟是皇上身边的红人——侍卫总管、兵部尚书兼管翰林院的重臣纳兰明珠。张英一见，赶紧迎了上去。这个明珠惯于见风使舵，在朝中同僚中人缘极好，深得康熙倚重，张英与他在公务上常有交集，可是私交上张英不敢高攀，今天见他亲自登门，不知所为何事。只见他一身朝服，后面还跟着一个小太监，手上捧着一卷圣旨，这让张英感到惶恐。

明珠刚走到厅堂，身后的小太监就尖着嗓门叫道："圣旨到！"这一声喊起，顿时把张英吓得赶紧匍匐在地，明珠随即提醒说："张大人请起，快换朝服接旨！"张英一见明珠面色和善，估计没什么祸事，连忙恭请二人在厅堂歇息，诸位大人听得圣旨到，内心不免有些惊慌。明珠也没料到这么多同僚齐聚在张家，于是笑着问道："诸位大人这是怎么啦？今儿重阳节，你们不去登高，却躲在张家喝起酒来？"

熊赐履和明珠都是皇上跟前的近臣，两人照面的机会多，故此他替诸位大人回答明珠说："你也许想不到吧，张家二公子在重阳节满周岁，请我等吃个汤饼喜宴，明大人前来传旨，是不是张大人又要升迁了？"说话间，张英已换好朝服，府中管事王富贵在正堂中央摆上了香案。明珠整了整朝服，从小太监手上接过圣旨，打开，高声喊道："张英接旨！"张英诚惶诚恐地下跪接旨。原来皇上封张英为日讲起居注官，兼侍读学士，官升一级，赏正四品顶戴花翎。

众人一听，急忙上前向张英祝贺。张英谦逊地还礼，同时向明珠表达谢意。明珠一听，急忙摆手说："这是皇上天恩，我只不过跑一趟腿罢了。小寿星在哪儿呢？我抱抱，也沾点喜庆！"姚氏在内室听得到厅堂大人们的谈话，此时听得明大人问起小儿，她便抱着孩子走了出来，向明珠深深地道了个万福。明珠用手轻轻地捏着小廷玉的粉脸，那小孩儿竟然对他咯咯地笑起来，明珠一瞧，欢喜地把他抱过来，在小脸蛋上狠狠地亲了一口，转头对诸位大人夸赞小孩说："瞧这机灵劲，将来必定胜出张大人。诸君都是饱学之士，给小孩定能取个好名儿。"姚文然立即答道："也不是什么亮眼的名字，很通俗的字儿。"熊赐履反驳说："虽说名字俗了点，可是与明大人一样，都非凡品，你叫明珠，他叫廷玉。""廷玉，这名字表面看起来俗气，可是黄金有价玉无价，况且玉带、玉玺、玉帛等，这些玉都是王器，这廷上之玉，正合此意。只是我匆忙之间无法备礼，请张大人见谅！""这圣旨不是最大的礼物吗？"姚文然急忙出来给明珠打圆场。"张大人官升一级，那是皇上恩赐的礼物，我不过是传递礼物的人而已！"众人又闹腾了一番，张英便要拉明珠入席。明珠急忙摆手说："谢过张大人，我早已用过饭了，这厢还急着回复皇命。"诸位大人送走明珠后，小廷玉的周岁喜宴足足持续了一个时辰，方才撤宴。

第三章　决意除三藩

一、张英升为康熙秘书

第二天天还未亮,张英就打着灯笼赶着上早朝谢恩。大清从顺治皇帝开始,就实行了御门听政。御门听政是勤勉的帝王处理政务的一种方式,因为是在早上办公,所以俗称早朝。

青年天子康熙精力充沛,听政天天必行,并且有严格的时间规定。春夏两季在清晨六点,秋冬两季在早上七点。在京的文武百官见到皇上如此勤于朝政,也不敢有丝毫怠慢,王公大臣都是每天早早地起床,赶在皇上升宝座之前,就要来到朝房等候。

张英刚刚升为日讲起居注官,今天是平生第一次上早朝,因而特别重视,早早地赶到朝房等候。不多久王公大臣们也陆续到了,好多大员都不认识他,张英只好逐一自我介绍。在相互寒暄当中,这些一二品大员也不敢小觑张英,虽说日讲起居注官级别不高,可他像影子一样日夜陪侍在皇上身边，记录皇上的言行，就好比皇上的贴身秘书，但凡朝廷有什么风吹草动，臣子当中，他是第一个知晓的。他对皇上的言语，有时能影响皇上对朝政的判断和决策，因此这些重臣都争相亲近张英，况且这位才俊为人敦厚，以后可以通过他来探知朝政动向，如有可能的话，还可以求他在皇上面前替自己说上几句好话。正在大伙相互寒暄之际，养心殿太监总管梁九功，受皇命前来传唤张英。张英跟随梁九功来到了乾清宫西暖阁，一走进西暖阁，就见皇上坐在榻上，诵读经史。康熙从小在孝庄太皇太后的训导下，养成了早晚都要在固定时间读书的习惯。张英生怕惊动皇上，低头匍匐在地，轻声地说道："微臣张英叩见圣上，吾皇万岁万岁万万岁！"康熙一边盯着书本，一边回应说："张爱卿平身吧！"此时梁九功搬来一把椅子，放在张英身旁。张英初次进到宫廷里间，内心十分惶恐不安，哪里还敢起身落座。皇上知道他初次被单独召见到内廷问话，难免有些不适，于是温和地说道："张爱卿啊，朕亲政以后，国事繁忙，没有充裕的时间用来研习经世儒学，现准备选用一些德馨勤政的学士，陪侍在朕的左右，每遇要事，便于及时相商。朕看你性情纯正，满腹经纶，主编的《世祖实录》，朕看了一些，编撰得不错。你日后就充任朕的日讲起居注官，迁侍读学士，不知你意下如何？""臣德薄才浅，幸得圣上恩宠，臣虽肝脑涂地，也难报答圣上恩泽之万一。"张英匍匐在康熙面前，满面涕泪地说。

康熙见张英言辞恳切，十分欣慰，于是急忙从榻上下来走到张英身边，一把将他扶起来，随即说道："爱卿，这就随朕上朝去！"乾清宫门前早有一顶龙辇恭候圣驾，康熙上了轿子，梁九功用手轻扶轿杆，一路上走得又轻又快。张英平常迈惯了磨蹭的学士步，哪里跟得上皇上的轿子，此时他也顾不得读书人的斯文，只得小跑着紧跟在后面。皇上一到大殿前，只听得御前侍卫高声喊道："皇上上朝啦！"诸位大臣一听，黑压压地一齐跪在地上，恭候圣驾，山呼："吾皇万岁万岁万万岁！"皇上沿着文武百官跪迎的夹道，大踏步走向宝座。康熙坐上龙椅，面向臣工一抬手，平声说道："诸位爱卿平身！""谢皇上！"文武百官再次山呼，而后各自归班。此时张英早已不声不响地站在起居注官的位置，官中小太监适时地送上记录用的笔墨纸砚。明珠也手捧折匣出列，恭谨地走到黄案前，然后跪在地上，将折匣放在黄案上。随后大学士索额图慢步上前，屈身站在御座下，打开折匣，取出折子，逐一向皇上禀明。

接下来就是诸位大臣具陈启奏，皇上翻看众臣奏报上来的折子，无非就是地方各州县报来的丰歉年成、赋税征缴等，恰逢太平盛世，喜多忧少，皇上见了，自是龙颜大悦。不过有一份广东加急送来的折子让康熙看了，心里有点忧虑。原来平南王尚可喜以年老病多为由头，恳请皇上将他的王位传给自己的儿子尚之信。康熙看罢折子后，顿时生气地说："外姓封王，那是念及他们为大清立国建了不世功勋，但也不能借此与朝廷抗衡。绝不能放任藩王坐大，成为国中之国，一旦裂土分疆，社稷危矣！此次尚可喜上折子以年老病多为由，请求退休。朕就准了他，命他撤藩回辽东养老，他的儿子可以继承爵位，一并回到辽东。如今南方社会稳定，各地乱党悉数剿灭，百姓安居乐业，无须设藩，撤销分封治理，可以大大减少国库开支，也可以减轻地方百姓的赋税。平南王此举利国利民，正合朕意！"大学士图海一听皇上所言，慌忙出班跪奏说："皇上，此举断不可行！眼下边境三藩的势力强大，朝廷对三藩的兵力不可小觑。况且平南王此次请求退休，并非他的本意，而是受到他儿子的胁迫，目的在于继承爵位，而不是放归老家。皇上倘若强行撤藩，恐其不服，还会引起其他两位藩王的猜疑。奴才以为撤藩一事，不可操之过急，瓦解他们的势力，实行各个击破，还有待时日。""朕贵为天子，难道怕他们胁迫不成！朕记得平西王吴三桂、靖南王耿精忠都曾先后上过乞休的奏本，也是因为部议不成，一直搁置下来。三藩耗用库银太多，朕看还是一并撤了省心！"

索额图原本屈身站在黄案前，一见皇上对撤藩一事如此急进，作为天子近臣，他必须挺身力谏。此时索额图退后一步，与大学士图海并跪在一起，应声对皇上说："奴才以为图大人所言有理，三藩坐镇边陲多年，其拥兵自重，在朝野的关系盘根错节。眼下陡然撤藩，一旦触动他们的利益根基，恐会激起三藩兵变啊！"此时明珠出班跪奏，也提出了自己的看法。他启奏皇上说："二位大人所虑极是！不过三藩之害不除，恐日后尾大不掉，养虎为患，祸害更大。"诸位大臣一见明珠赞成皇上立行撤藩，于是纷纷出班跪奏，拿了老板康熙的俸禄，作为朝廷的高级白领，总要出来说道说道，向老板证明自己存在的价值，这是打工仔最起码的职业道德。如此一来，朝堂上的大人们就分成了两派。以明珠为主的臣工，说白了就是顺毛捋，只要皇上觉得舒心，撤藩后果怎样，无关紧要，况且有错也是领导的错，不会问罪于臣子。要是撤藩成功了，还能得到进言的嘉奖，顺杆爬才是硬道理。不过明珠主张撤藩是真心实意的，他是皇亲国戚，与别人不同，明珠的亲姑奶奶是孟古哲哲，也就是皇太极的生母。后来明珠娶了英亲王阿济格的女儿做老婆，论辈分，明珠是康熙的堂姑父。与皇上在同一个锅里捞肉吃，他力主撤藩，绝无二心。以图海、索额图为首的臣工，他们是既得利益者，从顺治爷执政时，就占据了官位。他们不希望政局发生太大的变动，而一旦发生战事，就会产生新的利益格局，从撤藩中立功的新生代就会取代他们的位置，从而将他们挤出权力中心，因此这些臣工对于撤藩一事像懒牛拉磨，慢慢来。

康熙看着臣工在朝堂上乱哄哄的场景，不由得板起脸，他深知这些臣工各怀心思，没几个人真正为社稷着想，都打着为圣上分忧的幌子，内心却盘算起自己的小九九，于是摆手说："撤藩之事，今日暂且议到这里。诸位爱卿还有何事要奏？"诸位臣工一见皇上心情指数不好，谁还敢再奏。散朝后，康熙回到寝宫，踱过来踱过去，心里还在为撤藩之事恼怒。他口里不停地念叨着三个词："三藩、河道、漕运。"刚刚二十岁的康熙，内心思虑就像个小老头，眼下撤藩成为他急需解决的头等大事，可是朝廷大员一听他提及撤藩之事，个个神情惶恐，足见三藩势力在朝野之中何等猖狂。康熙遥想自己十四岁秘密训练精壮布库，用计铲除权臣鳌拜，当时臣工们反对者甚多，都是慑于鳌拜权倾朝野的势力，生怕自己惨遭其迫害。当时赞成的人寥寥无几，还不是因为自己势单力薄，臣工们担心自己斗不过鳌拜。如今这些人又慑于三藩的势力，惧怕三藩起兵造反，有福不用求，是祸躲不过。三藩总是要撤的，晚撤不如早撤，不过要谋划周详，不能出任何纰漏。想到这里，康熙叫来大内总管梁九功，要他奉旨传唤康亲王杰书、兵部尚书明珠、大学士索额图、翰林院掌院学士熊赐履、侍读学士张英午时到养心殿觐见。

二、与康熙论史

诸位大人散朝后，身为起居注官的张英等人可没得休息，一回到翰林院，就得把御门听政的记录整理成起居录。张英刚刚就任起居注官，政务上不熟悉，免不了要请教几位同僚，等他忙完的时候，已经到正午了。此时养心殿里的一位小太监过来传唤张英。张英赶到养心殿，皇上刚刚用完午膳，因为年轻，精力充沛，午间从不休息，此时皇帝正坐在榻上翻看《资治通鉴》。一见张英走进来跪拜觐见，便示意他起身，坐到自己对面的书案去。张英诚惶诚恐地站到一旁，不敢走到书案边去，皇上笑着对他说:"那可是起居注官该坐的地方。"张英一看书案上摆放的笔墨纸砚,便知晓皇上要他记录,于是小心翼翼地挪步过去。

康熙指着手上的书,对张英歉意地说:"今儿早朝被撤藩一事搅得好生气恼,竟然忘了去懋勤殿听你讲经史,要不你现在就给朕讲讲,《资治通鉴》里边提到的汉文帝削藩,你说是对还是错?"张英知道皇上一直为撤藩一事廷议没有结果而发愁,于是就做起了御用两脚书柜,他起身回禀皇上说:"刘邦坐稳天下后,曾经反复用兵,削掉异姓王,损耗了大量国力。接着吕后重用自己的娘家人,把朝廷搞得鸡飞狗跳,幸亏开国元老周勃拨乱反正,刘恒才重掌大权,史称汉文帝。就在刘家与吕家内讧时,各地藩王趁机坐大,济北王刘兴居和淮南王刘长举兵谋反,虽然没有动摇朝廷根基,可是各诸侯谋逆之心昭然若揭。当时有吴、楚、赵、齐、燕等大诸侯国,势力日益强大,渐渐尾大不掉,危及中央集权的统治。对于这些藩王,大臣们形成了两派意见。一派是以贾谊为首,主张广泛分封诸侯,就是把大诸侯的土地再分出一部分给其子孙,让其子孙都成为诸侯,宗室子孙都被分封为王了,就不会支持诸侯国背叛朝廷了,这样一来,大诸侯国的力量就削弱了;另一派是以晁错为首,主张削藩,也就是削减诸侯王的封地,借此加强中央集权的统治。"

康熙自幼就习读汉人经史,其才学不亚于当朝的汉人大儒,肯定知晓这段历史,他只是想借用这个话题,希望张英谈谈对当朝藩王问题的看法,张英做官谨小慎微,怎敢妄揣圣意,也就只好掉书袋了。康熙深知这些汉大臣一直认为大清朝是异族当国,进言就多有顾忌,于是,他对张英和蔼地说:"那么依照爱卿的看法,贾谊、晁错二人,谁的主张更有利于朝政呢?"

"微臣见识浅薄,不敢妄加评论前人,不过从史料来看,汉文帝先是采纳了贾谊的计策,把淮南王的封地分成三个部分,分给了他的三个儿子。接着将齐国一分为六。可是贾谊的计策没有彻底贯彻执行，汉文帝可能觉得贾谊一介书生，揽不了这个瓷器活，再说当时时机也不成熟，打那以后，汉文帝接见贾谊，只问他一些鬼神之事，从不与他谈治国理政。汉文帝大概觉得贾谊做不成这事，这个故事还被唐代诗人李商隐写成诗句：'可怜夜半虚前席，不问苍生问鬼神。'仔细想来，真是可悲可叹！齐国被削弱后，吴王刘濞的势力就迅速强大起来。到了汉景帝登大统时，晁错向汉景帝上书《削藩策》，汉景帝为了大汉的长治久安，重用晁错，开始削藩。当时吴王在封地开矿造钱，拦海晒盐，同时招贤纳士，谋逆之心路人皆知，故而朝廷的削藩令一颁布，吴王就联合各路诸侯王起兵造反了，这就是史上有名的七王之乱。"

张英仍旧与康熙说史，与当朝半毛钱关系也没有，康熙不得不再次追问："那么依照爱卿的意思，如果汉文帝不削藩，吴王会不会反水？"

"微臣认为吴王反水是天性使然，据史书记载这厮面带杀气，有谋反之相，当年汉高祖就警告他：有个相士说，大汉五十年后，东南方有人谋反，说的不是你吧？你是刘氏子孙，当为汉室江山计，绝不能干出谋逆之事。"

"那刘濞为何还要冒天下之大不韪呢？"皇上看着张英，如此询问。

"吴王打小就与汉高祖征讨天下，功勋卓著，手头握有重兵，难免想权力更大。刘濞彪悍骁勇，汉高祖封他为吴王，也是因为吴郡一带的民众平日里都喜欢舞枪弄棒，很容易聚众滋事，没有威名显赫的王侯，是不能坐镇此地的。加上吴郡向来是鱼米之乡，为吴王谋反提供了经济条件，待汉景帝坐江山之后，削藩威胁到吴王的既得利益。汉景帝拿吴王开刀，刘濞只得仓促起兵造反。"

"依照爱卿的说法，倘若汉景帝不削藩，吴王就不会反水啰？"

"从史实来看，吴王造反是早晚的事，后来刘濞以清君侧为名起兵造反，汉景帝为了平息这个事件，公然杀了晁错，可是吴王并没有就此罢兵，这就应了晁错的那句话：削之亦反，不削亦反。"

"朕听闻平西王吴三桂也有刘濞之举，近期在云南开矿造钱，凿井煮盐，甚至雇佣缅兵！"

张英听了，自然明白皇上的言外之意，当即回奏说："平西王是异姓王，且屯兵边境多年，与京城相距甚远。俗话说：天高皇帝远。倘若平西王有什么反常举动，朝廷无法及时获悉。眼下的平西王不仅在藩地有异常举动，他一手提拔的官员几乎遍及朝野，倘若不加以遏制，后果不堪设想啊！"

"爱卿，你是说平西王吴三桂有谋逆之心？"

"微臣不敢妄自揣测。"

"这里只有你我君臣二人，有什么话但说无妨。朕知道你忠心可嘉，你不要有任何顾忌，即便说出忤逆之言，朕也不会怪罪于你！"

"圣上如此恩宠，微臣唯有肝脑涂地，竭力报效朝廷！"张英润了润喉咙，慢慢说道，"微臣没有与吴三桂打过交道，不过据微臣推测，吴三桂定有谋反之心，否则当年就不会轻易背叛大明，况且他起初并没有归顺我大清的想法。闯王李自成占了大明都城，拘押了吴三桂的家眷。后来因为李自成的部下霸占了他的爱妾陈圆圆，他一怒之下，才转身投靠我大清。吴三桂的父亲吴襄虽做过总兵，但其是马贩子出身，商贩向来重利轻义。闯王起事风生水起时，吴襄还叮嘱儿子吴三桂投靠李自成。作为大明旧臣，还有何忠义之心？有其父必有其子。"

"吴三桂归顺我大清，也算是走投无路之举。他背叛大明，是为了保全自己，勉强说得过去。如今我大清天下已定，他贵为封疆大吏，即便撤藩，也可保终生荣华富贵。为何会再反我大清？"

"忠孝节义是比生死还要重要的大事，一个背叛前朝的人，很难忠于当朝，这就好比一个儿子不孝顺父母，你还能指望他孝顺其他长辈吗？况且失节之人大多鲜廉寡耻，就像妓院买来的良家女子，头次接客誓死不从，一旦被人强迫了一次，以后接客就像吃饭穿衣一样平常了。臣子失节也同此理，一旦没了廉耻，就会毫无顾忌。"

"对于失节之臣，我们满人也是恨之入骨。若世上的臣子都像吴三桂，一旦遭遇国难，就撂摊子撒丫子跑路，为了自救，动不动就投降，那天下还有哪个皇帝坐得了江山？年前平西王主动上书请求撤藩，估摸也是投石问路。三藩是一块烫手的山芋，朕撤藩是迟早的事，只是担心吴三桂再生反意，唯恐他蛊惑民心，打着复明的幌子反水，那样天下百姓就遭难了。"

张英见皇上与他道出心中的真实想法，顿时感动得流泪，于是他向皇上谏言说："圣上多虑了，如今我大清四海廓清，天下百姓安居乐业，民心稳定，倒是三藩屯边耗资巨大，朝廷每年需划拨两千万两纹银，眼下三藩屯兵之地早无边患，天下钱粮近半耗于三藩，各藩又重兵在握，远离京城，并且三藩都是前朝降臣，日子长了，恐其不与朝廷同心。以臣愚见，三藩如同刘濞，撤是反，不撤也是反。这样看来，迟撤不如早撤。朝廷事先备战，出其不意，方能克敌制胜。况且大清开国以来，学汉文化，尊汉制，人心归化，历朝都是有德者居天下。老百姓只图个太平盛世，好安生过日子，谁也不愿意看到焦土田园。况且历朝乱臣贼子，都是人人得而诛之，三藩一旦反水，也是不得民心。老百姓只关注手中的饭碗，谁坐江山，对他们来说，没有什么两样。当年大汉刘濞带头造反，酿成七王之乱，一群乌合之众不得民心，不出半年，便被剿灭得干干净净，随即就出现了文景盛世。倒是大明建文皇帝在削藩问题上优柔寡断，错过了剿灭燕王朱棣的时机，让其坐大，夺了天下。"

康熙望着张英，不时地点头微笑，想必是听得津津有味。正在君臣唠嗑的当儿，只听得门外小太监禀报说："启禀圣上，康亲王、明大人、索大人、熊大人正在门外候见！"原来四位大人吃罢午饭，就匆匆赶到宫里来，坐在朝房喝茶等候皇上传旨觐见，一顿茶过后，不觉已过午时，四位大人怕耽搁政务，这才赶到养心殿来候旨。张英因为是起居注官，大白天一般候在翰林院或懋勤殿，以便随时给皇上做笔录。

三、康熙决意除三藩

康熙吩咐内侍太监去传唤四位大人入内。康亲王杰书是康熙的堂兄，耿直不阿，皇上对他颇为敬重。康亲王正要叩首参见，康熙见了，忙说："皇兄免礼，赐座！"杰书也不好拒绝皇上的好意，当下面对康熙深深地鞠躬，而后坐到一旁的椅子上。索额图、明珠、熊赐履三位大臣依次叩头后，皇上也给他们赐座。康熙见诸位大人坐定后，征询他们说："皇兄与三位爱卿，朕就撤藩一事，私下里想听听诸位的看法。"当时参与议事的臣子，可都是朝廷的一品要员，张英，一个刚入职的四品侍读，没有议事的资格，他的职责就是一字不漏地做好谈话记录，所以康熙在诸位要员到来之前，单独听取了他的意见，可见皇上对张英的器重。

此次议事，康亲王杰书领头说："我大清是马背上打下来的江山，怎能惧怕几个乱臣贼子？当年世祖皇帝定鼎中原，因为兵力不够，才起用了降将。如今我大清江山稳固，有几十万骁勇善战的八旗兵，足以镇守边关，撤藩有何不可？"

索额图立即反驳康亲王说："王爷切不可大意！奴才认为眼下还不是撤藩的最佳时机。三藩手握重兵，作战经验丰富，一旦联合发起兵变，朝廷一时也难以收拾。倘若一些身怀叵测的人打出反清复明的旗号，与三藩附逆，恐怕我八旗兵也难以镇压。"

明珠趁机嘲笑索额图："索大人莫非怕了三藩不成？当年扳倒鳌拜的胆子去哪儿了！如今三藩的气焰越来越嚣张，特别是平西王吴三桂竟然窝藏各地乱党反贼，云贵两省任上的官员，他提拔的比朝廷委派的还多，这不是公然与朝廷作对吗？如若任其发展，云贵两省必将成为国中之国。"

熊赐履却不紧不慢地质疑明珠说："明大人的担忧不无道理，三藩包藏祸心，朝野皆知。可是我大清立国不久，先前的征战搞得民不聊生，而后一直施行休养生息的仁政，百姓对此莫不交口称赞。倘若朝廷因为撤藩一事与之引发战事，百姓就要遭遇兵祸了。况且三藩手握重兵，要想悉数剿灭，不是三五日就能搞定的。以我的看法，不如维持藩王现状，与他们耗着，待其老死后，再行撤藩一事。如此一来，就避免了生灵涂炭。"

康熙见议事大臣还未就撤藩一事达成一致看法，顿时生气地说："朕可没那么多耐心与这些看家奴才干耗，况且国库也支撑不住三藩的开销，长期向地方百姓课以重税，总有一天人心会乱的。而且这三个藩王又不是什么皇亲国戚，凭什么分享我爱新觉罗氏的江山？当初设藩，是为了奖赏这些降臣征战讨伐之功，让其镇守边疆。如今天下太平，应该刀枪入库，放马归山。朕可以保留其王位，让他们回辽东养老，俸禄不减，王位世袭罔替，朕这样待他们有何不妥？我八旗亲王哪个不是开疆封土的，不都在辽东养老吗？既然撤藩是他们分别表奏的，朕不管其是何居心，都一一恩准了他们。朕不是三岁小儿，怎能仍由他们当猴耍？朕撤藩之心已决，诸位爱卿不必再议。明珠、索额图，你们二人明天召集兵部、户部聚议，派出钦差大臣，前往三藩之地，传朕撤藩旨意，着三位藩王以亲王待遇回到辽东养老。"

索额图、熊赐履二人见皇上撤藩态度如此坚决，也不敢忤逆圣意，只好叩头告退。明珠此时脸上春意盎然，作为资深的皇帝党，自己的言行举止，应当时刻以圣意为最高纲领。康亲王自始至终地支持这位年轻有为的皇弟，从康熙即位到康熙亲政，每临朝政大事，他都是一如既往地鼎助。早在康熙提出撤藩一事之时，康亲王杰书就开始谋划，一旦三藩叛乱，朝廷应当如何发兵。

诸位重臣走后，张英正准备收起笔墨。此时皇上制止了他，说："张爱卿，先别忙着拾掇。"张英一听，只得放下手中笔墨，垂手侍立。皇上在房里踱来踱去，忽然转身对张英说："依照张爱卿的看法，三位汉族亲王会不会按照朕的旨意撤藩呢？"

"微臣不敢妄自断言国事。"张英何尝不知道满人入主中原后，一直认为自己是异族当国，从骨子里还是排斥汉人，把汉人当作自己的奴才使用，重用汉人，慕汉制，只是大清当政的权宜之计。作为汉臣，张英知道自己在朝廷亦臣亦奴的身份，切不可莽撞行事，以免惹怒皇上，引火烧身。

"把你钦选到朕的身边来，就是方便今后随时与你议政，你与朕说话如此谨小慎微，怎能说出体己的话来，朕又如何知道你的忠心呢？以后掏心窝子说，朕不会怪罪于你的！"

张英见皇上已经把话挑明了，心里就亮堂了。今后天天与皇上照面，他虽不敢信口多言，也要做到皇上每问必答，不然就有负圣望了。想到这里，张英把心一横，斗胆进言说："眼下朝廷虽说满汉一体，可是汉臣还是心存芥蒂，况且三位藩王除了汉人出身，还都是前朝降臣，对自身安危更加惴惴不安。加上平西王胆大妄为，私下里与其他二位藩王互通声气，其他二藩也唯吴三桂马首是瞻。吴三桂帐中多有谋士骁将，他们妄自认为大清江山有一半是平西王打下来的，朝廷也忌惮其三分。"

"三藩如此狼狈为奸，野心勃勃，那么依照张爱卿的看法，该如何除掉三藩呢？"皇上急切地问张英。

"倘若顺利撤藩，那就是朝廷幸事、百姓之福啊！朝廷省去大笔支出，云贵军政也能上通下达。倘若平西王不愿撤藩，必定会起兵造反。逼他造反要比他自反好，朝廷可以掌握主动权。皇上想要除掉三藩，微臣建议分两步走。第一步，孤立吴三桂，暂不命他撤藩，有额驸吴应熊在京城做人质，平西王不会不顾忌家小性命，断不敢造次。第二步，就是命其他二藩立马撤藩，如不听从旨意，起兵造反的话，朝廷就可以派兵将其悉数剿灭。如若命三藩同时撤藩，一旦起兵造反，朝廷便要派兵三路作战，这样胜算难料。如若先命吴三桂撤藩，其他二位藩王必定响应吴三桂造反，以图自保，结局也是胜负难料。如若搁置吴三桂，先除掉其他二藩，就能胜券在握。因为广东与福建比邻，两路作战，其实是一路作战，只要朝廷派出精兵出击，定能一举歼灭。灭了二藩之后，回头啃吴三桂这块硬骨头就轻松多了。"

"张爱卿所言甚有见地。屋檐下的马蜂窝，迟摘不如早摘，整日在耳旁嗡嗡叫，听着瘆得慌！明日早朝过后，你仍去懋勤殿见朕，这等军国大事要未雨绸缪，朕要仔细斟酌。"

"臣听从圣上旨意！"

"朕看爱卿也累了，回去早点歇息吧。"

"谢圣上！"张英随即整理好书案，抱着笔录，叩头退出。第二天早朝过后，皇上刚刚赶到懋勤殿，正要准备与张英唠嗑，却见索额图、明珠二人一起到来，向皇上奏报兵部、户部聚议的结果：先行撤销福建、广东两藩，镇守云南的吴三桂，撤藩暂缓，待耿、尚二藩撤销后伺机定夺。康熙一听二人奏报，顿时勃然大怒，厉声斥责："三藩一并撤销，我昨天已经定妥了，只是让兵部、户部聚议，看如何施行。你们二人是如何当差的，连朕的旨意也横加篡改！"

索额图被骂得心惊肉跳，明珠也是茶壶里倒饺子，有苦难言。原来兵部与户部聚议时，索额图主持会议，没有把皇上撤藩的决议表述清楚，只是让两部聚议撤藩一事，导致众说纷纭，最后的结果虽说是主张撤藩占多数，可还是保守行事，提议先行撤掉耿、尚二藩，然后去掉吴三桂的党羽，再行撤销其藩地。明珠是个忠实的皇帝党，肯定想把圣意广布给诸位臣工，可他只是个尚书，官阶没有索额图高，人家贵为大学士，况且索额图在二部安插的亲信众多，明珠不敢当众拆台。无端地受到皇上的斥责，明珠心里能不窝火吗？他狠狠地瞪了索额图一眼，心底里暗自问候他八辈子祖宗。

康熙是何等精明之人，自然知道他俩一直暗地里较着劲儿。索额图害怕撤藩引发吴三桂兵变，曾多次向皇上进言，力谏杀死主张撤藩之人。朝堂之上，康熙碍于情面，没有训斥索额图，不承想索额图仍不死心，借助兵部、户部合议来阻止自己撤藩的决议。康熙打小就心高气傲，自从除了鳌拜后，一直恼怒权臣左右他的视听，此番他实在憋不住内心的怒火，转身怒斥索额图说："朕不是三岁小儿，心中自有块垒。容不得你等三番五次地阻挠旨意。"而后康熙坐到御座上，说道："着张英即时起草撤藩诏书。""微臣遵旨。"张英一听，慌忙跪地应承。"着索额图会同吏部，选派钦差大臣，近日动身，赶往云南、福建、广东三地宣诏，并传旨三地督抚衙门，协同钦差大臣办理各藩撤兵及起行事宜。""奴才遵旨！"索额图见皇上依旧器重他，激动得浑身哆嗦，随即跪地叩首领旨。

皇上对着诸位臣工挥了挥手，说："诸位爱卿都起来吧，今日议事到此为止。明珠，你随朕回养心殿，朕另有旨意！"

索额图见撤藩之事圣意已决，也不敢多言，只得叩头退出。此时明珠自是喜形于色，作为皇帝的尾巴，翘在主子后面，别提多神气。

四、吴三桂犯上作乱

康熙十二年（1673）的冬天，京城到处白雪茫茫，而四季如春的云南却刀枪出库，战马嘶鸣，五华山上车马奔驰，旌旗猎猎。吴三桂与死党倪正中、夏国相、胡国柱、马宝一干人等，陆续接到全国各地情报。果然《反清复明檄文》一发布，耿精忠、尚可喜见吴三桂起事，也相继在福建、广东两地倒戈，当地不明真相的汉人欢呼雀跃，积极响应，不到半年的时间，南方的地盘大多落入叛军之手。康熙获悉兵部来报时，还坐在懋勤殿的御座上，聚精会神地听张英讲经书，诸位臣工在一旁陪侍。众臣得知叛军攻城略地，势如破竹，个个顿时慌得手忙脚乱。索额图更是吓得浑身哆嗦，急忙伏地叩首说："启奏圣上，眼下危局都是撤藩造成的，奴才恳请皇上诛杀力谏撤藩的大臣，以正视听，然后派出钦差大臣，前去安抚三藩，恩准吴三桂世代镇守云南，则祸乱必定平息。"

康熙一听，顿时勃然大怒，拍着桌子说："朕十几岁就除掉了鳌拜，在朕的人生字典里，没有怕字。吴三桂这是螳臂挡车，他以为朕不敢撤藩，南方这些汉人也是一时受了三藩的蛊惑，一旦战乱殃及百姓生活，他们就不会盲从了。况且我几十万八旗精兵，也不是什么蚂蚱。"

明珠等主张撤藩的大臣，适才听得索额图请奏，顿时吓得出了一身冷汗。他们一见皇上说出此等豪言壮语，于是纷纷跪地，山呼万岁。索额图此时叩头如捣蒜，嘴里嗫嚅地说："奴才没有助纣为逆，只是为了大清社稷着想，请皇上明断啊！"

"诸位爱卿，都起来吧！看把你们吓成这个样子，朕在撤藩之前，就知道吴三桂包藏祸心，他秘密把朱三太子请到府中，其谋逆之心昭然若揭。眼下战事在即，诸位爱卿要同心同德，与朕一道平息叛乱。"

说罢，皇上起身离开御座，走到诸位臣工面前，慢条斯理地说道："眼下战事紧急，朕不能等闲视之。你们这些日子就要早出晚归了，朕随时都要召见。明珠，你是户部管事的，赶紧去内务府，在懋勤殿不远处腾出一处宅院，让张英暂住，朕要张英日夜陪侍在身边，侍候笔墨。张英，你与朕速拟讨贼诏书，交誊本处誊录，速发各省督抚衙门。朕要昭告天下，让这逆贼人人得而诛之。吴三桂父子狼狈为奸，额驸吴应熊，朕不能留他了，着索额图派兵诛杀，要让那老贼知道朕削藩的决心。"

诸位臣工领旨后，叩头退出，立马按命行事去了。此时额驸吴应熊刚刚接到父亲吴三桂快马送来的密信，得知大祸将至，也顾不上与公主见面，烧毁书信后，立马带领几个贴身护卫，准备便装逃出京城。不料索额图已经领兵赶到，吴应熊只好束手待毙。索额图遵照皇上的旨意，没有伤害公主，只是杀了公主与吴应熊的儿子，也就是吴三桂的嫡孙吴世霖，以此惩罚吴三桂不忠不义之罪。

吴三桂从康熙十三年（1674）创建国号，谎称要迎立大明皇室后裔，可是五年都不见朱三太子登位，百姓终于看穿了吴三桂的鬼把戏。到了康熙十七年（1678），吴三桂竟然在湖南衡阳自称皇帝，改年号为昭武，称衡阳为定天府，急匆匆地搭建几百间茅屋，当作朝房。谁知天不凑巧，登基大典那天，本来是三月的艳阳天，突然狂风大起，下起了倾盆大雨，吴三桂无奈之下，只得草草了事，这就算当上了大周皇帝。没多久，他把女婿调回了衡州，封他做了宰相，任命马宝、胡国柱为前敌大元帅，全力与政府军对抗。此时安庆王岳东率部从江西开赴湖南，其前锋将军硕贷，竟然将永兴县城一举拿下，永兴与衡州相距只有百十里地，是衡州的门户。叛军也是困兽做垂死挣扎，冒死反扑政府军，竟然连打几次胜仗，由于硕贷拼死守城，永兴县城还是久攻未下。

皇上担心政府军劳师远征，日子长了，将士会有厌战情绪，几次三番表示御驾亲征，借此鼓舞士气，但都被议政大臣死死拦住。康熙无奈之下，只得派出几位得力干将专攻湖南，亲征一事也就暂时搁置。也许吴三桂没有做皇帝的命，登基那天不慎受了风寒，加上年事已高，这病一直不见好转，临近中秋的时候，吴三桂竟然咯血，精神错乱，还时常胡言乱语。夏国相恐防不测，天天都要带上文武百官，到他的榻前请安。

吴三桂临死前，夏国相又带上文武百官，来到他的榻前，只见他紧闭双眼，不断地呻吟，夏国相只好与诸将说："皇上病情日渐严重，眼下永兴县城又久攻未下，长此以往，将如何是好？不知诸位将军有何良策？"

诸将听后，都是束手无策。此时吴三桂突然睁开了双眼，定睛看着夏国相，过了好一会儿，他失声喊叫说："永历皇帝来了，皇上饶命啊！"随即又昏倒过去。夏国相等人听了，顿时吓得浑身起了鸡皮疙瘩。

到了掌灯时分，夏国相再去榻前探视，却见吴三桂已经醒来，只是不断地哀号，嘴里一会念叨"皇上恕罪"，一会念叨"父亲救我"。夏国相等人听了，自是毛骨悚然。

诸位将领硬着头皮站了好久，吴三桂终于苏醒过来，咳嗽了几声，又咳出几口血块。吴三桂一见帐外众多官员侍立，便命身边人撩起蚊帐，说道："诸君追随我大半辈子，如今大业未成，我就要与你们撒手而别了。我想这一生，好多事情做得实在荒唐，而今也是追悔莫及。长子吴应熊因为我而惨遭康熙小儿谋害，眼下只有一个孙子吴世璠留居云南，可惜年龄尚小，不能料理军国大事。我死后，有劳各位将军同心辅佐！"

夏国相等诸将齐声应诺。吴三桂喘息了一会儿，抬头对夏国相说："你拿纸笔来，湖南距离云南遥远，我应当立好遗嘱。"待夏国相命人将纸笔取来时，吴三桂坐立不稳，又躺下呻吟不止。夏国相安慰他说："陛下请放宽心，你只管口述，我照你的意思写就是了。"吴三桂会意地点了点头，夏国相展开宣纸，正执笔待写，只见吴三桂一声不吭，定睛一看，原来他又昏过去了。夏国相急忙命侍妾上前护理，自己带着文武百官出了宫门。过了一会儿，夏国相领着太医一起进宫，只听得宫内一片哭声。夏国相喝令大家止住了哭泣，而后使了个眼色，命太医到床前给吴三桂诊断，太医诊断后说："皇上不过被一口痰堵住了喉咙，还未过世，大家不必过于哀伤。"说完就匆匆而去。

夏国相命人早晚守护吴三桂，宫内断不能有哭声。宫中侍妾听了，都觉得莫名其妙，但也只能听命行事。夏国相走出宫外，急命贴身侍卫将马宝与胡国柱从前线召回。两位前敌大元帅刚回来，夏国相就避开众将，告知二人吴三桂去世的消息，两位大元帅吃惊地问："敢问夏大人，陛下是什么时候驾崩的？"

夏国相只得照实说："就在昨天夜里，皇上命太孙吴世璠继位，我已经命人连夜赶赴云南接驾，并严令宫中秘不发丧。皇上嘱托我等同心辅佐幼主，还望二位大元帅遵旨。"胡国柱和马宝自是连声应诺。

没过多少时日，吴世璠就快马加鞭地赶到了衡州，即日就举行了登位大典，议定第二年为洪化元年，而后为吴三桂举丧。

八旗兵得知吴三桂死讯，顿时个个摩拳擦掌，觉着立功的时候到了，一时千军万马拼死杀向衡州。吴三桂一死，这面反清的旗帜就倒了，不管夏国相如何善谋，胡国柱和马宝如何善战，都无法抵挡政府军的攻势，无奈之下，这些人只得携带幼主，弃城而逃，接着湖南和四川两省相继被八旗兵收复。不多久，八旗兵就进击云南省城，夏国相、郭仕图、胡国柱等人明知必败无疑，可是领受吴三桂的遗命，唯有拼死作战。末了，两军几乎是血肉相搏，竟然持续了几个月，一直到康熙二十年（1681）十月中旬，城中粮食殆尽，军心不稳，南门守将方志球不甘坐以待毙，暗通政府军将领蔡毓荣，私自将清兵放入城内。胡国柱获

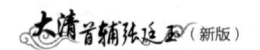

悉，匆忙赶来阻拦，被飞来的炮弹打中脸颊，当场毙命。守将郭仕图自杀而亡，吴三桂的孙子吴世璠悬梁自尽。夏国相和马宝发誓要与政府军拼到最后一口气，在领兵与八旗兵巷战时被擒，而后被清廷凌迟处死。

第四章　新年团拜会

  转眼间，就快到过年的时候了。朝中大臣自从吴三桂作乱以来，就没有认真休过假，而今叛军已除，康熙和大臣们总算松了一口气。康熙一时高兴，颁旨政府衙门，恢复先前的休假制度。从京城到外省的大小衙门，自腊月二十八开始，凡是吃朝廷俸禄的人，均可以放假十天。皇上先前在平叛时，为了及时处理军国大事，便设立了南书房，张英因为被康熙选为贴身秘书，当时称入值南书房，所以皇上身边一堆大小事务，加上大小衙门都打烊了，所有事情都归了张英，张英自是忙得团团转，直到将近除夕，他才把事务忙完，回家与亲人团聚。

  大年初一的早膳后，张英正想趁空闲时间，给长子张廷瓒讲讲会试的一些注意事项，此时官里太监前来传旨，说皇上要在乾清宫宴请在京的诸位臣工，搞搞新年团拜会，着张英早些进宫准备。张英平日里为人处世谨小慎微，一旦听到朝堂有事，那是火急火燎的。他立刻脱下便服，换上朝服，穿上官靴，急忙乘轿向宫里赶去，此时的张英已经官居从三品了。待张英急匆匆地赶到宫门口时，前来相迎的太监看着张英的服饰，不觉呵呵一笑，轻声地说道："张大人，今儿个皇上有旨，此次进宫做客是新年头一回，一律不准穿朝服赴宴。"张英一听，只得无奈地笑着摇头，急忙回家换便服。张夫人姚氏得知，赶紧帮他找来一件新袍子，嗔怪地说："老爷，人靠衣裳马靠鞍，要不是我事先给你置了件新袍子，今儿个你就惹人笑话了，再说一年到头出门在外的人，总得置办一件新衣裳。"张英听后，对夫人嘻嘻一笑，说："夫人有所不知，我就像做工的人，朝服就是我的工作服，反正得天天穿着上朝，平日里很少时间穿家常衣服，不如省些钱给孩子们多做一件新衣服，让他们乐呵些。"

张英换上了新长袍，不明身份的人，还以为他是个教书先生。因为外边天冷，夫人不放心，给他加了件镶毛边的黑缎马甲，虽然是旧了些，可是浆洗得跟新的一样。头上戴的那顶瓜皮帽也是旧的，只不过帽上镶嵌的那块玉价值不菲，那是夫人的陪嫁品，还是那年张英公车赶考，临行前夫人给他做的。也许是张英平时不怎么与同僚们交际，所以置办的衣服自然就少，好在脚上的千层底瓦棉鞋是新的。张英经过一番拾掇，顿觉焕然一新，还是穿便服爽，难怪有人说无官一身轻啊！在去往宫里的路上，张英坐在轿子里，一想皇上这样年纪轻轻，可是办事却像个老年人，事无巨细都想得那么周到。今天开年头一天，皇上是想营造大家庭的气氛，融洽君臣情义，所以特地叮嘱臣工们着便服进宫，真是暖臣子们的心窝啊！

张英赶到乾清宫的时候，远远就看见皇上站在宫殿前的红色台阶上，悠闲地看着太监们摆放桌椅。康熙一见张英过来准备磕头觐见，立马摆手说："今儿个就免了吧，张爱卿快过来，帮朕看看，桌椅这样摆放可否？"只见大殿东西相对，一共摆放六排条案，每张条案配置两把椅子。张英领旨后，快步走到大殿的台阶上，侍立在皇上跟前，他定睛仔细地数了数，每排十张条案，一共是六十张条案，一百二十把椅子。张英确定数目后，就转头问皇上："不知皇上今儿个都请了哪些衙门的大臣？"康熙随即答道："不就是在京的臣工们，没有外人，就是部院九卿，咱们君臣今儿好好唠嗑！"张英回禀康熙说："那这样的话，席位就足够了。"

康熙可能站累了，就转身走向宽大的须弥座慵懒地仰靠在上面。康熙对张英歉意地说："张爱卿啊，这些年为了削三藩，满朝的大臣们都跟朕忙昏了头，眼下大清又复归太平了！朕今儿个就是想与诸位臣工吃个太平宴。爱卿，你随朕一年忙到头，没歇息过一天，这大年头一天，还要有劳你，与朕把这个太平宴记录下来。"

"圣上是盛世明君，对微臣恩宠有加，能在皇上身边侍候笔墨，是微臣的福分。"正在君臣二人谈话间，部院九卿的大臣们也三五成群地结伴而来，众臣纷纷向康熙见礼后，皇上便给他们赐座，诸位臣工按官职大小陆续就座。

康熙今日龙颜大悦，穿了一件米黄色的苏绣袍子，外边罩一件银狐皮马褂，显得器宇轩昂。诸位大臣打量着皇上这精神头，个个是打心眼里仰慕。皇上也在打量诸位臣工，君臣难得有这样随性的聚会。今天诸位臣工没有穿朝服，着便服，个个看起来潇洒多了，没有了先前的拘谨。不过从众臣的着装也可以看出他们各自的家境。在康熙年间，基本上做到了满汉同制，也就是说汉人与满人在各衙门为官的人数相当。皇上放眼望去，满汉官员竟然泾渭分明。原来满族官员的便服大多颜色鲜艳，袍子不是大红大紫，就是墨绿或天蓝的，布料质地也好，大多是苏杭来的上品，外边罩的马甲多是上等皮货，头上戴的帽子都是精工细作。而汉族官员的便服多是白加黑的灰不溜秋系列，深灰、浅灰、铁灰，竟是一路灰到底，布料也很普通，外边罩的马甲仅是用皮毛镶了个边。从这里也可以看出满族官员比汉族官员的经济待遇要高得多，不过也反映了满族官员爱显摆、唱高调，而汉族官员则注重涵养、不事张扬。康熙看罢，感慨良多，深知尊汉制的重要性。

康熙见诸位臣工都已落座，便起身说起了开场白："今天是新年的头一天，朕把大伙叫过来聚餐，就是图个喜庆。而今三藩剿灭，天下安宁，朕心里高兴，今儿个咱们君臣不谈国事，就拉拉家常。一起吃好，聊好，可否？"

"谢皇上赐宴！"众臣纷纷起身，齐声高喊。此时只听得内务府总管太监魏珠的公鸭嗓子喊起："皇上赐宴啰！"霎时十几名太监鱼贯而入，不一会儿，诸位大人面前就摆满了各种山珍海味以及水果茶酒。做臣子的能吃上官里的御膳，并且与皇帝一同用膳，这是莫大的恩宠，一些泪浅的大臣竟然感动得哭起来。康熙也深知臣子们的辛酸，于是举杯向诸位臣工敬酒，并向他们说了一些体己话。

已经升为内阁大学士的明珠最会溜须拍马，他是第一个抢先给皇上敬酒的臣子。索额图、李光地等皇上身边的近臣，也不甘示弱，纷纷抢着给康熙敬酒。康熙一直器重汉臣，为了满汉一家亲，他主动与一些汉臣唠嗑，于是笑着对李光地和熊赐履二人说："两位爱卿可曾记得灭三藩前，我对诸位说过'战争一旦打响，你们要早起晚归'的话吗？""微臣一直牢记在心！"李光地和熊赐履齐声答道，可一见皇上笑容有些异样，二人便觉得不自在起来。

"朕不过随便一提罢了，两位爱卿以后谨记就是了。三藩作乱时，诸位爱卿确实做到了早出晚归。可是三藩灭了之后，就没有先前的精神头了。你们汉人的先贤可说过：'先天下之忧而忧，后天下之乐而乐。'眼下大清还没有强大到一劳永逸的地步，台湾还没有收复，沙俄和噶尔丹一直有犯境的野心，咱们不能懈怠啊！在朕的身边，只有张英一人时时牢记朕的这句话，每天早出晚归，随时侍候笔墨，就连午饭，都是让管家送到宫里来的。我今儿个就是想提醒你们这些汉大臣，不仅要饱读圣贤书，还要牢记万事要躬行。就这一点来说，张英有古大臣之风啊！"李光地、熊赐履等汉大臣一听，不免赧然起来，随即对皇上和张英拱手说："谨遵圣上教诲，日后臣等定当以张大人为榜样，恪尽职守，多为皇上分忧！"

张英见皇上走到他身边，当着同僚的面夸奖他，便有些坐立不安，急忙起身说："圣上如此褒奖，微臣愧不敢当！"

康熙见张英不知所措地杵在条案旁，便给他斟上了一杯酒，接着又给自己倒了一杯酒，然后举杯对张英说："张爱卿是一个文绉绉的读书人，给朕说说你们家除夕是怎样过的。"

虽说张英这几年天天笔墨侍候在皇上身边，早已没了先前的拘谨，可眼下当着这么多同僚的面儿，受到皇上夸赞，他生怕惹大伙嫉妒恨，心里面一直忐忑不安。见皇上给自己斟酒，并与他拉家常，他顿时受宠若惊，当即答道："回圣上的话，微臣昨夜与家人吃了一顿丰盛的年夜饭，我这个人喜静，不喜欢串门，所以没什么嗜好。除夕夜一闲下来，就逗儿子玩。"

诸位同僚都好生奇怪，皇上一听，也觉得好生纳闷，便笑问张英说："朕可是记得你家儿子考上了举人。"

张英急忙解释说："那是大儿子张廷瓒，我说的是我的次子张廷玉。"熊赐履一听张英这么说，顿时来劲了，饶有兴趣地说道："张大人的次子，张廷玉这个名字，还是老朽取的，现在学业可好？"

张英随即回应说："托熊大人的福，小儿很喜欢诗文，只是平时不爱出去玩耍，所以显得呆板些。昨儿与我对了一副对子，也还算工整。"

康熙也是个汉学家，打小就熟读汉家诗文，于是问张英说："你与朕说说，都对了哪些对子？"

张英立即答道："微臣昨晚与家人在庭院中，观赏夜空里绽放的烟花，煞是好看。特别是皇宫这边，火树银花，把天空照得通亮，好一派盛世太平景象！触景生情，我随口说出一联，本来想要张廷瓒对的，谁知他没对上，竟然让他弟弟张廷玉对上了。我出的上联是：'除夕月无光，点数盏明灯，替乾坤生色。'"

张英话音刚落，众臣听了，都齐声叫好："张大人，这上联立意好，皇上勤于朝政，皇宫里华灯通明，是皇上恩泽天下臣民啊！不过这下联要跟上这气势就难对了。"在座的诸位大人们可都是康熙年间的有才之士，一时也暗自揣度。皇上是个急性子，平日里也是个喜欢吟诗作对的主儿，便问张英说："快与朕说说，你家二公子是怎么对的？"

张英喜形于色地说："当时谁也没料到，小儿竟然对上了一句：'新春雷未发，击几声堂鼓，代天地扬威。'我细细琢磨，觉着还算工整。"

"岂止是工整，简直是绝对，张大人小看你家二公子了。家有此小儿，也不枉为人父啊！"众人是交口称赞张家次子，也有小肚鸡肠的人觉得张英是为了讨皇上欢心，也不知是谁与谁舞弄的对子，被他拿来给皇上凑趣。张英也忌惮小人生事，赶紧与诸位同僚解释说："小儿也没有这般聪明，正在苦苦思索时，从神武门传来几声更鼓，让他有所启发。"

皇上一听张家小儿竟能对出绝对来，当即高兴地说："张爱卿，你家小儿长大了不得了啊！怕是要胜过你许多。赶明儿得空，把他带到宫里来，让朕也与他互背千家诗什么的，不知你意下如何？哈哈！"

张英一听，赶紧拱手说："谢圣上垂爱小儿，但愿他长大后，也能笔墨侍候在皇上身边。"

皇上一见大伙儿兴致高，于是提议与诸位臣工对对联玩，要张英笔墨侍候。新年君臣欢宴就这样愉快地度过了。

第五章　瀛台夜宴

　　日月如梭，转眼就到了夏天，当时天气很热，京城好像一个生火的炉子，康熙天天靠吃冰镇西瓜来解暑。为了避开这酷热的鬼天气，康熙移驾瀛台。瀛台四面环水，因为水域宽阔，周围绿树成荫，倒是格外凉快。

　　盛夏这段时期，皇上每每高兴的时候，便在瀛台请身边的近臣吃夜宵，捎带唠嗑什么的。话说某日中午，皇上用过午膳，坐在龙榻上打盹，小睡了一会儿，而后便带上张英、李光地二人散步。整天宅在闷热的屋子里批折子，康熙实在是憋得慌。为了好好透口气，皇上走过九曲回廊，在张英和李光地的陪同下，登上瀛台对面的琼岛。此时太阳渐渐偏西，虽说琼岛四面环水，树木葱茏，可阳光还是那么强烈。不过岛上有假山，怪石嶙峋，石洞穿空。三人于是找了一个较大的石洞，好在洞内石桌石凳够数，君臣三人就此坐定，准备歇凉。这时随身侍候的小太监及时递过手巾，给三人擦洗手和脸，很快冰镇西瓜也摆上了。康熙顺势拿起一块西瓜放在嘴里吃，同时也示意张英、李光地也吃。能在大热天吃上冰镇西瓜，张英、李光地打出娘胎来，这也是头一回。三人吃罢西瓜，就在石洞里闲坐了一会儿，此时从湖面荡来的凉风，吹在三人身上，加上刚吃了冰镇西瓜，这内外都透着凉，真令人舒坦！

康熙是个有时间观念的人，大清开国不久，根基还未稳，一摊子政务够他忙活的。一见石洞里清净凉爽，他便对张英说："今天晚上要请大臣们吃夜宵，恐怕是没有时间讲经了。不如在这里与朕开讲，还是讲孔孟之道。"

大热天能吃上冰镇西瓜，张英讲得可卖力了，康熙也是听得津津有味，不时地点头称赞。陪听的李光地也算是博闻强记之人，而今听了张英对儒家经典精辟的讲解，也不由得打心眼里佩服。张英这一番讲解下来，不觉就过了一个时辰，放眼岛外，太阳也准备跳进北海洗澡了。

张英见皇上今天高兴，随即伏地叩首说："微臣有家事，奏请圣上恩准！"

康熙连忙将他扶起说："但说无妨！爱卿与朕如此熟谙，就不必行此繁文缛节了。"

张英于是沉痛地回复圣上说："家父已经去世多年，一直停棺在庄上，还没有进行归葬。此事一直搁在心里头，微臣寝食难安。微臣乞求告假回乡，安葬父亲。"

"朕知道你们汉人最讲孝悌，不让你回去葬父，于情于理也是说不过去的，可是这些年来，爱卿一直在朕的身边笔墨侍候，没有你在南书房操持，朕也不习惯。"

张英见皇上说话直戳他的泪点，不由得鼻子有些发酸，于是哽咽地回复皇上说："微臣也舍不得离开圣上，只是不将家父入土为安，微臣不能静心侍候皇上啊。况且李大人才思敏捷，有他侍候在皇上身边，皇上不必忧虑！"

"爱卿今儿个乞假，倒是提醒了朕。朕平日里对大臣们说，要儒教治国，尊慕汉制，自己怎能不做个表率呢？朕这厢不仅要准你的假，还要给礼部下旨，给令尊大人定下葬仪。朕要奖赏勤政孝悌的臣子，让他们给天下臣民做个榜样。张爱卿，你天天笔墨侍候在朕的身边，不曾歇息过一天，也该给你放个长假了，趁此机会，好好放松自己。"

"谢圣上恩典！微臣明儿就去礼部、户部办理告假事宜。"

"张爱卿，打算什么时候动身去桐城老家啊？"

"回圣上的话，这要等礼部批文下来才能确定动身日期。微臣的老家迁坟都在冬至的时候，微臣想在秋后告假，这样时间上比较宽裕。"

"如此说来，朕就放心了。到时候朕着内务府给你拨发库银。朕知道爱卿一直清白为官，不曾假公济私，也没有其他的经济来源，朕也不能让爱卿这样的清廉之士寒碜回乡吧？那样的话，朕的天恩、大清国的国恩何在！"

"谢圣上如此体恤微臣。"张英万万没想到康熙会对一个汉大臣如此关照，顿时激动得泪流满面。

"好了，咱们三人回瀛台吧！"

当他们三人赶到瀛台时，宫里的管事太监早已张灯结彩，前来赴宴的大臣们全都聚在外面候旨。康熙估摸大臣们的腿也该站乏了，连忙命太监宣旨："皇上赐宴了，请各位大人们赶快入席。"众大臣山呼万岁过后，赶紧找位置坐下来，因为两腿实在是支撑不住了。

小小的瀛台呼啦一下子聚了这么多人，四处掌灯，加上酒菜的温度，这大热天的，就热上加热了。好在康熙是个开明的领导，自己带头把穿在外面的黄袍子脱了，只剩里面一件纱衣，而后环视诸位臣工说："今日我大清治理河道初见成效，朕心里高兴，要与诸位大臣们开怀畅饮，此时不在朝堂，诸位爱卿不如脱去朝服，甩开膀子与朕吃喝，这样也凉快些。"

大臣们正热得汗流浃背，一听皇上这么说，顿时乐不可支，纷纷摘帽脱衣，各自除去打了补子的官服，只穿一件单薄纱衣，君臣如此坦诚相见，在中国历史上也鲜见这样的场合。

张英也遵旨脱下打了补子的官服，单穿一件麻布衬衫，因为自己是书记官，必须要把皇上体恤臣工，准许除去外服，着便装入席这一笔记录下来，于是轻轻地走向御座后边的墨案。当张英经过皇上身边时，康熙忽闻一阵馨香扑鼻而来，不由得吸了吸鼻子，纳闷地问张英说："张爱卿，看你平常日子过得那么紧巴，可穿衣服倒挺讲究的，这衣服熏的什么香啊？这个香味，朕在后宫都没闻到过。"

张英一听皇上如此说道，心里也直犯嘀咕："这热天的衣服，可得天天换洗，家里人也没工夫去熏香啊。"

康熙从小遇事就喜欢问明事理，他起身走到张英身边，仔细嗅了嗅，确实是他衣服上散发的香气。只是这香气格外好闻，不像花香，也不像麝香，康熙一时想不起是什么香味儿，于是追问张英说："这可是你衣服上的香气哦！不知你家夫人熏的什么香，替朕问问。朕的后宫也有几个嫔妃爱熏衣服，可从来没熏出这么好闻的香味来。"

听康熙这么一说，张英半信半疑地抬起袖子一闻，心里便明白是怎么一回事。可是家里私事不便当众说出，瞧着皇上偏要追问此事，张英不得不照实回答，他低声对康熙说："圣上，适才那不是熏香，而是我贱内的体香，因为天天相处，微臣已经习以为常，不料今日脱下外衣，让圣上发觉了。"

康熙听了，越发觉得奇怪，不由得大声嚷嚷说："天下竟有这等奇事，张爱卿真是好福气啊！"

诸位臣工也纷纷好奇地问："圣上，张大人到底有什么宝贝香，可否让大伙瞧瞧？"今儿个也许是脱了朝服，君臣比往日要洒脱些，加上喝了点小酒，臣子们为了博得皇上高兴，便聚众起哄，好好热闹一番。

张英一听同僚们这么说道，顿时臊得满脸通红。康熙见状，赶紧搪塞诸位大臣说："张大人家的确有宝贝香，诸位想要瞧瞧，到他家里去。"

有惯拍马屁的臣子，连连质问张英说："你家宝贝香，拿出来给皇上瞧瞧，总该可以吧，难道非要皇上屈驾到你府上去？"

康熙见臣子们为难张英，只好出来打圆场说："你们真以为是什么宝贝香，是张爱卿夫人的体香。诸位爱卿也算见多识广，可曾听说过人会体内生香的？"

在座的诸位大臣听了，也都感到奇怪。一些多事的臣子还拉起张英的袖子闻了闻，果然馨香扑鼻，顿时不由得连连称奇。此时有个翰林卖弄学识说："据古籍记载，有些修行得道之人，坐化之时，体内往往会生出一股香气，除此之外，没听说活人体内生香的。"也有研究格致物理的洋大人说："这体内生香，想必与一些人腋生狐臭是一个道理，只是气味不同而已。"

康熙听了，哈哈大笑，说："这洋人就喜欢捣鼓一些稀奇古怪的玩意儿，不过今儿个这话说得在理。体内生香的女人，这世上一定还有，要是诸位臣工找到一两个体内生香的女人，就与张爱卿一样有福了。"

瀛台夜宴搞了这么一个插曲，康熙和臣子们倒是乐呵了，只是臊得张英恨不得找条地缝钻进去。

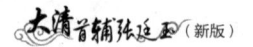

第六章　小廷玉初见康熙爷

　　说起康熙的后宫，也有一位他宠爱的女子，那就是宜妃。这个宜贵妃才满十八岁，就独宠后宫。也许宫里的其他妃子对皇上都是敬大于爱，唯有这个宜妃活泼开朗，与皇上相处无所顾忌。宜妃不但美丽聪明、温柔体贴，而且心灵手巧，一身的手艺活。宜妃住在翊坤宫，她与康熙一样，都酷爱读书，还喜欢园艺，把翊坤宫装扮得跟植物园似的，到处是花花草草，这也许是皇上喜欢来翊坤宫的原因，芳草如茵的地儿，确实能让勤于朝政的康熙心旷神怡。

　　今儿个晚上，康熙与大臣们开怀夜饮之后，不由自主地往翊坤宫赶去，宜妃一见皇上驾到，赶紧出来接驾。皇上借着酒劲，一把抱起宜妃，闻到她身上淡淡的脂粉味，便想起刚才与大臣们所谈的女体生香，于是他把鼻子放在宜妃的胸口嗅了嗅，宜妃见皇上这怪异的举动，觉得好生可笑，便轻声取笑说："皇上莫不是想学小灰鼠找吃的吗？"

　　皇上故作一本正经地说："小灰鼠这厢就是想嗅出一个香妃来！"

宜妃听了，嗔怪地问："皇上有那么多嫔妃，哪一个不是香喷喷的？"

"爱妃误解了，是体内生香的妃子！"皇上见宜妃还是一头雾水地看着他，于是把瀛台夜宴群臣，自己偶然发现张英衣衫带香，盘根追问之后，张英才说出是他夫人体内生香。宜妃听后，也觉得不可思议，暗自思忖："莫非长期用什么带香气的东西沐浴或食用，久而久之体内就积聚一股香气。不知张家夫人用的什么香东西？圣上，你一定要带臣妾前去张家瞧瞧，我定要弄明白这究竟是怎么一回事！"

宜妃听后，在康熙怀里一个劲儿地闹腾，康熙要是不答应她，看来今晚他是办不了房事，可是一个妃子怎能随便跑出后宫，这要是传到民间，不就成了宫廷绯闻。想到这里，康熙皱起眉头说："爱妃啊，后宫的人怎可私自出宫啊，这可是千百年来的宫禁，朕可帮不了你！"

"那皇上不可以带臣妾去张英家吗？"宜妃嘟囔着嘴说。

"朕贵为天子，怎可随便往臣子家里跑，即便不吓坏人家，也乱了君臣礼仪！"康熙正色回道。

"臣妾反正要去，咱们微服私访，这也是给张英的特别恩典，圣上不也想搞清楚张夫人体内生香的真相吗？臣妾此去，说不定能拿到张夫人的秘方，到时候我如法炮制，圣上不就可以天天与臣妾香香了吗？"宜妃一边轻摇康熙的肩膀，一边向他抛媚眼说。

"好，好，都依了你，朕这就与你香香。"康熙一把抱起宜妃，走入内室。

第二天午时三刻，宫里从西华门出来一辆马车，那个领头的家奴就是康熙身边的首席太监魏珠。

皇上一行人走不过两里地，就来到了西安门，西安门住的可都是朝廷大员，为的是方便他们上早朝。这一带可是清一色的独立小院，魏珠牵马在张家府邸门前停了下来，随即上前叩门。前来开门的是张府管家王富贵，他早先认得魏珠，当即纳闷地问："我家两位大人一早上朝，到现在还没回来。不知魏公公找哪位大人公干？"王富贵所指的两位大人就是张英和他的长子张廷瓒。

魏珠笑眯眯地回答王富贵说："今儿个不找你家大人，宫里来了一位娘娘要见你们家夫人。张夫人在家否？"

"夫人很少出门子，一直在家里头。"王富贵一边回话，一边把大门打开。因为张家府邸大门狭窄，车马只好停在外边。康熙一行人走下车马时，王富贵早已飞身跑进府内，禀告夫人，而后自己赶紧躲进后院。

张夫人姚氏得知宫里来了娘娘，慌忙走出内室，赶到府邸大门口，跪着迎候。康熙仔细打量着姚氏，她与张英一样着装简约素雅，虽然年逾四十，体态仍不失婀娜多姿，相比盛装的宜妃，姚氏多了一分成熟、一分脱俗，也许是皇上在宫里头见过的旗服女人太多了，宽衣大袄，遮掩了女人的曲线。康熙一直对汉人的服饰好奇，穿在身上，清清爽爽的，一眼就能看出天生的美丑来。姚氏身材高挑，皮肤白净，虽不能做画上的美人，却有一番临水照花人的娴雅。此时听到魏珠一声喊起："宜妃娘娘到。"姚氏赶紧低头说："臣妇张门姚氏给娘娘请安！"后宫妃子一辈子能出宫几次？眼下宜贵妃屈尊来到自己家中，真是令人惶恐不安啊！

宜妃是个心有七窍之人，一看姚氏惊慌失措的样子，便知自己此行实在唐突，于是微笑着将姚氏扶起，并与她说："姐姐快快请起！妹子得知姐姐近期就要动身回桐城老家，便从宫里头拿些东西与你们，张大人衣锦还乡，总不能空着手去见至亲故友吧！"姚氏一见娘娘如此恩典他们张家，当然是激动万分，但她自幼进过学，又跟张英北漂多年，场面上的事见得多了，今儿个见了娘娘，才不至于失礼。

宜妃命人把带来的礼物拿进府里来，有库银五百两、上等绸缎二十匹。"张大人一直在皇上身边鞍前马后，不辞劳苦，他对皇上的一片忠心可昭日月。这些银两是圣上赏给张大人还乡的开销。这些绸缎，则是我送给姐姐的。"姚氏正准备下跪谢恩，被宜妃一把拦住。宜妃随即拉着姚氏的手说："咱们姐妹俩到内室叙话去，让他们男人在屋外头倒也自在些！"宜妃乃深宫之人，姚氏正在为她的安全担心，况且与娘娘随行的那位公子和魏公公还在外间，不免要怠慢了他们。魏公公是何等精明之人，一见姚氏的眼神，便与她说："张夫人尽管陪娘娘去里间叙话，外边的主子我来侍候。""那就有劳公公了！"说罢，姚氏亲手沏了一壶茶，倒了一杯，让魏公公送过去。而后姚氏用托盘端上一杯茶，与宜妃娘娘去往西厢房，西厢房其实是一间书房，靠墙的书架上摆满了书，旁边摆了两张书案，放有笔墨纸砚。屋角放了三盆花，两盆茉莉花，一盆兰花。茉莉花属于灌木，长得不高，却枝繁叶茂，开的花很小，似繁星点点，可是它散发的香味浓郁扑鼻。茉莉花是南方常见的花卉，宜妃是满人，自幼在北方长大，她走到茉莉花跟前嗅了嗅，然后问姚氏说："姐姐栽种了什么花？我在宫里头也不曾见过，这香味儿沁人心脾。"

"回禀娘娘，此花名叫茉莉，据说是大唐高僧玄奘当年去西域取经，顺便带回中原的。此花喜热不耐寒，故而北方不多见，南方广为栽培。这两盆茉莉就是我从桐城老家带过来的，我家老爷出身书香门第，喜欢清淡素雅，不喜欢大红大紫的牡丹，因了这茉莉开花清香，花色素雅，所以我在屋里和院中种植了不少。茉莉一年开三次花，在夏秋时节，特别是盛夏的七月，这花儿开得特别勤快，估计一盆能开出几百朵花来。"

"难怪我一进到院子，就闻到一阵阵清香，不承想是茉莉花啊！"

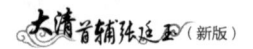

宜妃正跟姚氏唠嗑，隐约闻到她身上散发出来的体香，原来万岁爷所说不假，于是她情不自禁地拉起姚氏的手，笑着说："我闻你衣服没有熏香，确是体内生香。看来万岁爷所说不假啊！敢问姐姐体内生香缘何而来，妹妹很想知道。"

姚氏一听自己体内生香的事竟然传到皇上那儿去了，而她本是足不出户的妇道人家，宜妃此番前来八卦她的个人私密，这让她很难为情。可是一见宜妃乖巧玲珑的模样，叫人好生喜欢。姚氏于是红着脸告诉了宜妃此事的真相："我这体香不是与生俱来的，记得从那年生下次子廷玉的时候起，我就体内生香了。"姚氏知道宜妃一时也无法相信自己所说的话，而后解释说："小儿出生于九月，当时正是茉莉花开的时候，估计是生小孩时，疼得浑身毛孔张开，将花香吸了进去，这才体内生香。"

"姐姐分析得有道理，你那香喷喷的儿子去哪儿了？"宜妃很想见见这一出生就让满屋生香的孩子。

"娘娘来之前，我家大儿子廷瓒刚回来，已领着两个弟弟出外玩去了，恐怕一时半会儿回不来。"姚氏向宜妃歉意地说。

说来也巧，此时张廷瓒领着两个弟弟张廷玉、张廷璐回家了，一见府邸门口站了两名便衣侍卫，张廷瓒经常在官场走动，一瞧便知两厮身手不凡，今天也不知道哪位王爷找老爸微服议事。当张廷瓒走进厅堂，一见康熙端坐在太师椅上喝茶，顿时把他吓了一跳，扑通一声，双膝跪在地上，一边伏地磕头，一边高声喊道："微臣该死，不知圣上驾临寒舍，接驾来迟，请皇上恕罪！"张廷瓒这一声喊，顿时把张府上下的人吓得大气也不敢出，张夫人姚氏也万万想不到皇上会微服来到张家府邸，先前只道是哪位皇亲国戚陪宜妃前来造访，况且宫中之事，历朝都多生祸端。宜妃娘娘和魏公公没有言明，她一个朝廷命妇怎敢多嘴盘问。眼下得知圣上亲临府邸，自己又怠慢了许久，自然是吓得魂不附体，也顾不得大家闺秀的体面，三两步就飞跑到康熙跟前，扑通跪倒在地，请求皇上降罪。张廷玉和张廷璐年龄尚小，也很懂事，都齐整地跪在姚氏身旁，向皇上磕头不止。

康熙见张府上下如此懂得礼数，深感欣慰，同时也为自己贸然造访张府，惊扰了近臣张英的家眷而感到歉疚，于是他起身上前说道："诸位快快请起，朕此次微服私访，就是想看看你们的生活过得怎样，你们不必拘谨。这位便是宜妃娘娘，你们也一并拜见吧！"张家兄弟随即向宜妃娘娘磕头行礼。

康熙关切地询问张廷瓒："廷瓒，吏部的批文拿到手了吗？你父亲这次告假回乡，你要替朕一路多加照顾！"

康熙用关切的目光打量着张家三兄弟，张廷瓒当即回禀了皇上，并将两位弟弟向康熙做了介绍。康熙拉着张廷玉的小手，和蔼地问："你就是那个'击几声堂鼓，代天地扬威'的小家伙？"小廷玉模仿哥哥张廷瓒说话的神态，应声回答说："廷玉长大后定要为皇上击鼓扬威！"皇上一见张廷玉小大人的模样，顿时乐得哈哈大笑。

康熙看到张廷玉，不由得想起自己八岁登基时的光景。想到这里，康熙俯身便问张廷玉说："小廷玉，你现在进学怎样？说与朕听听！"

"回圣上的话，'四书'刚刚学完，眼下正在学习'五经'。"

"小小年纪，竟然学起'五经'来了，不简单！朕与你一起背书，可否？"

正在康熙与小廷玉相互考校之时，紫禁城已经敲响了晚钟，魏公公不得不提醒皇上说："万岁爷，近日得报天地会的陈近南已经派出杀手潜伏皇城，为了圣上安全，咱们还是早点回宫吧？"

"好，朕这就回宫！小廷玉，朕今天见到你勤于进学，甚为欣慰。宜妃，你与张夫人叙话完毕否？"

"回圣上的话，我这就与张夫人打招呼辞别！"宜妃转身又对姚氏说道："姐姐，妹妹今天与你相谈甚欢，无奈你要回乡，等你返京了，定要来宫中与妹妹叙话。这满园的芬芳，真是让妹妹流连忘返。"

"娘娘要是喜欢的话，臣妇就把书房的茉莉花和君子兰献与娘娘！"

"君子不夺人所爱，姐姐就送我一盆茉莉花吧！"

"张夫人有所不知，朕这个宜妃，平日里就喜欢鼓捣一些花草！"康熙在一旁补充说。

姚氏听了，这下子好像觅到了知音，笑呵呵地说道："娘娘要是喜欢我院中的花草，就多带几盆回宫。这些大多是南方花卉，怕冷，特别是茉莉花，待到过冬时，娘娘一定要记得将它们放到暖房里。"

张府上下跪送康熙与宜妃，跟来的太监和侍卫都忙着往骡车上搬花草。宜妃在翊坤宫遍种茉莉，还是不能体内生香，只好把茉莉花插进头发，或者别在衣襟，这样也能满身带香。其他嫔妃见状，自然纷纷效法，取悦于皇上。如此一来，茉莉花在宫中成为花中娇宠，继而流行到王公大臣的府邸，而后蔓延到民间。当时女子佩戴茉莉花蔚然成风，文人赋诗，歌女唱颂。张英拿到吏部批文，为了不耽搁朝廷政务，在自己返乡前，就必须做好工作交接。待他工作交接完毕，回到家里，天已擦黑，得知皇上和宜妃亲自来到张府恩赏，张英内心感动不已。

第七章 张英的智慧

一、张英告假还乡

张英离开家乡也有十余年了，此番衣锦还乡，重回故土，张家和当地的百姓自是夹道欢迎。此时的张英虽然在南书房供职，可在翰林院已是掌院学士，是正三品京官。张英把父亲葬在张家祖坟的仓基墩。丧事料理完毕，张英便催促大儿子张廷瓒回京。因为吏部只准假三个月，张廷瓒知道父亲记挂皇上，自己早一点到京，父亲就早一点安心。

送走大儿子张廷瓒后，张英作为京官，免不了要去县城寻访地方故友。京官回乡过年，新春时节，张英与亲友迎来送往，喝酒听戏，忙得不亦乐乎。这当中，免不了要拜访故地县令。此次饭局自当是县令做东，陪客都是桐城地方上一些有头有脸的乡绅，有些还是张英昔日的同窗，大多是一些小官或居家老爷，张英自然成为他们眼中的骄傲。这些地方乡绅轮流做东，张英竟然在县城滞留了半月。张英此次回乡动了退隐的念头，眼下大清朝广纳贤能，各路人才奔波官场如过江之鲫，自己告假葬父，离京返乡，三年之后，皇上能否想起他、起用他，那还是个未知数。张英的老家松山离县城有六十多里路，虽然有好山好水做伴，但毕竟没有县城交通便利。为子孙念书，他想在县城置一处府邸，自己读书交友也颇为方便。

年后，张英带上家人来到县城，在城里到处转悠，选中城西阳和里的一块地皮。那地儿离西城门不远，出了城门就是通往湖广和安庆府的官道。这块田地大概五亩左右，其间还有一口半亩的池塘。卖家一听买家是京官，自然坐地起价。虽然比当地的土地价格高出许多，可是比起京城房产，那是小巫见大巫。况且张英中意这块地皮，二话没说，就交付了银子。

张英给自己的宅院取名为五亩园，源自白居易叙述自家宅院的《池上篇》："十亩之宅，五亩之园，有水一池，有竹千竿。"张英给自己的宅院五亩园做了规划设计，一亩作为宅基地，一亩种花，一亩作为菜园，一亩作为池塘，空下一亩作为亭台和过道。不到半年时间，五亩园就落成了。五亩园背靠西山，园门向东。整个建筑设计的布局类似北京的四合院，建筑风格却是典型的徽派，全部采用青瓦白壁，显得十分素雅。

新年正月，张英举家迁往新居，十里八乡的亲友都前来恭贺张家五老爷的乔迁之喜，县城里的头脸乡绅和县太爷也闻讯前来道贺，张家乔迁一时成为桐城的新闻头条。

康熙二十三年（1684），皇上首次南巡，朝中大臣反对的声音颇多，倒不是心疼国库里的银子，主要是南方各地的反清组织十分猖獗，担心圣上安危。康熙时值盛年，自然乾纲独断，他要下乡走走，让天下臣民一睹大清天子的风采。自己一心开创盛世，可是天下还有人要造反。康熙决心到地方体察民情，搞清民怨的根源，以便安抚民心。

为了笼络汉人和天下士子之心，康熙特别点名张廷瓒随驾南巡。张英得知大儿子张廷瓒顺道回家省亲，便与夫人姚氏张罗儿子的婚事，早先给同里的江氏下了彩礼，等张廷瓒奉旨回乡，就让他与江氏之女在桐城完婚。圣驾离开京城，就乘坐龙舟沿运河南下。张英看了邸报，皇上拜了孔庙，巡视河工之后，很快就会抵达江宁。张英掐指一算，估计近日张廷瓒就会到家了。果然不到四五天的时间，沿途驿站派快马将张廷瓒送到阳和里五亩园。原来康熙南巡至江宁，便决定歇息数日之后，就此返京。他允准张廷瓒回桐城省亲，皇上得知张廷瓒回乡完婚，免不了要恩赏他，并有口谕带给其父张英。

张廷瓒独居北京三年，也是头一次远离父母，而今回到桐城，内心自是激动不已。他走进五亩园，来到堂屋，当下给父母恭谨地磕了三个响头。张英与姚氏满心欢喜地扶起儿子。张廷瓒行过家礼，便拍了拍打补子的官服，北面正声对张英说道："皇上有旨，请父亲大人接旨！"张英一听，便料定儿子带来了皇上的口谕，顿时扑通一声面北跪下，激动地磕头说："吾皇万岁万万岁！"

随后张廷瓒口宣圣旨："圣躬安。张英，朕允准你告假葬父，而今三年假期将至，你为何不回京，朕可是日夜念叨你。考虑到你儿子张廷瓒回乡大婚，再给假三个月，望按时回京见朕，不得有误！钦此。"

张英听皇上口谕如此亲切，让他想起自己与皇上的往日闲聊。张英起身正要问儿子张廷瓒近日朝政动态，只见儿子张廷瓒欣喜地说："皇上可能要父亲做太子的老师。此次南巡途中，皇上接到太子的请安书信，得知太子勤于进学，已经学完'四书'，内心十分高兴，皇上当即与我说起他做皇子时苦读诗书的情形。末了，他便问我，说我们汉人学完'四书'，接下来应该学什么典籍？我回答说，应当进学'五经'。皇上当时欣喜地说，你父亲是当今最好的讲经高手。我估摸父亲回京后，皇上定会让您去上书房给太子讲经。"

张英见儿子张廷瓒通过三年的官场历练，竟能精准地揣摩圣意了，他内心感到很欣慰。况且太子当初进学，他还是启蒙老师，后来皇上把首席秘书的担子交给了他，他又是翰林院掌院学士，自是忙不过来，皇上怕他过于劳累，便调任其他汉大臣充当太子的老师。况且皇上、贵妃、太后都非常疼爱太子，如果能长期兼任太子的老师，对于张英来说，未尝不是一件荣耀的事情。

张家父子议完朝政上的事情后，张廷瓒便迫不及待地去找弟弟们说话了，毕竟三年不见，手足情深啊！张英来到书房，夫人姚氏早已坐在书房等候，姚氏一见张英进了书房，便起身对他说："廷玉、廷璐两兄弟都在县学攻读，他们也一同回京吗？"

张英沉默了一会儿，便对夫人姚氏说："廷玉、廷璐两兄弟在桐城已经进学三年了，换个地方进学，又得重新熟悉课读环境，况且京城多纨绔子弟，很容易让孩子沾染不良习气，再者说北方历年考上的举子还不如南方多，他俩还是在南闱科考，就不必转学了。我已经有三年没有入朝为官，俗语说伴君如伴虎，万一我被朝廷免官，孩子进学转来转去，诸多不便。桐城名师云集，历年科考人数也多，留在家乡读取功名，比在京城靠谱，不知夫人做何想法？"

姚氏急忙回答说："回老爷的话，妾身也是这么想的。廷玉、廷璐两兄弟年龄尚小，我必须在他们身边照料，就不与老爷进京了。廷瓒大婚后，有儿媳江氏服侍，我倒是放心，只是苦了老爷，我想给老爷娶个二房。"

"夫人何出此言？而今孩子都这么大了，夫人又贤惠端庄，我娶个二房不是多此一举吗？"张英急得满脸通红地说。

姚氏连忙解释说："而今老爷已是三品京官，经常笔墨侍候皇上，也算天子近臣，别的老爷都是三妻四妾，老爷倘若不娶个二房，与同僚也不合流，水至清则无鱼。我总得在家照管孩子，不能进京侍候老爷，儿媳江氏只是个晚辈，照顾老爷也是无法周全，还是给老爷找个二房周全些，老爷就可以安心政务。"

"夫人如此委曲求全，处处为我着想，这让我情何以堪！"张英有些犯难了。

"老爷就不要推却了，妾身只是尽心持家，此事也不能操之过急，总要给你娶个稳当贤惠的女子。"

是年冬天，在张夫人姚氏的操持下，张廷瓒娶了江氏之女。到了第二年的春天，姚氏给官山的刘氏下了聘礼，选了吉日，就把刘氏之女娶进了门。这个刘氏的父亲是个穷秀才，一直在乡村私塾授课，是个本分人家。只是刘氏命苦，幼年已定过娃娃亲，可惜在未出嫁前，许婚的男人得病死了。加之刘氏是五月初五端阳节这天出生的，生辰八字不好，命硬，一般人家不敢娶她，怕对夫家不利。而刘氏虽出身寒门，也不愿意嫁给贩夫走卒，只求进到书香之家。就这样高不成低不就，刘氏不知不觉就错过了花期，而今嫁到桐城张家做个二房，也算如了自己的意。

家中一切安排妥当之后，张英就要启程回京了。生儿育女不像母鸡下蛋那么简单，临行前，张英要尽到一个父辈的责任，他把儿子、侄儿一起叫到跟前训话。他郑重地教导他们："读书者不贱，守田者不饥，积德者不倾，择友者不败。"说罢，他便将这四句话当作家训，写成条幅，让张廷玉代众子侄接管，并告诫张家子弟谨记家训。

而后张英又逐一翻看了众子侄的课业，并给他们讲解了读书的用处和方法以及如何行善积德、尊师择友。末了，他从怀里拿出几方图章，叮嘱子侄们每月寄给他的作业和家书，要轮流盖上这些图章，以便时刻铭记在心。

张英将几方图章逐一递给张廷玉，众子侄也逐一传看，一枚刻着："立品、读书、养身、择友。"另一枚刻着："保家莫如择友，求名莫如读书。"最后一枚刻的是警戒语："马吊淫巧，众恶之门；纸牌入手，非吾子孙。"

待众子侄告退后，张英便走到书房，写了两张条幅，继而来到了张廷玉的书房。张廷玉一见父亲，随即起立，而后恭敬地接过父亲所送的条幅。他把条幅放在书案上，只见一张条幅上横写四个大字"惟肃乃雍"，另一张条幅上竖写了三行字："戒嬉戏，慎威仪；谨言语，温经书；精举业，学楷字；谨起居，慎寒暑；节用度，谢酬应；省宴集，寡交游。"

张英指着条幅，叮嘱张廷玉说："这个横幅就是告诫你做人要外圆内方，一生才能和顺安详。这个竖幅所写的十二目，为父希望你戒慎。马看四蹄，人看从小，就是指一个人的品行，要从幼年开始培养，坏习气一旦养成，成人后很难改掉。为父去了京城，你一定要听从母亲的教导。你母亲是个聪明贤惠的人，有她管束你，我是放心的。"

张廷玉从小就在父亲的循循善诱下成长，今日父亲又反复告诫他，张廷玉自然感到父爱情深，当即哽咽地说："父亲的话，做儿子的一定铭记在心。父亲明日就启程了，还请早些歇息。"

张英欣慰地看着张廷玉，点了点头，随即离开了张廷玉的书房。张英离开故土，马不停蹄地赶往京城，差不多半个月的时间才抵达京都，他暂时下榻在儿子张廷瓒的住处。歇息了一天，第二天，儿子张廷瓒早朝回来，他向儿子打听皇上的行踪，得知皇上近期常住瀛台，于是用一块黄绫把《孝经衍义》文稿包裹，便匆匆向西安门赶去。张英先前是皇上的贴身秘书，对于康熙钟爱的瀛台，他自是熟悉，待他赶到瀛台时，皇上却不在寝宫。张英向守门太监一打听，才得知皇上赏荷花去了。

张英见到康熙时,康熙正在柳荫下摇头晃脑地踱步,看来皇上又要诗兴大发了。张英已经有三年没见皇上了,内心十分激动,他快步走到皇上跟前,扑通跪下,连忙磕头说:"微臣张英谨祝吾皇万岁万岁万万岁!"皇上一见张英来了,心里十分高兴,他上前一步,便将张英扶起,口中喃喃地说:"张爱卿啊,朕可天天念叨你。当年允准你告假回乡葬父,朕还以为你眷恋田园之乐,赖在老家,不想回朝呢。倘若朕不下旨召见,恐怕你还不想回京。"

"微臣时刻都想待在皇上身边,怎奈孝悌祖制不可违背,况且在京候补的官员太多,都是贤能之人,我匆匆地赶来候补,岂不是堵塞了同僚的晋升之路?"

"张爱卿为人处世总是那么低调,你是朕的贴身秘书,还用等着候补吗?朕着你官复原职,在南书房行走。"

张英叩谢天恩后,随即与和皇上同游的高士奇和纳兰性德相互拱手寒暄。皇上见张英与同僚见礼后,便笑着对张英说:"张爱卿在老家待了那么久,可有特别的礼物送给朕?"

张英一听,赶紧将用黄绫包裹着的文稿进献给皇上,康熙曾想把《孝经》列入国学课本,便下诏翰林院考注衍义,张英告假前,就向皇上领了这差事。康熙迫不及待地打开包裹,一见是《孝经衍义》,整整十八本册子,康熙当即夸赞张英说:"张爱卿真乃旷世大儒,一本不到两千字的《孝经》,竟然被你衍义成十八本册子。爱卿如此博学,朕想让你兼做太子的老师,太子已读完'四书',目前正在学'五经',朕先前听你讲经,解得透彻。不知你愿意否?"

"微臣只是拾人牙慧,学问观点没有自成一体。太子聪慧好学,我虽有心教导,恐怕自身学识不够,有误皇命。"张英因了儿子张廷瓒提前放了消息,故此内心显得平静。

张英见皇上有意让他兼做太子的老师，这也是康熙对近臣额外的恩典，他谦虚之后，便一口应承了。张英先前住的皇城内宅，皇上一直给他留着，这让他感激涕零，唯有效命朝廷，方能报答天恩。

几天后，康熙下旨，刻印《孝经衍义》，发往全国各地官学，作为必修课本。张英因为考注《孝经》有功，皇上赏他库银千两，升为礼部侍郎。后因礼部尚书熊赐履调往户部，张英便升为礼部尚书。此时的张英可谓满身挂官，他名为礼部尚书，仍是翰林院掌院学士，又是《大清一统志》《渊鉴类函》《政治典训》的总裁官，并且兼任太子的老师。张英眼下主持朝廷的外交、文化、教育等日常事务，所以每天忙得脚不沾地，早朝完毕，他就立马回到礼部衙门，还要赶往翰林院，而后到南书房议政。

二、张廷玉进京赶考

张英勤于王事，还要挤出时间查看子侄们的课业。这几年张英虽在京为官，可家中子侄们的功课和作业都是按时寄给他查阅，他要及时了解子侄们的进学情况，便于及时督导。在张家子弟当中，张廷玉的功课做得最好，很快就考中了秀才。张廷玉刚刚中了秀才，夫人姚氏就来信与张英商量张廷玉的婚事。与张廷玉指腹为婚的珊儿是姚氏娘家的堂侄女，珊儿的父亲姚文然与张英曾经同朝为官，而后辞官回乡，因为清正耿直，手头没有积蓄，生活十分拮据，又不幸染病，撒手人寰。怎奈珊儿命苦，母亲生她时，就难产死去。珊儿还未出阁，长兄姚士塈远在京城为官，怜爱她的长嫂为了侍候长兄，不得不一同前去，其他的哥哥们都在县上求学，唯有庶母照顾她，珊儿受不了庶母的白眼，每每伤心落泪时，就跑到张夫人姚氏身边哭诉。姚氏那么聪明贤惠，自然体谅珊儿的苦处。况且自己的两个女儿令维、令仪早已出嫁，姚氏没有贴身的小棉袄在跟前说话，内心也感到寂寞，加之儿子们都在县学攻读，很难得回家看看，因此她希望珊儿早点过门，自己身边有个女孩儿说说话，这日子也过得快些。张英明白夫人的想法，可是他公务繁忙，根本不可能告假，于是回信叮嘱夫人代为操办张廷玉的婚事，并赏给次子张廷玉一千两纹银，让其成家立业，置些田产。

张廷玉婚后的生活比之先前并无二致，仍是攻读诗书，不过此时读书有红袖添香，学业进度比之前快了许多。婚后第二年，当时任兵部右侍郎的老爸张英给张廷玉捐了个岁贡生，这就有了参加乡试的资格。

康熙三十六年（1697）的春天，张廷玉来北京参加会试，因为父亲和大哥都在京为官，所以将母亲也带来与父兄团聚。

谁知春节放假上来，老爸张英竟然被皇上钦点为丁丑科会试主考，可张廷玉也参加此次科考。按照当时的大清律例，参加科考的亲属一定要回避。张英正要向皇上说明缘由，恳请辞掉主考官一职。可是军国大事在即，皇上已经下旨，准备御驾亲征漠北。此事关系到大清社稷的安危，在这非常时期，张英不敢拿家事去叨扰皇上，只好让张廷玉回避，在家继续温书，等待下次科考。

第二年三月，张廷玉的老爸张英已经官至宰相，升任为文华殿大学士。张廷玉在等待下次科考的三年时间里，除了温书，还是温书。老爸张英满身挂官，一心为朝廷当差，自是忙得脚不落轿。张英不是没有考虑次子张廷玉的仕途，以他在朝中的地位，给儿子张廷玉捐个功名，捞个小官当，那是举手之劳，同僚也不会说他什么，因为他从来不得罪人，另外许多同僚的后代做官也是走体制外的路线，他甚至都不需要动用同僚的关系，因为他自己是资深的皇帝党，首批在南书房当值的京官，作为天字号的人，与皇上关系十分亲近。如果他与皇上拉家常似的说一下儿子张廷玉的近况，皇上得知缘由，给张廷玉封个七品小官，那是情理之中的事情。可是张英就是不开口，他想让次子张廷玉做个体制内的官，一来名正言顺，二来让他扎实地走一下过场，知道功名的来之不易，日后对功名懂得珍惜和固守。

正当张廷玉像熬鹰似的等待出仕的机会时，此时朝廷传来了好消息。抚远大将军费扬古在前方骁勇善战，在昭莫多一举击溃噶尔丹的主力部队，噶尔丹仅带领几十名骑兵逃脱。而后噶尔丹部将丹济拉伺机复仇，在翁吉（今蒙古国阿尔拜赫雷东南）偷袭清军，企图劫夺粮草，结果被清军打得落花流水，从此噶尔丹再也没有足够的兵力对清军发起进攻。接下来朝廷就接到噶尔丹服毒自尽的死讯，皇上当时在宁夏河套地区视察河工，竟然激动地跪在黄河大堤上，拜天谢地。皇上龙颜大悦，因为大清从此就海晏河清，他老人家纠结一生的外患终于歇菜了，是该刀枪入库，放马南山了，连年征战耗费大量资财，国库空虚，民生凋敝，大清再也经不起折腾了。

当康熙陶醉于除鳌拜、平三藩、收复台湾、击败准噶尔部的显赫政绩时，他没料到王公大臣和皇子们已经在夺嫡这件事上明争暗斗了。一朝天子一朝臣，皇上终有驾鹤西去的一天，皇子和大臣们相互勾结，开始培植自己的势力，同时剪除异己党羽。在这场没有硝烟的战争中，康熙感到十分棘手。对待外患，可以重拳出击，可是内患就像自己的左右手互相打架，不论你砍掉哪一只胳膊，都会元气大伤。唯一的办法就是让他们互相抗衡，同时又不能大伤元气。康熙三十九年（1700）的会试，到底由谁来出任主考官？这次廷议，皇子们竟然全部到齐，不像对待边疆战事互相推诿，而是纷纷出来表达自己的政见，说穿了，就是想借这次会试的机会，为各自势力培植心腹、党羽，拉拢新科人才。皇位是权力他爹，朝中大臣也力挺各自押注的皇子，他们要为未来的主子出谋划策。

康熙怎不知阿哥和大臣们肚子里的花花肠子，他表面上要诸位皇子和臣工畅所欲言，其实就是欲擒故纵，想要平衡各派势力，使党争不危及皇权。太子胤礽作为康熙钦定的大清接班人，抢先表明自己的态度，他强烈推荐李光地主持这次会试的日常考务。大阿哥胤禔一见胤礽摆出老大的样子，心里就来气，暗自想：自己先后跟随伯父和皇阿玛东征西讨，还随父皇去巡视河工，为大清社稷风里来雨里去，没有功劳也有苦劳，而二皇子胤礽却因为生母是皇后，以嫡长子的身份，轻松做了太子。太子胤礽利用皇上出巡时自己监国的机会，暗中培植自己的势力，借此打压其他皇子的势力，甚至想与皇权抗衡。太子胤礽的这些行为，康熙早已心知肚明，只要太子不犯上作乱，皇上不会拆穿他。如果轻易废了太子，势必会动摇朝廷的根基。要知道朝野上下与太子有瓜葛的王公大臣，那是不胜枚举。大阿哥胤禔为了在夺嫡中占据先机，在朝堂上公然捅破这层窗户纸，他一口咬定太子胤礽有培植太子党羽、企图犯上作乱的嫌疑。因为李光地曾是太子的老师，这给大阿哥胤禔攻击太子提供了口实。大阿哥胤禔极力推荐在党争中败下阵来的大学士明珠，想通过这次会试，让皇上再次重用明珠，明珠一旦东山再起，大阿哥胤禔夺嫡就志在必得。谁知明珠并没有理睬大阿哥胤禔，而是狠狠地瞪了他一眼。大阿哥胤禔习惯了军旅生活，平日里就喜欢打打杀杀，从来不知道绕着弯子说话，不知朝堂就是战场，不能想什么就说什么，说出去的话就像一把看不见的刀，没等你扎着对手，自己却先倒下了。明珠在朝堂上只能保持沉默，心里却暗暗训斥大阿哥胤禔："你说你这个孩子，真是榆木疙瘩，我白教你了，满朝文武有谁不知道我是你娘的长辈，会试是个肥差，既可大捞一把，还能广罗天下英才，我作为你的亲信，这都是朝野公开的秘密，你应该推荐我的门生佛伦，他贵为大学士，提议他出任主考官，也是名正言顺的事情。我虽曾权倾朝野，可眼下被康熙爷盯死了，此时你提议我出任主考官，你让皇上怎么想？你这是搬起石头砸自己人啊！"

太子胤礽举荐李光地出任主考官，应该说是没有私心的，眼下大清的政局稳定，只要太子胤礽恪守本分，不惹祸端，康熙不会动他的，太子作为未来的皇帝，自然事事从朝廷的利益出发。太子比大阿哥狡猾，他有心把李光地纳入太子党的势力范围，但又不能让皇上起疑心，晚年的康熙就像一头温驯的狮子，你只能顺毛捋。李光地虽是太子昔日的老师，可他眼下是忠实的皇帝党，手握重权。太子平时纸上谈兵还可以，政治智慧还差了些，他能想出此招，是他的叔姥爷索额图事先叮嘱的，太子党借这次廷议，向皇帝党示好，既取悦圣心，又拉拢了李光地，团结一切可以团结的力量。如此一来，皇帝党即便不支持太子党，也会保持中立。

九阿哥胤禟家财万贯，借此广交三教九流，他鼎力支持八阿哥胤禩夺嫡，为了将各路人才广聚小集团，他不惜倾尽家产。九阿哥见太子和大阿哥都在推荐自己的人出任此次会试的主考官，他也不甘示弱，提议刑部尚书阿灵阿出任此次会试的主考官。明眼人都知道阿灵阿是八阿哥胤禩的铁杆亲信，看来九阿哥胤禟与八阿哥胤禩站在同一条战线。九阿哥胤禟平时喜爱钻研一些西洋器物，经常与洋人混在一起，如今他也掺和进来，这时的朝堂犹如沸粥般闹腾起来了。大臣们也打着替圣上分忧的由头，纷纷举荐各自阵营里的人，眼看一场"舌尖上的战争"就要开始了。

朝中大臣们表面上讲究仁义礼智信，实际上一个个滑头得很。苦读圣贤书的大臣，竟然在如此高规格的会议上大声吵闹，只差相互扔鞋子了。"你们把大清的朝堂当作菜市场了，谁再敢大声喧哗，就拖出去重杖五十！"康熙表面很愤怒，其实内心美滋滋的。做臣子的为了国事越蹦跶，做皇帝的心里越高兴。只要臣子们存在分歧，存在矛盾，就需要皇帝扮演救火员或调解员的角色。一旦臣子们同一个鼻孔出气，那皇权就岌岌可危了。陈桥兵变就是做臣子的达成共识，才架空皇帝的。

康熙从小就在朝堂历经血雨腥风，对于帝王心术，他了然于胸。哪个朋党强势，他就打压哪个朋党，同时把弱势的朋党稍微扶植一下，让他们旗鼓相当。他既要让他们不能危及皇权，又要让他们不能像霜打的茄子般萎靡不振。对于朝中各派势力，只能让他们相互平衡，不可能把他们都灭了，否则谁来给你干活？那么庞大的官僚系统，皇上能耐再大，也是玩不转的。为了获取朋党的秘密，皇上需要培植自己的亲信，然后打入这些朋党的内部。这样一来，皇上就可以及时掌握各种风吹草动，防患于未然。

众臣一见康熙雷霆震怒，自是吓得大气也不敢出。对于此次会试主考官的人选，康熙反复思量之后，决定推出自己的皇帝党。李光地已经被太子提议了，这就不能任命了。皇上看了看张英，然后说：“上次会试是张英主持的，没出一点纰漏，这次还是他出任主考官吧！”康熙爷一道圣旨下来，他老人家倒是可以睡个安稳觉。可是张廷玉却惨了，他老爸张英又出任主考官，他等待三年的科考机会又泡汤了。张英刚升为文华殿大学士，为了老爸的仕途，张廷玉又得回避这次会试了。他心里很郁闷，自是越想越生气，吵嚷着要参加科考。不管张英怎样做儿子的思想工作，张廷玉就是不答应。无奈之下，张英只好向皇上禀明此事。可是圣旨已经下来，皇上一言九鼎，岂能随便更改？皇上很喜欢张廷玉，得知他上次科考因为父亲出任主考官而回避，内心也是觉得过意不去，于是又下了一道圣旨，着大学士熊赐履与主考官张英一同监考，这样就避嫌了。

熊赐履作为张英的同僚兼好友，对于张廷玉，他是从小看着长大的，熊赐履巡视考棚的时候，还特意走到张廷玉的身边，想着这孩子头一次参加会试，有个熟人在身边看着，心里就没有那么紧张了。谁知张廷玉沉静地坐在考位上埋头答卷，熊赐履从他身边经过，张廷玉浑然不觉，熊赐履见了，不由得颔首笑了。

大概过了二十天，放榜了，张廷玉贵为相国之子，只需在家等候，一有消息，定会有人前来报知。此时礼部派人送来了监考官熊赐履的手书，恭贺张廷玉考中庚辰科会试第四十八名。张廷玉借此获得贡士资格，接下来就要迎接皇上亲自主持的殿试了。

熊赐履不能来到张家恭贺，他作为会试的监考，此次会试没有结束前，他是不可以自由出入的。他还要充当殿试的读卷官，张英因为儿子张廷玉参加此次会试，就没有充当殿试的读卷官。

又过了十多天，殿试就开始了。张廷玉虽然功名已定，参加殿试只不过是重新排一下名次而已，可是他老爸不放心，亲自将他送到太和殿。可怜天下父母心，张英也是希望儿子张廷玉殿试能拿个好名次，给他老张家长脸。

殿试没有主考官，所有的考生都是天子门生，因为皇上是名义上的主考官。

参加殿试的考生一大早就要背着箱笼到皇城等待点名进场，张廷玉就住在皇城内，因为是相国的儿子，就由他老爸直接带到了太和殿。

殿试发策题前，贡士们要按照会试的名次，单数居东，双数居西，分两排列于大殿两侧，与王公大臣们一起恭候皇上驾临。康熙升殿时，只听得奏乐鸣鞭响起，众人便行三跪九叩礼，末了，由礼部官员分发题纸，贡士们要跪受。监考的王公大臣和御史站在太和殿的台阶上，对整个考场是一览无余。只见太和殿里的贡士们个个稳操胜券，不是因为他们久经考场，而是殿试对于士子们来说，就是一次轻松的走过场，只要不交白卷，不当场发生意外，进士出身是十拿九稳，只等皇上钦定一下名次而已。

殿试结束后，不到三天的时间，所有贡士的考卷全部读完，位居前十名的考卷要呈送康熙御览。皇上看后，自是龙颜大悦，朱笔钦定名次：一甲三名赐进士及第，二甲七名赐进士出身，余下三甲赐同进士出身。此次开科共录取进士三百零一名，汪绎点为状元，季愈点为探花，王露点为榜眼。张廷玉列为三甲第一百五十二名。张廷玉对这个名次很不满意，因为老爸张英和大哥张廷瓒都是二甲出身，可是他老爸张英很满意。

三、张廷玉入值翰林院

六月初，康熙就要给新科进士钦定去处。张廷玉小的时候，康熙爷就很喜欢他，况且张廷玉的老爸张英又是忠实的皇帝党，皇上自然不会把他外放，而是授予张廷玉翰林院庶吉士，这就意味着皇上要把张廷玉留在京城做官。翰林院庶吉士一般在翰林院见习三年，待散馆时进行选拔考试，成绩出类拔萃者将分配到六部当差。

张廷玉起初还为自己的仕途犯愁，他作为官二代，在京城待了几年，怎舍得离开这繁华的京城？

张英看到儿子"嗷嗷待哺"的样子，自然要鼓励他说："孩子，你的会试成绩本来就可以，只不过是皇上喜欢你，让你早些上班而已。你作为新人，置身官场，也不要指望我帮到你什么，好多事情要靠自己亲身历练。为父只是提醒你注意一点，日后不管你置身什么场合，一定要记住你是皇上的人，要为皇上办事，替皇上着想。"

在太平盛世做官，你纵有天大的本事，也立不下定鼎之功，除非发生内乱，况且你一个文臣，有何能耐稳定政局？因此在康熙年间，这些体制内的官员要么做安守本分的忠臣，要么做溜须拍马的奴才。

张廷玉经过老爸这一番开导，似乎有些明白，但是对自己以后如何置身官场，心里还是没底。

张英看到儿子眉头紧锁，几乎能夹起一支毛笔来。这孩子还没上班，就愁成这样子，都怪自己平时对他管束太严，整天让他窝在家里读书，没让他去社会上游历。

眼下他只能给儿子张廷玉上速成课："孩子啊，你也不要把官场看得刀枪四伏，凡事要走一步看两步，谨小慎微就可以了。朝堂有哪些派系，你一定要搞清楚，不管他们展开怎样的殊死斗争，你都要做个本分人，不要与任何党派扯上关系，也不要招惹他们。面对王公大臣和皇子们，你要笑脸相迎。像大千岁党、八爷党、太子党和四阿哥身边的人，我们都是惹不起的。我们不要参与他们的任一阵营，但要做到与他们和睦相处。另外皇上身边的重臣，像明珠、索额图、熊赐履、李光地等官场前辈，对待他们，你要随时表现出自己的敬意，倘若与他们关系搞僵，你招致的灾祸更大。总之凡事要和谐，做好好先生是最上乘的官场活法。"

"这样子做官太憋屈，如此步步惊心，还不如回家种稻子！"张廷玉边听边嘀咕起来。

"傻孩子啊，你以为做官好啊，官场到处是陷阱，一招不慎，丢官丢性命，更为严重的，把一家老少都害了。世人都说做官好，谁知功名越大，危险越大。儿子啊，你别看为父眼下满身挂官，做了尚书和大学士，还兼任太子的老师。其实我浑身挂满了火药桶，朝中大臣都说我这人太低调，他们哪里知道我的处境，稍有不慎，我就会引火烧身，甚至殃及你们兄弟俩啊！你明珠大伯得知皇上要我兼任太子的老师，他就极力在皇上面前举荐我，让众臣觉得他与我都是支持太子的，他制造这个假象，目的就是把夺嫡这摊水搞浑，一旦太子登基，他便以此为借口，让自己立于不败之地。与此同时，你明珠伯伯还为大阿哥夺嫡出谋划策。他一只脚踩两条船，这只官场老狐狸，时刻都在给自己买双保险啊！"

末了，张英怕给儿子张廷玉造成太大的精神压力，便安慰他说："不管这些派系的人把夺嫡这摊水搞得多浑，你都要保持中立，千万不要表明自己的态度。眼下朝中局势十分复杂，我们所看到的有可能都是假象。比如你明珠伯伯常常对我们家嘘寒问暖，却不时揪住我的小辫子，暗示属官向皇上参奏我，让皇上认为我懒政，只知道做好好先生，目的就是逼我选边站队。你一定要切记，要低调做官，永远都做皇帝的人！"

张廷玉牢记父亲的良言，随后收拾行李，准备前往翰林院报到。那些年，大清官场是很讲究礼仪的，同年及第的同僚之间，不管你是在大街上偶遇，还是在酒桌上碰见，只要是与你同科、名次比你靠前的，不管你有多大的来头，你都得停下手里的活儿，要起身拱手，向对方表示自己的尊敬。

张廷玉从小出生于官宦世家，况且他老爸是大清官场出了名的低调哥，这些官场礼仪，他是懂得的。张廷玉在翰林院实习的这几年，不管是同科及第的师哥，还是前科的老进士，张廷玉对他们都十分恭谨。

翰林院是个清水衙门，皇上很少管束这些舞文弄墨之人，因此翰林院成为朋党斗争最为激烈的地方，一是各大派系笼络人才，壮大自己的势力；二是这些庶吉士作为大清官僚系统的储备干部，散馆之后将被派往各个官僚机构担任具体官职，他们也想趁实习时期，抱一抱朝中重臣的大腿，便于日后分配时能落到一个好去处。各大派系拉人入伙，庶吉士选择站队，如此一来，朝堂的夺嫡之争，在翰林院就演变成了庶吉士争夺战。

大千岁党以退居幕后的明珠为总指挥。大阿哥胤禔不甘心皇二子胤礽做太子，从康熙二十九年（1690）开始，他就一心想夺嫡继大统。这十多年来，大阿哥时刻关注皇上对太子的看法，一旦太子做了错事，或者皇上与太子的关系有所冷淡，他就会趁机大做文章，想搞坏太子的名声。大阿哥觉得自己是皇长子，原大学士明珠是自己的叔祖，眼下他老人家虽被皇上晾到一边，可他在朝野是树大根深，随时都有机会翻盘。况且皇上还是宠爱大阿哥的。大阿哥认为皇上立嫡长子不成，必定会立皇长子为太子。可康熙爷是何等精明之人，他早已察觉大阿哥的野心，后来拘禁太子胤礽的时候，曾下旨宣告群臣，想要大阿哥胤禔断了这个念头。康熙曾说："先前命直郡王胤禔随朕出征或出巡，只是为了锻炼他的才干，并无立胤禔为太子的意思。大阿哥胤禔生性急躁，为人固执，处事不知变通，这样的人，朕怎能将大清社稷交付与他？"

大阿哥见自己夺嫡无望，便转身去支持八阿哥胤禩夺嫡。八阿哥胤禩小时候曾由大阿哥的生母惠妃抚养。大阿哥认为只要让关系亲近的人做了太子，自己日后也能飞黄腾达。

大阿哥指使自己的门客在京城内外大肆游说，说太子品行如何败坏，并怂恿一些想攀高枝的翰林院编修，奏请皇上把太子流放宁古塔以示惩戒。

以索额图为首的太子党自然不甘示弱，指使手下的人到处搜寻污蔑太子言行的人，要给这些造谣生事者以雷霆手段，借此打压反对党的嚣张气焰。夺嫡之争弄成眼下这等局面，追根溯源，还在于康熙第一次册封成年皇子，皇上曾封大阿哥胤禔为多罗直郡王，三阿哥胤祉为多罗诚郡王，四阿哥胤禛、五阿哥胤祺、七阿哥胤祐、八阿哥胤禩为多罗贝勒。受封的阿哥们都参与朝廷政务，并分拨佐领，各自都有属下之人。康熙如此册封成年阿哥，自然就削弱了太子的力量，成年阿哥有了权力之后，野心膨胀，自然有了夺嫡之心，这样就加剧了他们与太子之间的矛盾。阿哥们为了搞垮太子，必然制造皇上与太子之间的矛盾，如此一来，康熙与太子、成年阿哥们与太子之间的矛盾错综复杂，日趋激烈。

八阿哥胤禩素以贤能著称，相对大千岁党和太子党，八爷党办事就显得文明多了。领侍卫内大臣阿灵阿全权负责八爷党在翰林院培植新人。八爷党有九阿哥胤禟这尊财神作为经济后盾，他们拉翰林院这些新人入伙，主要是送银子，并许诺日后的政治前途。翰林院的庶吉士是官场的明日之星，张廷玉是宰相张英之子，八爷党自然不会放过。张廷玉牢记父亲的告诫，对于找上门来的八爷党，他不拒绝，不表态，这让八爷党无计可施。对于其他上门来找他的朋党，张廷玉开口便说："我爹是张英！"言下之意就是我向我爹学习，要做万岁爷的人。这些参与夺嫡的朋党都知道张英是资深的皇帝党，从不参与夺嫡之争，他们得知张廷玉对夺嫡之争表示中立，也就没有再来为难他了。

眼看朋党之争日趋白热化，张廷玉即便保持中立，也是心神不宁，官场如战场，就算你不是交战双方，作为路人甲，也有被流弹击中的可能。张廷玉不会学墙头草派，顺风倒，哪边得势就往哪边跑，不管任何朋党撺掇他，他都如磐石不动，他相信老爹张英的话，因为老爹纵横官场三十多年，在业界口碑极好，还没受到同僚的参劾，只因下属犯错连带受过一次处分。况且张英在民间的口碑也是极好，六尺巷事件还被康熙爷作为官吏亲民的典范来告诫众臣。

四、六尺巷事件

说起六尺巷事件，就不得不提到张英当年建筑的五亩园，人怕出名猪怕壮，而今的五亩园已经被十里八乡的人称作宰相府。五亩园当初是仿照北京四合院建筑的，西、南两面都是城墙，靠北是吴家的老宅，靠东是阳和里巷。张英为官清廉，建宅院自然要考虑节省银子，另外他喜欢田园乐趣，所以园子的外墙，除了在正门靠阳和里巷的东边筑了一道砖墙，其他三面都用竹篱笆。考虑到周边过往行人的方便，篱笆墙与城墙都隔开了三尺，北面也与吴家老宅隔开了三尺。如此一来，从西城门出入的路人就可以抄近路，穿过宰相府与吴家老宅的夹巷，来到阳和里巷。宰相府位于桐城县城西南角，张英当初买下这块宅基地，就是以城墙墙角、阳和里巷以及阳和吴家老宅为四界的。照此说来，宰相府的三面篱笆墙外的三尺小路，也是张家的宅基地。世上本没有路，走的人多了便成了路。周边的人沿着张家的竹篱笆走惯了，久而久之，谁也没想到天天走过的小路，竟是张家的宅基地。

　　张家是桐城官宦望族，张英离开桐城老家，曾立了家训："门无杂宾，择友而交。"张家人谨记老爷的告诫，一直深居简出，与外界闲杂人等并无接触，与邻居吴家也是隔墙隔院，除了偶尔照面，几乎没有什么交往。俗话说：人不怕鬼，就怕三更半夜鬼敲门。张家人因为门第显赫，生怕在地方惹出是非，所以行事低调，待人谦和，可是不承想还是牵出一桩麻烦事来。

　　起因是吴家老宅扩建。吴家老宅是吴家各房都有份的祖业，如今长房长孙要娶媳妇，需要扩建一进房，于是拆了自家的南院墙，准备建新宅。吴家没有知会张家，竟然将自己新宅的地基挖到了张家的篱笆处。

　　篱笆墙的三尺之地原本就是老张家的，吴家拆墙建屋，不仅越界占了张家的地基，还堵住了过路行人的通道。张府的当家人，也就是张英的哥哥张克俨，得知此事后十分生气，当即带上几个家丁，来到吴家理论。谁知吴家却说巷道原本就是老宅基地，倘若张家人不信，可以挖出地下的界石来证实。

　　张克俨一见吴家人说得振振有词，半信半疑地走到刚刚开挖的地基处，只见那儿横放一块石碑，上面刻了"吴界"两个正楷大字。张克俨纳闷地说道："我们张家有地契为证，这张地契可是我家相国老爷经手的。地契上清楚地写道：北以吴氏院墙为界。"

"俗话说：民不跟官斗，可是官也得讲理！你还是找卖地给你的上家问个究竟吧。我父辈先前说过宅基地埋有界碑，当时建院墙就留有三尺滴水。没想到此次扩建老宅，真的挖出了界碑，好在父辈有先见之明，不然我真说不过你！你们老张家被上家给蒙骗了。"吴老太爷反驳张克俨说。

你道张家宅基地的上家是谁？这原本是块无主的闲置空地，是张英当年从县衙买下来的，并立了字据。难道县衙立的字据成了一纸空文？张克俨越想越来气，于是一纸诉状将吴家告到了县衙。桐城的钱县令一见原告竟是宰相府的人，哪敢怠慢，当即升堂，差人传张、吴两家主事人前来问话。谁知两家各执一词，张家有地契作为凭证，吴家有界碑作为证物。

钱县令可是通过科举正途走马上任的，吴家这点小伎俩，他岂能看不出来，当即斥责吴家人说："你们吴老太爷只是听说父辈埋有界碑，没有确凿证据，怎么就敢在张家的土地上开挖地基，寻找界碑呢？"

此次出庭的是吴家长房吴老爷，捐了功名的商人，他在桐城地面上也算是个有头脸的人物。吴老爷随即解释说："家父亲耳聆听父辈说起地基埋有界碑，此事怎能有假？没有确凿证据，我们开挖地基，做法诚然不对，可是我们拆墙建房，是在开挖地基、证实界碑之后的事啊，请大人明鉴！我们也不想将此事闹大，可是张家把我们告到县衙，我们吴家虽不像张家有朝中宰相撑腰，可也是桐城地方上有头脸的乡绅，万事总得讲理，钱大人乃是地方父母官，定会秉公断案，还小民清白！"

钱县令怎不知吴老爷这一番说辞的用意，倘若他判吴家败诉，吴老爷就会在桐城散播钱县令官官相护、欺压百姓的消息。可是张府有地契在手，又怎能说人家诬告呢？为了摸清具体情况，钱县令传唤为吴家拆墙挖地基的工匠，工匠们也不清楚界碑之事。原来第一个发现界碑的人是吴家的管家吴全。吴全负责吴家拆墙建房之事，平日里他除了负责吴家日常生活琐事，还为吴老太爷做一些冒险的事情。据吴全交代，他确实奉了吴老太爷的指使，为了防止张家阻挠，半夜三更时分，孤身一人在张家篱笆墙处探查，终于挖到埋在地基下面的界碑。当时在场的目击者，只有吴全、吴老太爷和吴家长房吴老爷三人，二吴都是被告，吴全是唯一的证人。鉴于吴全的证词可信度低，钱县令只好宣布退堂，此案暂时搁置，待日后再审。吴家老宅的扩建也只能停工，要等县衙结案后方可复工。吴家是这场官司的被告，此案悬而未决，正好给他们落下口实。不到两三天时间，桐城大街小巷便风传宰相府的人仗势欺人，不准吴家挨墙建屋。钱县令竟然恃强凌弱，将案子搁置不理，县衙如此官官相护，老百姓往后怎么过日子？

钱县令闻之，如坐针毡。张、吴两家都有凭证，这官司实难裁断。无奈之下，钱县令只好深夜造访相府，请求张家主事老爷张克俨高抬贵手，接受调解。钱县令对张克俨说：“眼下你们两家的官司在桐城已经传得沸沸扬扬，这案子搁置日子长了，我丢官事小，只怕影响老相爷的声誉，吴家做事手脚麻利，那界碑疑点甚多，就是苦于没有反证，无法判他败诉。”

看到钱县令心急如焚的样子，张克俨也于心不忍，于是问钱县令说：“钱大人打算如何调解张、吴两家纠纷？”

“此案你们两家都有实证，错在县衙断案无能。请张老爷把地契更改一下，把墙外那三尺宅基地划归吴家所有，县衙按地价如数赔偿损失。”钱县令也是茶壶倒饺子，有苦说不出来，只得硬着头皮把上任县令留下的烂事给抹平了。

张克俨回想上任县令当年坐地起价,硬是高价卖给张家这块地皮,心里十分不快,他气愤地说道:"难道老张家就缺这几两现银吗?钱大人如此纵容吴家胡作非为,必将导致往后民风大坏,即便钱大人放任不管,我们老张家也不会受这个窝囊气!"

"那依先生之见,我该如何断案?"钱县令笑着向张克俨讨饶。

"审案是衙门的活,我弟张英虽贵为当朝相国,但张家在大人治下就是百姓。这个道理,我还是懂的,我无须大人格外照顾,只要大人公道办事就行了。"

"张老爷此话倒是点醒了我,既然地契的当事人是老相国,咱们就应该写信问他老人家,看老相国如何处置这桩纠纷。"钱大人如释重负,趁机把此案当作皮球,踢给了张家。

"钱大人请放心,老夫已经把此事的来龙去脉写成书信,寄往京城了。我受相国之托,管理张家产业,岂能不明不白就把家产弄丢了?"

"如此甚好!"钱县令一听张克俨如此说,内心甭提多高兴。只要拿到老相国的手谕,这案子就好办了。你吴家在桐城再蛮横,有本事就到京城向皇上告状去吧。

没过几天,张英便收到张克俨寄来的家信。信中详说了张家与吴家的宅基地之争,还说了钱县令无法断案的缘由,末了,就是恳请老爷处置此事。

张英看过家信,顿时唉声叹气地说:"大哥真是糊涂!你怎能去打官司呢?如今我官居一品,廷瓒、廷玉都是朝廷京官,这样的家门,朝中同僚见了,怎不嫉妒恨?如今这官司一打,你再有理,人家也会说你仗势欺人!"

张英倒不担心桐城吴家能生出多大的幺蛾子,主要是康熙年间,言官可以风闻奏事，不管情况是否属实，只要听到传闻或非议，御史就可以借此参劾朝廷命官。参劾之后，方才查证，这就是所谓的言者无罪。当时的朝廷命官只要被御史参劾，就会大触霉头，即便查无实据，没有被革职罢官，可是名誉受损，长期背上莫须有的罪名上班，这种事搁谁身上，谁都感到窝心。曾经因为治理河道有功的顺天巡抚李光地，即便被康熙爷认为是能吏，可还是逃脱不了被御史参劾的命运。

张廷玉看到父亲眉头紧锁，于是劝解父亲张英说："父亲也不必太担心，这分明是吴家耍泼皮，咱们就认晦气，接受县衙调解算了。多一事不如少一事。"

"话虽如此，桐城钱县令也是个厉害角色，他把烫手山芋甩给我，让我回信，他好借此结案。我总得明确回复家里人，免得又生乱子。"说罢，张英在信尾批了一首诗："一纸书来只为墙，让他三尺又何妨。长城万里今犹在，不见当年秦始皇。"

张廷玉一见，纳闷地问道："父亲这样就算回复了吗？"

"不行啊，我还得另写一封书信与你大伯，免得日后又生事端。干脆把篱笆墙都拆了，全部砌成砖墙。"

钱县令万万没想到，一场险些让他丢官的诉讼案，竟然被张英的一纸书信给化解了。张克俨按照张英的意思，把竹篱笆拆了，在原址砌了砖墙，如此一来，张府靠西南边就与城墙留出了一条三尺小巷，可供路人通行。只是靠北一面，吴家就要紧挨张府墙外建新宅，这条通道一旦没了，那么从西城门出入的路人，只能绕道来到阳和里巷。

吴家得知张家主动撤诉，并且拆了篱笆，砌起砖墙，主动让出三尺地基，起初还以为张家得了县衙很多好处，后来仔细打听，才知道老相国肚里撑船，主动撤诉，并让出三尺地皮。吴老太爷得知事情真相，钦佩老相国的高风亮节，自己家也是桐城望族，不会为了三尺地皮，堵了巷道，做被全城百姓唾骂的恶人。

吴老太爷把各房儿孙叫到跟前，决定退出已占的三尺地基，同时还让出自家的三尺地基。吴家长房老爷遵照父亲的意思，悄悄让出自家三尺地基，也效仿张家砌了一堵青砖院墙。从此，六尺巷的故事，还有张英的那首诗，便在桐城的大街小巷和酒肆茶楼流传开来。

令张英吃惊的是皇上竟然比他先知道此事的处理结果。这些年国泰民安，康熙也年近五旬，性子比先前温和了很多，没事的时候，经常与身边的老臣拉家常。也许是皇子们的夺嫡之争，让康熙寒了心，那些依附皇子朋比为奸的臣子更让康熙憎恶至极，眼下让皇上感到放心的，只有这些天天侍候在他身边的皇帝党了。某天，皇上听讲之后，正与众学士闲聊，突然笑着对众臣说："朕昨日听说了一件奇事，竟然是发生在当朝。朝中有一个大学士，家乡的宅基地被人侵占，家人寄来书信求助，没想到那大学士肚里撑船，批诗相让于人，不仅平息了一场诉讼，此事还成为坊间美谈。这位以身教化百姓的大学士，诸位爱卿可曾知晓？"

群臣听了，面面相觑，不知所云。张英刚刚处理一桩类似的诉讼，但他还不知道六尺巷是怎么一回事，因此不敢妄加揣测，况且此事刚刚发生，断不可能传到皇上耳朵里。

正在群臣云里雾里的时候，只听皇上呵呵笑道："那批诗写得绝妙，我念给诸位听听：'一纸书来只为墙，让他三尺又何妨。长城万里今犹在，不见当年秦始皇。'"

康熙话音刚落，众臣还在仔细品诗，却见张英惶恐地跪在地上，向皇上叩头说："微臣该死！因是家中小事，所以没有奏报皇上。请皇上恕罪！"

"张爱卿莫慌！"康熙起身，将张英扶起，转身对众臣说："朕虽年过五旬，也不至于闭目塞听。"说罢，他拿出一封信函，交与熊赐履、李光地等人传阅，张英是最后一个看到的，只见信中将六尺巷事件的前因后果一一详述。只是信尾的署名被皇上用朱笔涂抹。

明眼人一看，便知这是一封直呈天子的密奏。张英看罢，不由得惊出一身冷汗，倘若自己对此案处理不慎，不知道这封密函将会如何说道。张英也知道康熙召集皇帝党，把这封密函公示于诸臣，其实也是为了爱惜自己的羽毛，康熙的用意就是劝诫皇帝党不要在夺嫡之争上瞎掺和，因为朝上稍有风吹草动，他老人家就能及时察觉。

张英回到府邸，桐城的家书才刚收到。张英迫不及待地打开书信，只见儿子张廷璐在信中详述张家接到批诗后，如何奉命让地息讼，吴家又是如何效仿张家让地，并详述六尺巷事件在桐城是如何成了美谈，还说了钱县令为六尺巷亲自竖匾题联，借此教化桐城百姓。

张英看罢书信，顿时松了一口气：看落款，书信是在竖匾当天寄出的，可还是比皇上收到的密函慢了两三天。作为天子近臣，他自然知道密折专奏之事。张英当年告假葬父回乡期间，也给皇上呈过密折，但他写的都是途经州县的民情吏治，可张英做梦也没想到自己家人的日常生活，皇上都派出眼线监视。可见夺嫡之争已经危及皇权了。倘若自己真有仗势欺人之举，皇上怎能不知？好在自己为官谨慎，家人也知礼守法，才不至于出现纰漏。

五、张英告别官场

转眼张英已经六十五岁了，他决定奏请皇上，恳求告老返乡，以避"贪位"之嫌。张廷玉刚在官场待了两年，他老爸便向朝廷乞休，康熙如同先前一样，允准了张英乞休的请求。康熙知道张英这次是真的要离开大清政坛了，想想这些年，自己与张英君臣相处的日子，皇上还真是有些不舍，准备给他筹办一场高规格的欢送会。张英见皇上为夺嫡之争忧思过甚，也不想因为自己的一时风光，招来同僚的嫉妒恨，从而影响廷瓒、廷玉两兄弟的仕途。

张英就这样挥一挥衣袖，作别大清的政坛。张英前脚一离开京城，他的同僚就纷纷来到翰林院看望张廷玉，嘘寒问暖的，除了熊赐履和李光地是真心关照张廷玉的，其他一干人等就是想利用张英在朝中的影响力，企图拉张廷玉加入自己派系的夺嫡之争。

这些日子，张廷玉经常在睡梦中醒来，是该他决定站队的时候了。张廷玉一直想加入皇帝党，像父亲一样效忠皇上。眼下他要加入熊赐履、李光地这些皇帝党的阵营，门槛实在是太高了，张廷玉目前只是个储备干部，在朝中的影响力是微乎其微，况且他老爸张英已经离开了朝廷的权力中心，熊赐履、李光地等皇帝党虽与父亲交情匪浅，也只能暗中提携张廷玉，万不会向皇上举荐他加入皇帝党。

张廷玉也曾考虑过加入太子党，可眼下老爸已经不是太子的老师，自己攀附太子，也没了凭借。还有一个势头强劲的党派是八爷党。八阿哥胤禩群众基础好，待人随和，处事圆滑，不摆皇室架子，与九阿哥胤禟、十阿哥胤䄉、十四阿哥胤禵（初名胤禎）结成战略同盟，与朝中的王公大臣私交甚厚。至于八阿哥的办事能力，皇上也是很认可的，康熙爷的皇兄裕亲王福全也曾在皇上面前夸奖八阿哥聪明能干，德才兼备。李光地也曾赞誉八阿哥在诸皇子当中最为贤能，此外八阿哥在江南士子当中也是口碑极好。

而对于大阿哥胤禔和务实低调的四爷胤禛，张廷玉压根就没想过要加入他们的团队。大阿哥向来垂青握有实权和军功的官吏，像张廷玉这种搞文字工作的庶吉士，根本入不了他的法眼，况且张廷玉的老爸张英已经光荣退休了。再者说，张廷玉对大阿哥这种为了皇位不惜骨肉相残

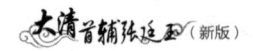

的主儿，也是极为反感的。而四阿哥胤禛在这场夺嫡斗争中，态度极不明朗，万事藏得太深的人，谁也不放心跟他啊！

四阿哥早年性情急躁，皇上不会把江山社稷交给这种性格的皇子。皇上在第一次罢黜太子胤礽之后，在推选新太子时，四阿哥胤禛提议复立太子，理由是废太子会动摇国之根基，同时他还与八阿哥胤禩打得火热。皇二子胤礽复立为太子后，诸位阿哥为夺嫡之争，忙于结党营私，明争暗斗十分激烈，而四阿哥胤禛为了向皇阿玛表示自己的诚孝，除了勤于国事，还拜佛门道教中的高人为师，学习参禅悟道，借此取悦圣心。与此同时，他与步军统领隆科多以及大清悍将年羹尧交往甚密。四阿哥胤禛只是佟皇后的养子，却公开宣称隆科多为舅舅，而年羹尧是四阿哥胤禛的包衣奴才。像四阿哥这种夜里走路，灯下都找不见影子的人，你敢站到他的队伍里去吗？四爷党看起来与皇帝党步调一致，可你一旦被四爷党出卖了，你说不定还笑呵呵地帮着他们数钱呢！

夺嫡之战眼看一触即发，朝廷中人，不管是否参与夺嫡之争，都不免要卷入这场旋涡。如何才能脱险？老爸不在身边，张廷玉心里很是纠结，到底跟谁呢？一旦站错了队，这一辈子就玩完了。

接下来发生了一件朝政大事，让夺嫡之争一下子明朗了。康熙四十二年（1703），保和殿大学士、太子党的领袖人物索额图被打入天牢，等候康熙发落。至此，夺嫡之争随着明党与索党之争的结束，太子党与大千岁党也随即被铲除，只剩下八爷党一枝独秀了，皇上和朝臣们也随之松了一口气。

索额图被拿下后，因为此案牵扯朝中的大臣太多，皇上有个习惯，但凡遇到朝中大事，他便要私下里询问皇帝党的意见。某天，康熙就罪臣索额图的案子，询问李光地的看法。李光地是个心有七窍之人，他佯装冥思苦想的样子，过了许久，他才对皇上说："索额图虽因贪墨获罪，可他毕竟为大清立下汗马功劳，还是旗人，微臣建议皇上慎重处理，以免世人非议。微臣建议，可由刑部与宗人府会审此案，最后交由圣上裁决。"

"朕派你去刑部监审，你愿意否？"康熙回头微笑地问李光地。李光地作为忠实的皇帝党，怎能不知康熙的用意，他要义不容辞地为皇上挡舆论子弹。张廷玉作为翰林院的实习生，当时跟在他的教习老师李光地的身后，康熙瞧见了张廷玉，便考问他："你就是老学士张英的次子张廷玉？眼下朕锁拿了索额图，依你之见，该当如何处置？"

张廷玉作为翰林院检讨，只是担任《亲征平定朔北略》的纂修，做梦也想不到皇上会与他商议朝政，内心自是紧张，好在先前与皇上照过面，张廷玉很快静下心来，随即回答康熙说："微臣觉得李大人提议甚好，交有关部院会审，而后由皇上圣裁。"

康熙听了，赞许地笑了笑，而后转身离开了翰林院。

皇上走出翰林院，足有一炷香的工夫，张廷玉还跪在地上，等候皇上训话。"皇上都走了！"李光地走到张廷玉身边，一把拉起他，说，"廷玉啊，你真不愧名臣之子，我刚才还生怕你说错话呢。"

等下班时分，张廷玉才敢坐下来冷静思考，原来皇上早已盘算，他询问李光地，并不希望李光地给出什么建议，主要是想通过臣子的口来传达自己的想法：索额图一案交由相关部院会审，而后由自己裁决。

在文武百官眼里，大老虎索额图恃权凌弱，结党营私，如此欺君罔上之徒，怎样定罪都不算过分。可索额图毕竟为康熙鞍前马后，立下过汗马功劳，难免有人背后说康熙卸磨杀驴，而今由李光地提出惩处索额图的方案，皇上就可以避嫌了。一是李光地为人正直，这是大清朝野皆知的，二是李光地与索额图有过血雨腥风的革命友谊，曾经一起征讨过大西北。

但凡帝王要惩办有功奴才,内心早已张罗好了,怎样定罪,怎样掩人耳目,怎样堵住世人之口,他早已盘算得一清二楚,末了,他就摆出明君的姿态,借重臣之口行事。

康熙因见太子党危及皇权,这才拿索额图开刀。皇上处死了索额图,与此同时,还对索额图的同党或诛杀,或拘禁,或流放,与索额图同族的子孙均被革职,索额图的俩儿子格尔芬、阿尔吉善也被处死。对待索额图一生的政绩,除了他与沙俄在尼布楚谈判之外,其余一概否定,并违心地说索额图是大清朝第一罪人。

张廷玉自从上次傻乎乎地学着李光地背黑锅,受到皇上的赞赏后,尽管他没有资格加入皇帝党,可是他心里认定跟康熙爷了。张廷玉知道皇上让李光地替他背黑锅,那是把李光地当自己人。索额图之所以落得如此下场,关键是他跟错了人,如果索额图一心只为皇上,做主子的绝不会如此狠心,世上绝顶聪明的人不会搬起石头砸自己的脚!

索额图的死,让张廷玉明白了做官的道理。倘若你想做官,你首先得搞清楚三个简单的问题:"你的乌纱帽是谁给的?你受制于谁?谁能保住你的位置?"如果连这三个问题都捋不清楚,你在官场将会死得很惨!在张廷玉看来,索额图居功自傲后,就完全忘乎所以了,等他回过味儿来,一切已经晚了。按照索额图的资历,他原本就是皇帝党,可是他的手伸得太长,步子迈得太快,太子虽说是未来的皇帝,可在假想的权力没有变成事实之前,你必须以现实权力为指挥棒。只要皇上对太子不满意,第一个拿来开刀的,肯定是太子最倚重的人。而索额图始终作为太子党的核心领袖,自然成了储皇与皇权争斗的牺牲品。

第八章 张廷玉的康熙朝官场

一、荣升康熙爷的首席秘书

作为官场新人的张廷玉,而今政治立场是坚定了,可他还在费心思量:自己到底要做什么样的臣子,立志做皇上的亲信,还是重臣?尽管眼下他远远不够格,但他得提前做好思想准备。张廷玉觉得在朝廷做官,不管是亲信,还是重臣,你都得紧跟皇上的节拍走,不紧不慢才不会出错。亲信就是皇上做不光彩的事,也要带上你。重臣就是皇上认为棘手的事,你能办得了。以张廷玉的个性,他肯定想做朝廷重臣,可他资历尚浅,所以他一直在苦寻历练的机会。

人一生的机会,有时候说来就来了。那是康熙四十四年(1705)的春天,皇上的第五次南巡,康熙钦点张廷玉随驾南巡。眼看身边的近臣有的退休了,有的也老了,皇上他老人家不得不起用一些新人,来充实皇帝党的力量。况且南巡期间,有年轻人随驾,也显得朝气。在圣驾离京前夕，皇上特地召见张廷玉，向他详述此次南巡的目的：首先就是关注民生，看看黄河的水患治理得怎样，河堤加固了没有？还有山东一带的灾荒，朝廷发放的救济粮是否落到实处？皇上还要沿途亲自巡视河工。其次就是深入民间，皇上要听听百姓的声音，借此考察地方吏治，并召见一些退隐的老臣，慰问一下离退休干部的晚年生活，希望他们老有所用，为大清社稷进言献策。最后就是江浙一带的士子在朝廷供职的越来越少，而此处文人辈出，他们是不是受到反清复明思想的蛊惑，眼下会试在即，一定要笼络好天下士子之心，要让他们看清形势，才有所用。想到这里，康熙便对张廷玉说："此次南巡，让你随驾，就是要你到江南各地走走，好生历练，回京好派上用场。"

张廷玉第一次与皇上亲密接触，自然要把皇上的话牢记于心。眼下自己进了南书房，不再是翰林院里的实习生，作为正式干部，他必须明了领导的意图，否则就很难在官场混下去。张廷玉把皇上对他说的每一个字都反复琢磨，整治水患，自己对水利不懂；慰问离休干部，考察地方吏治，自己的级别还不够格。眼下张廷玉唯一能做到的就是遍访江南士子，看看哪些江南名士可为朝廷所用。

皇上此次南巡，一再申令，所到之处，不准清场，不准戒严。遇到拦路上访的臣民，护驾侍卫不得暴打，须以礼相待。看来皇上要通过这次南巡，与天下臣民互动，借此收买人心。

皇上出了京城，才到河北固安境内，只见当地百姓夹道跪迎，要求皇上留任固安县令。康熙见了，连忙出轿，抚慰百姓。原来当地县令杨馝体恤百姓，在治理永定河的工程中与同僚发生了争执。黄某无故拖延工期，让当地百姓在寒冬赶工。杨馝见民工赤脚涉水，于心不忍，于是让民工等太阳出来暖和一些再下水赶工。河道黄某发现百姓怠工，竟然下令手下鞭打民工。杨馝好说歹说，那河道就是不依不饶。杨馝这下子也来气了，当时就怒斥河道说："如此寒冬腊月的天气，黄大人穿着裘皮大衣，尚还冷得发抖，却让百姓天不亮就光着脚板来赶工，咱们做官总得讲点良心！"黄某见杨馝当众数落他，心里能不记仇？随即上书弹劾杨馝，好在巡抚从中调解，总算没把事情闹大，而杨馝确实做了不少体恤百姓的事，时间一长，名声自然传开。

　　皇上获悉此事的时候，杨馝正要奉旨调任宛平，为了让百姓放心，康熙当众承诺说："朕另派一位好官，你们觉得如何？"这时夹道旁有一位女子应声说道："皇上还不如另派好官去宛平。"皇上见民心难违，便命杨馝领知州俸禄，仍旧担任固安知县。当地百姓一听，便沿途一边奔跑，一边欢呼相告。

　　皇上此次南巡所到之地，数在扬州待的时间最长，总共住了十一天，不是因为它风景秀美，文人辈出，而是扬州作为盐运和漕运的分销集散中心，天下的赋税有一半来自扬州，皇上必须管好大清的钱袋子，一旦发生战事和灾荒，它就能解燃眉之急。康熙来到扬州的这些天，他大方请客，时任江宁织造兼两淮巡盐御史的曹寅率领众官慷慨买单，宴请宾客最多的一天，竟然摆上了一百桌。为了让皇上在扬州玩得开心，扬州的盐官修建了漂亮的行官，还建了五亭桥供康熙观光游玩，盐商为了讨得皇上欢心，竟然用食盐浇筑一座白塔来应景。皇上看到扬州如此富庶，圣心大悦，免不了赏赐这些盐官和盐商们。

　　而后康熙出巡镇江，大学士张英领着一帮离休干部，早已在大运河畔迎驾。康熙见到阔别多年的老臣，也多有恩赏。皇上不仅御赐美食，还给他们题写匾额。康熙当时就给大学士张英赐写了"笃素堂""谦益堂"等匾额。末了，皇上特地把张廷玉叫到跟前说："廷玉啊，你也好久没与父亲相聚了，朕也不是薄情寡义的人，就允准你这两天陪伴在父亲身边。"

张廷玉与父亲相聚两天后，便随皇上回到了扬州。张廷玉有了父亲的点拨，此次江南访贤，他定能不负圣望。

张廷玉在随驾期间，遍访了方苞等江南许多名士贤达，对于他们的代表作、家庭背景、个人嗜好，都摸得一清二楚。康熙四十五年（1706）开科取士时，主考官李光地凭着张廷玉搜集来的信息，在评审考卷的时候，特别留意了这些江南士子，为大清新老交替的官僚系统注入了更多新鲜血液。皇上见张廷玉办差如此用心，便命他以南书房行走全职的身份在自己身边伺候笔墨。南书房设立于康熙十六年（1677），在皇上身边做兼职的南书房行走大多是从翰林院庶吉士当中遴选出来的出类拔萃者。当时皇上只设置了一名专职的南书房首席秘书，其他的南书房行走，随时都有可能从皇上身边调走。历史课本上把这些南书房行走叫作皇上的文学侍从，就是在皇上空闲时，陪皇上吟诗作对，搞些琴棋书画之类的娱乐活动。康熙很喜欢汉人这些风花雪月的东西，可是他一生忙于朝政，这样的娱乐很少见。此时入值南书房的官员们，说白了就是皇上的一套秘书班子，为他鞍前马后做一些繁琐的政务。比如起草朝廷的诏书政令，朝政大事的议处，说白了是皇上施政的智囊团。所有在南书房当值的官员，都可称康熙的机要秘书。

在南书房当首席秘书，是一项风险指数极高的苦差，但也极具诱惑力，况且他在南书房可以天天听到皇上训导大臣，这年月久了，他没吃过猪肉也见过猪跑，没过多久，张廷玉不仅能揣算圣意，对各部院政务也有所了解。张廷玉此时总算明白他老爸的苦心了，难怪老爷子当年变着法子把他往南书房里塞。想想自己的父亲，还有高士奇，都是第一拨在南书房当差的官员，后来都成了皇上的左膀右臂。张廷玉坚信老爸的话，永远做康熙爷的人。

康熙四十六年（1707），张廷玉再次随驾南巡，此时大清外患扫平，明党和索党之争也以康熙的完胜而结束。是夜，龙舟行进在大运河上，华灯初上，皇上在灯火辉煌中，闲看嫔妃在自己跟前莺歌燕舞，自觉惬意极了，而此时随驾的张廷玉内心却忧惧如焚。

在这个随驾的船队中，与皇上朝夕相处的王公大臣，为了夺嫡之争，还是分成两方对峙。江河日下的太子党和牛气冲天的反对党群，也就是以八爷和大阿哥为首的两个朋党。

张廷玉回想南巡前两天，皇上在南书房曾询问过李光地的意见，问他索额图伏法后，太子消停了没有？诸位阿哥是否有新的动静？

李光地当时环顾身边的同僚，内心惶恐，竟然嗫嚅得说不出话来。张廷玉把他们君臣的对话是听得一清二楚，内心也是大吃一惊，难道皇上还要就夺嫡之争大开杀戮？倘若皇上真要再次废了太子，那么夺嫡之争就越发不可收拾了。张廷玉想到这里，不由得内心打了个寒战。

待那些王公大臣走后，李光地走到皇上跟前磕头请罪。张廷玉被李光地突如其来的一跪吓蒙了，以为李光地犯了大事。当时南书房里，只有康熙、李光地、张廷玉三人。眼见老爸的好友，又是自己的恩师犯事，张廷玉自然跟着跪下，向皇上求情。

只见李光地横下心来，对康熙说道："微臣没有回皇上的话，只因皇上所问之事，乃是皇室家事，我一个外臣，不敢妄议，恳请皇上恕罪！"

皇上见李光地不回他的话，本来就一肚子火，想你李光地胆子也特大了，竟然当着王公大臣的面不回朕的话，你怕惹火上身，难道就不怕朕降罪于你吗？你们这些皇帝党，朕算是白疼了。看到李光地视死如归的神情，皇上也感到无奈，真是难为这些臣子们了。康熙起身对他俩说："都起来吧，这是朕的家事，就不为难你们了！"而后他看了看张廷玉说："廷玉啊，你有何想法？"

"微臣只是个词臣，不敢妄议皇室家事！"张廷玉应承说。

康熙一听张廷玉如此说道，心头顿时一沉，想不到张廷玉年纪轻轻，也说出这等圆滑的话来。你们一个个声称做朕的忠臣，一旦遇到惹祸上身的事，你们都推到朕的头上来。大清就是朕的家，朕的家事就是天下事。康熙没说什么，脸色冷峻地离开了南书房。

张廷玉和李光地等皇上走了许久，才敢相互对视。他俩都心知肚明，尽管皇上器重汉大臣，可在皇亲国戚眼里，特别是在满族旗人眼里，汉大臣还比不过他们的包衣奴才。康熙想对索额图加以严惩，让李光地这样的汉大臣怎敢以身犯险，去蹚夺嫡之争的浑水？稍有不慎，就会引来杀身之祸。不管皇上如何处置太子和阿哥们，外臣是万万不可提议的。

"小侄啊，你现在做了皇上的贴身秘书，朝堂上大大小小的事，你也见识不少，在皇上身边侍候笔墨，你一定要谨小慎微！"

恩师李光地一番语重心长的话语，让张廷玉倍感温暖。张廷玉明白自己的处境，他与恩师李光地一样寄人篱下，都是为大清王朝打工的汉臣。这层关系比他们的师徒情分更显得亲密。

二、张鹏翮接驾

龙舟将到清江浦的时候，河道总督张鹏翮就早早赶来接驾，他见过皇上后，就悄悄把张廷玉约到一边，主要是想通过张廷玉的嘴摸清楚康熙这次巡视河道的意图，对他治下的大清水利是否满意。

说起这个张鹏翮，可做张廷玉的官场楷模。张鹏翮为官一任，关心民生，很受老百姓爱戴。康熙二十二年（1683），他出任兖州知府，公正廉明，复查前任留下来的疑难案件，昭雪许多冤案，释放冤民三十人。与此同时，张鹏翮重视农桑，兴办学塾，让百姓过上了安定的生活，当地社会风气得到很大的改观，张鹏翮离任时，兖州当地的官员百姓竟然拦路哭留。

康熙二十七年（1688）五月，因见张鹏翮办事干练，皇上命他为中俄谈判副使，与索额图率领使团去往沙俄商定中俄边界。大清使团一行人进到荒漠后，经常遭遇风暴，所带的饮水也没有了，陆续有人渴死在途中。张鹏翮干渴难耐，两腿也被马鞍磨得血肉模糊，可他仍然坚持行进。张鹏翮在家书中这样表明心迹："我愿效仿张骞出使西域，以身报国！"大清使团经过克鲁伦河时，正碰上两个少数民族部落在打仗，为了避免误会，张鹏翮建议派使者前去说明途经缘由，但未被索额图采纳。结果大清使团一行人遭遇少数民族部落袭击，使团先锋也被掳去了。大清使团一行人见了，十分惊惶，正准备撤退，此时张鹏翮厉声阻止众人说："社稷遇到了危险，正是臣子们捐躯报国之时，你们要是怕死的话，我一个人前去！"而后众人按照张鹏翮的建议，派人前往少数民族部落说清事情原委，方才消除误会。少数民族部落首领额诺德主动认错谢罪，并放了先锋，让出通道，同行者无不佩服张鹏翮的胆识。此次深入漠北，为次年中俄《尼布楚条约》的签订做好了铺垫。

康熙三十八年（1699），陕西巡抚布喀上疏弹劾川陕总督吴赫等人侵吞挪用百姓的粮食和银两。康熙得知，十分震怒，随即命张鹏翮等人前去陕西彻查此案。张鹏翮果断办案，严惩贪墨，督抚以下的贪墨官吏一律依法治罪。皇上看了张鹏翮复命的折子，顿时龙颜大悦，随口对身边的大学士们说："鹏翮往陕西，朕留心访察，一介不取，天下廉吏无出其右。"

张鹏翮做官做到了这份儿上，可算是皇上的倚重之臣。康熙向来喜欢把朝堂上一些棘手的政务交给自己倚重的臣子们，一来自己放心，二来可以给其他臣子们树立榜样。康熙在位期间，一直把削藩、漕运、治水作为定国安邦的三件大事。皇上眼下只剩下治水这件头疼的事了。因为河道治理好了，漕运自然就通达了。康熙见张鹏翮把自己交给他的差事，件件都办得妥妥帖帖，于是决定让张鹏翮去啃这块朝政的硬骨头。张鹏翮出任河道总督之时，正当黄河泛滥，洪灾连年。张鹏翮潜心研究治水理论，博采先辈的治水经验，对大清舆图多番考证，仔细勘察水文地理，提出"开海口，塞六坝"的治河主张和"借黄以济运，借淮以刷黄"的治河设想，采取"筑堤束水，借水攻沙"的治河方法。张鹏翮督管河工数年间，每天都要乘马去堤岸巡视，无论严寒酷暑，他从未抱怨劳苦。张鹏翮按照制定的治河方略，指挥几十万民工治河，历时八年，黄淮大治，漕运通达，黄河下游连年大熟，沿河百姓借此安居乐业。

张鹏翮是张廷玉钦佩的官场前辈，只要不犯原则性错误，张廷玉能帮上忙的，一定会尽力满足他。张廷玉觉得张鹏翮跟他老爸一样，在朝堂很懂得站队，皇上指到哪儿，他就打到哪儿。皇上嫉恨的事儿，他绝不沾边，比如说夺嫡之争，贪污腐化。不过张鹏翮与张廷玉的老爸还是有所区别，张鹏翮是个直肠子，不知道官场变通，只知道一心跟着主子，从没想过给自己留后路。

而今张鹏翮上了年纪，外放治理河道，也快十年了，可一直得不到升迁，他不是想晋升，只是私下里犯嘀咕，觉得皇上不再赏识他了。张鹏翮想趁皇上南巡之际，表明自己想再立新功的心迹。他设法打听皇上巡视河道的具体路线以及沿途停留的时间，以便及时向康熙陈述自己的政绩，张鹏翮想让皇上觉得他老当益壮，仍可担重任。

张廷玉为人和善，禁不住张鹏翮的死缠烂打，况且他是皇上的倚重之臣，也是为了效忠皇上，张鹏翮才来求助张廷玉的。张廷玉拗不过他，就把皇上巡视河道的路线告诉了张鹏翮。当时康熙正从清口去往曹家庙，张鹏翮为了赶工期，向皇上表功绩，竟然不分白天黑夜，让民工轮班挖河道。民工在晚上抢挖河道，虽然有火把照明，毕竟不如白天亮堂，加之开挖河道的民工骤然增多，现场指挥就极为混乱，以至于标杆都插到河道周边百姓的田地和祖坟上了，结果造成很恶劣的影响。待康熙赶到泗州境内的曹家庙时，现场混乱的局面已经无法控制。张鹏翮表功不成反受辱，后来还被朝中同僚参了一本。看到河道百姓对官家怨声载道，康熙当时就很生气，你治理河道，本是利国利民的好事，就算是为了赶工期，你也不能毁了百姓的田地和祖坟，这实在不是一个进士出身的朝廷命官所为。皇上斥责了张鹏翮，说他急功近利，搞得民怨沸腾，损害了朝廷声誉。张鹏翮只得厚着脸皮认错，并拿专业的水利知识来搪塞皇上，说一旦拓宽曹家庙河段，就可以引泗水入淮河，如此一来，沿河百姓的水利灌溉就有了充分的供给。毁坏沿河百姓的田土和祖坟固然不对，但是拉直了河道，节省了不少人力和物力成本，对于毁坏的田土和坟地，当地衙署会做好善后工作。

康熙是何等精明之人，先后在历任河道和地方官员的陪同下，勘察过很多地方的水文地理，况且他一见到张鹏翮嗫嚅的样子，就知道他心虚。可张鹏翮是大清朝难得一见的模范官，不但廉洁，而且务实。如果此时查办他，岂不让天下臣民寒了心，那以后还有谁愿意死心塌地为朝廷卖命？康熙肯定了张鹏翮这几年治理河道的功绩，同时也批评了他在曹家庙所犯下的政治错误。

张鹏翮惶恐地跪接了皇上的训斥，再也不敢想着立新功了，从此一门心思治理河道，他明白皇上对自己的厚望，治理河道就是治理大清社稷。

张廷玉告诉张鹏翮皇上巡视河道的路线，是他步入官场以来，第一次泄露皇上行踪。康熙自然知道张鹏翮拼命地开挖曹家庙河段，一定是自己身边的人给了他小道消息。皇上没有追查此事，是因为他知道张鹏翮的品行，物以类聚、人以群分，给张鹏翮传递消息的人，也不会藏有什么坏心思。

此事给了张廷玉深刻的教训，就是好心办坏事，幸好张鹏翮没有捅出大娄子，不然张廷玉可就惨了。作为皇上身边的首席秘书，一定要管严自己的嘴，有些秘密就是临死也不能说出去。

三、在桐城丁忧的日子

康熙四十七年（1708）六月，张廷玉的老母驾鹤西去了。因为他是皇上的首席秘书，随时要在康熙身边笔墨伺候，所以他根本就没有时间回桐城老家奔丧，只能强忍悲痛的泪水，在京城的府邸设立灵堂祭拜母亲。

康熙看到天天在自己身边笔墨伺候的张廷玉，满腹心事的样子，便觉于心不忍。试想桐城张家为大清国鞍前马后做了那么多贡献，老子退了，小子接着顶替，足见桐城张家对朝廷的忠心。皇上对张廷玉温和地说："廷玉啊，你母亲不幸辞世，朕也不忍夺情，就准你三个月丧假，代朕慰问你父亲，告诉老学士不要过于悲伤，好自珍重。朕可一直念叨他！"

张廷玉死了母亲，皇上对他如此恩典，不是皇上对张廷玉办事能力的奖赏，而是因为立储不当等朝堂政事，皇上心里郁郁寡欢，加之晚年身体多病，让他对当年的一班旧臣十分眷恋。眼下像张英这样的老臣，只有一二人还在朝中，想到这里，皇上心里不觉惨然，而张廷玉是老臣张英之子，自然引发他的体恤之心。看来康熙帝是真的老了，身边需要一些得力的新人帮衬他打理朝政。

此时张廷玉没有想到皇上与他老爸的君臣旧情，作为新任的首席秘书，他专职为皇上起草诏书时间不长。张廷玉对康熙的脾性还不甚了解，更不用说他在皇上心里站稳了这个位置。

在南书房兼职的秘书那么多，此时无论如何也不能离开这个工作岗位，自己一旦应承这个小长假，就再也回不到南书房了。张廷玉倘若就此甩手一走，朝堂诏令那么多，回头自然有人来顶替自己，笔墨伺候皇上。待自己丧假期满，皇上能否想起自己，都是个未知数，更不用说重用了。

想到这里，张廷玉把心一横，为了光宗耀祖，他只得做一回不孝子了，只要能留在皇上身边，张廷玉也就不管不顾了。

"侍候皇上是做臣子的本分。皇上天天为朝政烦忧，我是片刻也不忍心离了皇上，皇上习惯了微臣的笔墨伺候，要是换了其他同僚，我怕他们笔墨侍候不周，惹恼皇上。我家母亲过世，我没在跟前送终，已是不孝了。如今为了自己的家事，而弃国事于不顾，是为不忠。倘若我母亲泉下有知，也不会原谅我的。"

康熙见张廷玉说出如此体己的话来，心里十分欣慰。皇上念他一片忠心，加上眷恋旧臣张英，于是允准了，批了张廷玉三天丧假，就在京城的法华寺为他的母亲做法事，诵经超度亡灵。

张廷玉后来得知皇上早已知晓自己的母亲去世，因为张廷玉先前随驾出巡得了重病，回京刚刚治愈，掌院学士励廷仪向皇上密奏张母过世的消息，皇上担心张廷玉大病刚愈，受不了这一噩耗的打击，故而只告知其在京家人，叮嘱他们隐瞒一段时间。皇上对自己如此体贴入微，让张廷玉感动得热泪盈眶。

就在张廷玉母亲去世不久，张廷玉的父亲也因悲伤过度，不幸染了一身伤寒，久治不愈，竟然卧病在床。也许是思父深切，张廷玉也没顾虑太多，便匆匆向皇上告了假。

晚年的康熙十分眷恋旧臣，二话没说，当即应允了张廷玉。张廷玉母亲刚死，眼下他父亲又得重病，况且张英还是昔日的朝廷重臣，国事再大，皇上总得体恤做臣子的一片孝悌之心。张廷玉离京时，皇上还命令御前侍卫一路护送他赶往桐城老家。康熙急于得知旧臣张英的近况,可见皇上对他们老张家的两代人是情深义重的。此次张廷玉之所以放心地回老家,是因为他摸准了皇上的心思,皇上已经把他当作张英的接班人了。

上次母亲辞世,张廷玉打死也不回家是有原因的,他是在母亲下葬后拿到家书,才知晓母亲过世,而且还是父亲的亲笔信。倘若父亲有意让他回去奔丧,就不会在母亲安葬后寄来家书。张廷玉想他老爸纵横官场几十年,不可能不知官员丁忧旧制,需要守孝三年。父亲延迟报丧,张廷玉料想父亲是有意为之。如果张廷玉执意要回去替母亲守丧,皇上肯定会应允的,可是张廷玉这么甩手一走,就很难再次回到南书房。一旦此次丁忧给皇上留下不好的印象,他一生的仕途就算走到头了。果真那样的话,张廷玉回去,他老爸一定会训斥他,皇上反而赢得赞誉,博得一个体恤张家父子的好名声,可他老张家日后就很难成为宦海望族了。

张英此次久病不起,张廷玉告假回乡探视,这里面可大有深意。父亲是当朝一品旧臣,他的生老病死,皇上肯定要过问。张廷玉这次回乡,不只是作为孝子,也是代皇上处理国事。皇上对昔日旧臣十分眷恋,对张英是尤为挂念,皇上一直希望有合适的臣子代他前去慰问,因为他再也不能南巡了,一是自己真的老了,二是数次南巡耗资甚大,国库难以为继。如果张廷玉为了表忠心,不回家探亲,皇上就得另派臣子前去慰问旧臣,这样一来,张廷玉在皇上和同僚面前就显得不地道了。况且在张英膝下的子女当中,张英是最疼爱张廷玉的。张廷玉一回家,他老爸心里一高兴,说不定病就好了。再者说,晚年的康熙身体每况愈下,瞧着这些为了夺嫡而钩心斗角的阿哥们,他心里很恼火。此时皇上需要在臣子当中树立一个孝子作为表率,借此警示这些处心积虑的皇子们,希望他们消停下来,就算为皇阿玛尽孝道。夺嫡之争没有因为索额图的死去而中止,张廷玉也担心自己早晚会卷入这场政治旋涡当中,眼不见心不惊，趁皇上准他告假回乡的当儿，他要远离朝堂雾霾，好好享受一下外面自由的空气。

张英的病没有因为宝贝儿子张廷玉的归乡有所好转，反而愈加严重了。张廷玉整天在父亲床头嘘寒问暖，从不与之议论朝政。张英见儿子成熟了，脸上露出了开心的笑容。半月后，一代名臣张英就这样悄无声息地走了。张英的葬礼搞得很隆重，皇上还给了谥号。张英走得很安然，可此时的朝廷就不安然了，在张廷玉守孝期间，京城突然传来了消息，皇上发出圣旨，昭告天下，他把太子给废了。

张廷玉得知这一消息，心里大吃一惊。他在南书房日夜当差，深知这道圣旨一下，无异于一颗朝政的定时炸弹，眼下这些王公大臣和阿哥们都忙开了，此时内心最苦的是皇上，他老人家真的成了孤家寡人。

张廷玉根本无心守孝。张廷玉把家中大小事务一概交与弟弟张廷璐打理，而后独自一人静坐书房，官场如战场，他要趁这段空闲时间，思量他们张家如何避开这个朝政旋涡，老张家的声望绝不能倒在自己这一代人身上，张廷玉要未雨绸缪，好好打赢这副官场牌。

眼下令张廷玉头疼的还是站队问题，到底支持谁呢？而今太子失宠，各大朋党势均力敌，他们都热烈欢迎张廷玉入伙。对于张廷玉来说，一旦他押对了，等康熙驾崩，新皇登基后，他就将作为拥立新主的功臣而受到封赏。反之押错了，他有可能葬身官场，甚至祸及家人。张廷玉思前想后，觉得这些朋党都不靠谱，他还是坚持走老爸的路线，力争做个皇帝党，想皇上之所想，做皇上之想做，这才是做臣子永远不变的本分。张廷玉坚定立场，一心只做皇上的首席秘书，与所有朋党都不沾边。日后新皇登基，得势的朋党倘若看他不顺眼，顶多是给双小鞋穿，还不至于万劫不复。

夺嫡之争日趋白热化，可老爷子这么一死，张家在朝中的好多关系，就说不清了。几年前，张廷玉的老爸做了太子的老师，虽说是兼职，可是这层关系，张家是撇不开了。其他朋党想怎么掰扯就怎么掰扯，张家无法堵住众人的悠悠之口。而今太子党已经蔫了，在其他朋党痛打落水狗的时候，张廷玉得赶紧找个机会把自己掰扯开，摆明自己的立场。

　　正在张廷玉忧心忡忡的时候，安徽巡抚刘光美率领属下来到张家吊唁。刘光美是朝廷钦定的从二品大员，因为皇上敕封张英谥号，作为地方官，他肯定要前来慰问家属。张廷玉闻讯，亲自出门相迎。刘光美官阶高，不过是地方官，而张廷玉是皇上的首席秘书，所以两人见面十分客套，生怕怠慢彼此。

　　刘光美与张廷玉同朝为官，席间推杯把盏之际，不免聊到官场中事，因为张廷玉专职笔墨侍候皇上，刘光美便想趁机打听朝廷的最新消息。作为地方官，刘光美想及时了解中央政策，这也无可厚非。对于刘光美的现场提问，张廷玉只是"嗯、哦"地答应，大有他老爸的遗风，顿时把刘光美气得半死。

　　末了，刘光美还不死心，他与张廷玉套近乎说："廷玉啊，说起来，我还是你老爸的门生呢，咱们可是自己人，你担心个啥？你天天笔墨侍候皇上，怎不知朝堂之事？"

　　"得知父亲病重，我离开京城也有几月了，而今家父过世，我悲痛至极，竟把南书房的事忘得精光，至于朝中局势，我一个南书房行走，怎敢妄加揣测？"

　　看到张廷玉一脸诚恳的神情，刘光美只好作罢。不知刘光美是念及自己与张廷玉父亲的交情，还是故意显摆自己朝中有人，在与张廷玉拱手作别时，他客套地说了一句："廷玉啊，桐城张家与地方官搞好关系也很重要，我能千里之外及时了解朝中局势，还多亏八爷家的信鸽啊！"

刘光美冷不丁的一句话，把张廷玉惊得一身冷汗，他倒不是忌惮八爷党，而是想不到夺嫡之争已经遍布整个大清的官僚系统，难怪皇上为此忧心忡忡。想不到自己在地方上仍有可能卷入夺嫡的旋涡，想到这里，张廷玉赶紧叫来老管家王福贵，命他把父亲张英生前珍藏的百年野参送给刘光美，以答谢地方官对张家的慰问之情。王福贵听了，当时很不乐意，想我老张家两代主子回乡，皇上都派了御前侍卫一路护送。我们老张家为啥给你们老刘家送礼？张廷玉见老管家一时想不通，不得不耐心开导他说："眼下阿哥们夺嫡白热化，稍不留神，咱们就会被卷进这个旋涡。像刘光美这样的小人，都能混到巡抚的位子，真是令人胆战心惊啊！在朝中为官，得罪君子事小，得罪小人可要遭殃啊！还是快去吧。"张廷玉口头上虽是这样说，可心里头一想起刘光美在官场的所作所为，那真是令人作呕。强龙压不住地头蛇，京官离职返乡一旦遇上这种地方官，你必须把戏份做好，小心他给你使绊子。这个刘巡抚起先给索额图做走狗，索额图倒台后，他就顺势踩上一脚，转而投靠了大学士明珠。明珠死后，他便登上了八爷这艘船，像刘光美这种小人，先前所跟的主子相继摊上了大事，他却能在官场涛声依旧，一定要小心提防。

眼下的大清官场，不仅是刘光美这种小人挖空脑子钻营，朝中的王公大臣们也都在为自己的职业生涯未雨绸缪，张廷玉也概莫能外。要想在官场立于不败之地，就得小心谋划，以至于康熙经常无奈地说："这些臣子们看起来为大清奔忙，其实他们都是在为自己忙活！"

自打进到南书房以来，张廷玉事事谨小慎微，把老爸的做官三字经奉若神明：贤、忠、愚。康熙算得上千古明君，在他眼皮子底下当差，你不德才兼备，他能容得下你吗？其次就是忠，这个忠不是叫你做卑躬屈膝的奴才，是要你想皇上之所想，做皇上之想做，要一门心思做皇上的人，万不可心存私心杂念。个人问题千万不要藏着掖着，有难处一定要当面提出来。再次就是与亲王阿哥们相处，凡是涉及朝政机密大事，不该你知晓的，要一概不问。在同僚面前少说话，多办事，低调做人。此次回乡，张廷玉铁了心要效仿老爸，留在桐城丁忧，借此躲过夺嫡这场官灾。

张廷玉在折子里表明自己对皇上的不二之心，并感激他老人家对张家的恩典，还提出丁忧三年，以尽为人子的孝道。至于太子被废一事，他只字未提。康熙老了，一是念及旧臣情义，二是觉得张廷玉极为忠孝，便答应给了他三年长假。

张廷玉采用以退为进的官场谋略，但又不能让皇上觉得自己在躲避官灾，为了表明自己的忠心，他必须在丁忧期间，做出一些令皇上满意的事来。张廷玉在桐城老家丁忧，哥哥张廷瓒英年早逝，在随驾亲征北漠的时候，不幸病死在途中。可在京城的府邸总得有人监管，于是他叫自己的弟弟张廷璐去京城进学，顺便打理在京房产。张廷玉丁忧期满，正好是朝廷会试之时，如此算计，两不相误。

张廷玉不简单啊，要不然怎能做上康熙的首席秘书？他让弟弟去京城进学，这里面大有玄机。你试想一下，张廷玉在家丁忧，与京城相隔千山万水，消息闭塞。而朝中局势又这么混乱，他必须及时掌握朝中动静。在这非常时期，他不能依靠刘光美这些龌龊的地方官，否则他就成了八爷党，张廷玉也不能让京城的仆从打探和传递大内消息，那样太冒险了。他只能让自己的亲弟弟去干这种事，心里才踏实。张廷璐此时还没当官，可他从小就见过父兄为官，自然懂得官场的一些门道，何况像熊赐履、李光地等朝政大佬与张家交往甚密，张廷璐只要往这些前辈家里多走动，还怕打听不到朝廷动静？

康熙四十八年（1709），安徽桐城遭遇百年难遇的洪涝灾害。张廷玉作为天子近臣，救民于水火，自是责无旁贷，他变卖家当，拿出钱财，以朝廷的名义第一时间赶到灾区救济百姓。受灾百姓得知朝廷送来了吃的和穿的，倍感皇恩浩荡。张廷玉散尽家财，给皇上做了面子工程，当地百姓从中得到了实惠。张廷玉当时想得很通达，普天之下莫非王土，既然天下的东西都是皇上的，那我还有什么舍不得的呢？做臣子的，只要让皇上满意了，皇上自然不会亏待你。张廷玉除了自己救济灾民，还利用自己京官的身份，组织县上和保甲的乡绅带头赈灾，发动桐城乡民有钱的出钱，有力的出力，当时赈灾的场面是人山人海，捐钱捐物的络绎不绝。而后张廷玉把赈灾情况如实地写进折子，说桐城百姓如何感激皇恩浩荡，地方乡绅如何带头捐钱捐物，还组织乡民帮助受灾百姓重建家园。但对于灾害实情和地方政府的救灾行动，张廷玉只字未提，在官言官，张廷玉此时在家丁忧，自然明白做官的规矩，不会贸然得罪地方官员。

面对突如其来的洪涝灾害，从巡抚到县衙的各级官员，一时都慌了手脚。因为他们先前为了夺嫡之争，忙于拉帮结派去了，谁也没有关注地方自然灾害。如此一来，各级官员只能按层级给朝廷递呈受灾急报。朝中大臣也无暇顾及地方灾害，因为太子被废以后，各大派系正准备拿太子党的人开刀，搞得朝中大臣人人自危，赈灾的事就这样搁置了。

朝中大臣如此不作为，地方官员就傻眼了。赈灾吧，桐城乡绅已经被张廷玉发动起来了。周边州县的赈灾，没有朝廷的批文，是很难发动乡绅捐钱捐物的，更不要指望地方各级官员掏钱赈灾。地方政府倘若不发动赈灾，这么大的灾害是瞒不住朝廷的，倘若皇上知晓此事，这些人丢官事小，丢命可就玩大了！

安徽巡抚刘光美一见灾后清理的死亡人数持续往上升，便勒令灾区知县想尽一切办法降低死亡人数。在大清做官，办实事的很少，搞假数据的却很多，县以下的保甲为了撇开自己的责任，纷纷少报死亡人数。

如此压缩下来，安徽亳州等几个受灾严重的县，死亡总数不到两百人。平均算下来，每个县受灾死亡人数不过四五十人。全省那么多百姓，一场百年不遇的洪涝灾害死这么点人，不算什么大事，否则百姓就不会自称草民了。刘光美佯装不知道灾害实情，虚拟了两道救灾捷报，以图蒙混过关，躲过这一劫数。

　　康熙看过张廷玉的折子，立马召见左都御史富宁，命他为钦差大臣，前去安徽灾区查看灾情，抚慰灾民。左都御史富宁一到安徽地界，首先就去往桐城张家，他向张廷玉禀明自己受皇上重托，前来安徽灾区调查受灾实情。皇上看过富宁的快马急报，得知洪灾的严重性，顿时气得把刘光美呈送的折子扔在地上，连声对身边的李光地说："这个该死的狗奴才，胆子真大，着刑部将他锁拿进京，一定要严查此案！"

　　在张廷玉的协助下，钦差大臣富宁顺利完成了灾后百姓的安抚和灾区重建工作。富宁回京复命的前一天晚上，特地去了一趟张家，向张廷玉传了皇上的口谕："朕知道你心里一直装着朝廷，你就好好在家守孝，守孝期满了，就要立马回京，朕还要倚重于你。"

　　张廷玉跪接皇上的口谕，一连磕了三个响头，内心感激不已。

　　富宁传谕完毕，急忙向张廷玉拱手道贺："恭贺张大人又要被朝廷起用了！"富宁离开张府前，与张廷玉聊一些家常，末了，他问张廷玉说："张大人，你觉得太子这个人咋样？"

　　"圣上家事，圣上做主，我们做臣子的不敢妄加议论，一切唯皇命是从！"

　　富宁听后，呵呵地笑道："这句话，可是皇上要问你的，你的忠心，我代为转呈。"

　　钦差大臣富宁走后，张廷玉方才松了一口气。想自己赔钱给皇上打造面子工程，终究得到了皇上的嘉奖，令人忧虑的是皇上总是三番五次地问他对待前太子的看法，也许是因为家父曾是前太子的老师，可这事与我没有半毛钱关系，皇上的做法真是令人费解。

张廷玉估计是朝中有人在皇上面前说了他什么，也许是康熙告诫他不要与夺嫡之争扯上半毛钱关系。雄鹰之所以能展翅高飞，是因为他不断长出新的羽毛，并勤于梳理自己的羽毛。张廷玉一遇到想不通的问题，就会想起老爸的忠告，万事莫慌，永远做皇帝的人。眼下自己对待前太子的事情，张廷玉觉得不闻不问是最好的办法，他要耐心等待，因为疖子流脓，总有流干净的时候。

四、复职南书房

康熙五十一年（1712）的春天，张廷玉终于熬过了丁忧期。他一进京城，就急匆匆地赶去紫禁城，像没断奶的孩子找不见娘亲那样心急火燎。几年不见皇上，张廷玉首先得向皇上请安，然后才回到西安门的府邸与数年未见的妻儿团聚。

也许有人说张廷玉是在作秀，对，就算作秀，他也是真心实意地作秀。如果皇上不召回张廷玉，他后半辈子只能待在桐城老家做个无所事事的官绅。倘若在这个节骨眼上，张廷玉还不作作秀，就不足以表达他对皇上的感激和忠心了。在官场混日子，有时逢场作作秀，也是很有必要的，就像炒菜光放盐，你不整点其他佐料放在里面，这菜吃起来，感觉总是缺点什么。要想官运亨通，你不懂作秀是不成的，不入流的官员只会一时兴起的作秀，而张廷玉的作秀，是一辈子的作秀，他要作到领导的心里去，这需要怎样的耐心和执着？

张廷玉这一走就是三四年，他回到南书房，就连那些办公的桌椅都觉得格外亲切，更不用说皇上与身边的同僚了。张廷玉重回大清官场，皇上给他肩上加了担子，除了专职笔墨侍候皇上，还钦点张廷玉为壬辰会试同考官。

原来康熙五十年（1711）举行的江南乡试，士子们发现一些不学无术的官僚子弟和盐商子弟竟然榜上有名，而那些寒窗苦读的士子却名落孙山，江南所有的读书人一听，顿时惊呆了。而后这些愤怒的士子们，聚集了上千人，将财神像抬进府学的明伦堂内代替了万古宗师孔夫子，还写了"卖完"二字，贴在贡院正匾上，两边还贴上一副对联，写着"左丘明双眼无珠，赵子龙浑身是胆"，以声讨乡试中两位主考官的徇私舞弊行为，此对联影射主考副都御史左必蕃和副主考翰林院编修赵晋。此事一经传出，朝野沸腾，康熙得知后，自是雷霆震怒，下旨严办此案。

为了保障康熙五十一年（1712）会试的公正严明，朝廷实行了按省分配名额，有利于各地取士人数的均衡，同时也可以防止考生利用同乡之谊来行贿作弊。此时张廷玉一身挂两职，他是风光了，可他的弟弟张廷璐就惨了，只好回避，再等三年了。张廷玉知道皇上是有意历练他，所以他在此次会试中读卷非常仔细，取士也极为公正严明。皇上见了奏报，顿时龙颜大悦，为了嘉奖他，竟然突发奇想，封他做了太子洗马，正三品，一个不大不小的官职。让张廷玉犯嘀咕的不是皇上授予官职的大小，而是因为太子洗马一职属于东宫属官，工作职能就是辅佐太子，教太子政事。他走马上任后，就不能待在南书房了，天天要与太子打交道。废而复立的太子被皇上倒腾了一次后，几乎成了精神病人。虽然他文治武功都不错，可毕竟与皇阿玛的关系产生了裂痕。也许皇上先前误会了太子，内心觉得过意不去，便命张廷玉为太子洗马，也许是向太子示好。可朝中大臣都知道太子是个倔脾气，他不会接受皇阿玛的歉意，只会变本加厉地使坏。如此一来，父子关系一定会闹掰，要是皇上再次发飙，那张廷玉可就做夹心饼干了。

现在太子党的实力在朝中锐减,先前在反对朋党的围剿下,太子的嫡系官员,有的被杀,有的被贬,有的干脆叛变,帮派实力远不如索额图在世之时。俗话说"瘦死的骆驼比马大",在以后的夺嫡之争中,太子仍然稳坐钓鱼台。

皇上在这个时候把张廷玉放在太子身边,可谓一箭双雕。一是考验张廷玉对他的忠心,二是劝诫太子洗心革面,做个孝子。张廷玉在东宫大概上了半年班,皇上突然下旨,命他重回南书房当值,原因就是其他兼职南书房行走不能悟透圣意,笔墨侍候常有不周,皇上习惯了张廷玉笔墨侍候。皇上明知太子已经不可救药,还把张廷玉往太子那儿送,其实就是考验他。张廷玉借此让皇上彻底放心了,听话又能干的人,才是领导最器重的人。

是年底,太子再次被废。太子一蔫菜,又扯出一批漏网之鱼。张廷玉这厢才明白,原来皇上以太子为诱饵,网住一批贪官、庸官。在这次反贪行动中,太子就像药引子,熬了两次,就没有用了。

在大清做官好比集体挖坑,挖坑的人那么多,你稍有不慎,就会掉到坑里,葬身官场,所以说做官要本分,否则就有可能自己挖坑自己跳。

太子先后两次被废,牵扯太多的朝廷命官,张廷玉目睹了这场斗争的过程,有些同僚就是稀里糊涂地被卷进政治旋涡,真是有冤没法申。这场夺嫡之争比张廷玉料想的还要残酷,还要持久。

一开始,皇上以托合齐年老多病为由,摘掉了他的步军统领一职,而后命令自己的心腹大臣隆科多继任。托合齐丢了工作,这都不算事,因为皇上要全面剪除太子党羽。为此,皇上特意在畅春园召见了亲王、阿哥和在京臣工,对他们厉声训斥:"尔等都是朕的左膀右臂,有的享受皇恩近五十年了,可你们当中还有人与太子结党营私,你们究竟有何居心啊?"说罢,皇上挨个质问兵部尚书耿额、刑部尚书齐世武等亲信大臣，众臣都吓得诚惶诚恐、语无伦次。此时的太子也是自身难保，只能听从皇上发落。

康熙当场下令御前侍卫将一干逆臣锁拿，而后收监候审，同时将革职的托合齐拘禁在宗人府。第二年四月，皇上下旨全面清洗太子党的残余势力，严令查办户部尚书沈天生、户部员外郎伊尔赛串通一气、包揽湖滩河朔一事，刑讯逼供之后，除了证实主犯沈天生、伊尔赛贪墨，还查出了兵部尚书耿额受贿纹银一千两、步军统领托合齐受贿纹银两千四百两、刑部尚书齐世武受贿纹银三千两。就贪墨一事，他们罪不至死，因为牵扯太子党一事，把皇上惹恼了，定刑就生猛了。主犯沈天生、伊尔赛，从犯齐世武、托合齐、耿额，一共五人，全部于秋后处决。末了，康熙觉得不解气，命人将刑部尚书齐世武用铁钉钉死在墙壁上，以儆效尤。

皇上如此大开杀戒，吓得那些曾与太子有过交往的臣工一上朝就两腿筛糠。其实他们也没错，只不过向太子传递一下小道消息，想利用手中的权力，讨好未来的主子，以图他日飞黄腾达。可是皇上能容忍臣子这么干吗？老子还没死，你们这些奴才就盘算朕的身后事了，你们把大清社稷当作算盘，朕就要把你们这些算珠拔了。康熙是何等精明之人，扫平太子党，在大清朝野不亚于一次官场地震。为了防止外敌趁机作乱，是年九月，皇上统领御林军巡视了边关，用皇权威慑天下。在班师回朝的当天，康熙向王公大臣、皇子们颁布诏书："皇太子胤礽复立太子之后，仍不思悔改，一身的坏毛病有增无减，真让天下人失望，朕绝不能把大清基业交给这样的人。我已禀告了皇太后，现将胤礽拘禁在宗人府。"

康熙极为疼爱皇二子胤礽，如今父子二人闹到这个地步，说穿了就是皇权与储皇之间的斗争。为了在天下臣民面前树立自己严父的形象，他用御笔朱书昭告天下，说明自己再次废太子的原因："太子胤礽复立后，并未洗心革面，反而更为乖张跋扈，在朝中培植亲信，排除异己，如此结党营私，败坏朝纲。朕为天下臣民计，不得不废黜太子胤礽。"

皇上诏书一下，朝中的反对党顿时喜形于色。因为皇上把太子胤礽的恶行昭告天下，皇二子胤礽就不可能重登太子之位了。如此一来，八王爷就成了香饽饽，朝中很多官员把未来的仕途押在他身上。

张廷玉从东宫调到南书房后，夺嫡之争把他的脑壳都搞晕了。说他内心没有动摇过，那是骗人的鬼话，幸好他身边有一个官场风向标李光地。因为李光地是康熙九年（1670）应试的老进士，几乎是康熙朝的"活字典"，他在朝廷内外任过职，各路人脉资源最广，加上为官清廉，又博学多才，很得康熙宠爱，因此朝野对他的猜疑和诽谤也层出不穷，但李光地每次都能全身而退，他韬光养晦，一心为皇上分忧。张廷玉把恩师李光地当作自己官路生涯的风向标，一门心思为皇上办差。

太子被废以后，廷议没了先前热烈的争吵，显得有些冷清。皇上即便大开杀戒，可大伙仍然觉得仕途未卜。只要朝中一日没有太子，朝廷就无一日安稳。夺嫡之争还在暗中进行，谁都想在康熙驾崩之前，为自己准备退路。一朝天子一朝臣，也怪不得他们。一些不怕死的大臣又开始撺掇皇子们夺嫡，反正你玄烨有几十个儿子，我们就不信你能全部废除。此时张廷玉立志做一个山寨版的李光地，既不消极怠工，也不撺掇阿哥们夺嫡，一心只做分内事。

张廷玉就这样一直待在皇上身边侍候笔墨，不知不觉就到了康熙五十四年（1715），朝廷要举行三年一度的开科取士了。因为张廷玉为官清廉，办事靠谱，皇上又钦点他为会试同考官，看来皇上对开科取士极为重视。张廷玉被皇上两次钦点为会试同考官，这是莫大的信任，他万不可推辞，可是弟弟张廷璐又要因为他的缘故而回避此次科考。张廷璐真是个倒霉蛋，他眼下已经年逾四十，除了苦读圣贤书，尚无功名，心里能不抓狂吗？碰巧桐城老乡方苞来访，他得知张廷璐在家闲得发霉，便邀请他去武英殿修书。

说起这个方苞，倒是一位奇才。这个方苞年幼就聪慧过人，四岁就能对对子，七岁读《史记》，十岁就能背诵经书古文。戴名世的《南山集》因涉及南明史，触犯了朝廷禁忌，由此引发了文字狱，而方苞给《南山集》作过序，自然作为主犯被株连，下了江宁县大狱。而后押解进京，被关进刑部大狱，判为死刑。而后，在李光地和张廷玉的营救下，他终于得到康熙的亲笔批示"方苞学问天下莫不闻"，从而免罪释放。康熙惊叹他的鸿学博识，无奈他年岁已老，便准他以布衣身份入南书房做皇上的文学侍从。

方苞虽在南书房行走，可还兼着武英殿修书的重任。自古皇上身边难有布衣之交，所以康熙很是宠爱方苞。有事没事，方苞都得泡在南书房，修书进度犹如蜗牛爬墙。其时方苞正在编修乐律，而张廷璐恰巧精通乐律，方苞想请张廷璐给他当个助手。第二天，方苞便就此奏明了皇上，皇上得知所荐之人张廷璐是张英之子、张廷玉的弟弟，二话没说，就应准了方苞。此后张廷璐就在武英殿修书处做了三年编外修撰。

会试开考后，张廷玉作为读卷官，住进了文华殿，要等会试发榜才能出来。考卷还未送达，众读卷官等得无聊，便聚在一起唠嗑。张廷玉打小就喜欢独处，于是孤身守在书房看书，只见副考官邹奕凤悄悄进来，随即把门关上，他快步走到张廷玉跟前说："张大人，人多难以共谋，你看这僻静的书房，你我之间倘若商议什么机密之事，外人绝难知晓。"

张廷玉生于相国之家，对于这些官场猫腻，可说是天生敏感，他一听编修邹奕凤如此说道，便知他是想与自己联手作弊，于是他站起身来，走到窗前说："邹大人难道没读过'暮夜怀金'的典故吗？"而后张廷玉推开窗户，面对倾泻进来的白月光，含蓄地吟诵："帘前月色白如昼，莫作人间暮夜看。"邹奕凤一听张廷玉口中吟诵的诗句，内心顿时大惊，连连失口说："惭愧，惭愧！"随即转身夺门而去。邹奕凤也是出身翰林，怎会不知"暮夜怀金"的典故？这个典故说的是东汉时期，东莱太守杨震为官廉洁奉公，从来不收取他人钱财。曾受他举荐的昌邑县令王密趁着夜色，给他送去十斤黄金。杨震见了，十分生气，王密连忙劝他说："夜深人静，谁人知道？"杨震怒道："天知、地知、你知、我知，共有'四知'，何谓无知？"王密听后，满脸通红地说道："惭愧，惭愧！"说罢，他带上黄金，飞也似的跑了。邹奕凤的"惭愧"二字，正是由此而来。

此次开科取士，共录取了一百九十七人，张廷玉读卷十七人。世上没有不透风的墙，不久坊间就传出歌谣，赞美张廷玉廉洁奉公。编修邹奕凤听了张廷玉的一席话，也秉公读卷，出闱后便将考前受贿的钱财全数退还，因此他的考语也不错。

礼部刚忙完开科取士，吏部那边就送来了迁转翰林官的名册。编修邹奕凤因为考语不错，被朝廷外放为广西学政。离京前，邹奕凤还专程来到张府拜访张廷玉，多谢他及时劝诫。

康熙看过迁转翰林的名册，转身责备李光地说："李爱卿，你现在贵为大学士，替朕管着吏部和翰林院，你不能只顾升迁翰林院的编修，像朕身边的南书房行走，比如张廷玉，他的辛劳可数倍于实职官员，应该予以升迁。"

既然皇上发话了，李光地就不再顾忌别人说他任人唯亲，因为张廷玉是他的门生。不久后，张廷玉升为侍讲学士。

五、随驾狩猎

是年夏秋之际，李光地、张廷玉、方苞三位天子近臣随驾去往热河的承德避暑山庄狩猎行围，直到九月天气转凉，康熙一行才打马回京。途中，张廷玉获悉续弦的吴夫人刚为他生了一个男孩，令他吃惊的是这孩子与自己同月同日同时出生，也是重阳节正午时分出生，你说奇怪不奇怪？他记得老母生前对自己说过，他是正午时分出生，阳气太盛，恐不好生养，于是对外说他是辰时出生，以减重阳之盛。眼下这孩子与自己同月同日生，双阳熏炽，张廷玉决定取个"霭"字，以缓其盛。

小若霭的降生，让张家所有人笑开怀，也改变了张廷玉那张木瓜脸。一向不苟言笑、埋头苦干的他，而今在南书房，与皇上闲聊也变得有说有笑了。可是好景不长，皇上得了痹症，手脚麻木，经过太医调理，虽说控制了病情，可是他的右手经常麻木、发颤，有时病情发作起来，竟然不能执笔。好在身边有张廷玉和方苞为之代写，皇上只需口述。当年跟随康熙重整河山的老臣大多故去，好在后起之秀日趋成熟。南书房里张廷玉办事干练，品性纯正，与他父亲张英不相上下，有古大臣风范。方苞虽以布衣之身入仕，可他的学问经济都在诸翰林之上。有这两人笔墨侍候左右，康熙理政也算得心应手。

眼看最宠爱的重臣李光地年过七旬，身体大不如先前，皇上实在舍不得让他退隐。李光地也十分眷恋皇上，为了便于君臣二人相互走动，李光地请假在家养病。皇上虽说老了，可他的心却是透亮的，为后代培养股肱之臣，已经是迫在眉睫了。方苞虽是皇上最贴心的顾问，可他年岁太大，而且品性散淡，不适合做定鼎之臣。

某日，方苞正在南书房陪皇上练书法，皇上练着练着，突然放下了毛笔，他抬头对方苞说："朕想把张廷玉放到六部去，你看如何？"方苞一听，便笑着回应说："皇上莫不是想为未来的储君培养几个股肱之臣？"

"还是你这个布衣朋友懂朕的心思，你觉得先放在哪个部历练比较好？"

"张廷玉做过两任同考官，况且他父亲也是从礼部任实职的。"

"张廷玉父兄为朝廷鞠躬尽瘁，朕甚是怀念，而今他已在朕身边笔墨侍候十几年了，朕要重用他。"

"皇上慧眼识珠，廷玉为人办事有胜于他父亲，他定不会有负圣望！"

"朕想让他到各部都走走，熟悉各部政务。"

"皇上所虑极是。一个辅政大臣应当熟悉各部政务，方能全盘协理。"

康熙五十五年（1716）十月，张廷玉被朝廷升迁为内阁学士兼礼部侍郎，属从二品大员，相当于现在副部级干部。张廷玉知道自己此次升迁，除了自己工作努力外，父兄的面子也给他加了不少分。张廷玉深知做官犹如爬梯，你爬得越高，就摔得越惨，所以做官每升一级，除了死命往上蹬，还要警惕有人给你使绊子，因为上级想要踩着你，下级想要拖着你，同级想要挤对你。面对同僚的道贺，张廷玉没有表现应有的亢奋，他知道做官就像大象踩钢丝，步步惊心，要想超越老爸，自己还需要走一段漫长而又艰险的仕途。张廷玉深知做臣子的始终是皇上手头拿捏的棋子，他想拿起就拿起，想放下就放下，全凭一己之念，做臣子的根本没有资格讨个说法。只有把皇上的一言一行当作工作的指南针，做臣子的才有出头之日。所以说，在朝廷给皇上打工，捧谁踩谁，全看雇主的表情，中庸、低调永远是驰骋官场的不二法宝。

是年岁末，皇上又要去塞外骑马打猎，都说上了年纪的老人如小孩，皇上他老人家每隔一段时间，都要到边塞逛一遭，不过是想震慑四方边陲的夷狄。张廷玉每每随驾笔墨侍候，他虽是从二品的大员，可在皇上眼里，张廷玉只是一个换了顶戴的贴身秘书。

张廷玉起草诏书还是沿用老爸的那种风格，主要是为了迎合皇上的口味。他任职的这个礼部侍郎，只是多担待些事，借此多拿一份薪水也不赖。不过张廷玉任职的内阁学士，却是个技术活，没有真本事，那可不成，既要有落笔成章的文才，还要有连夜奋战的身体素质，一般人还是很难胜任的。要不然皇上能那么宠爱他？

康熙平生爱好狩猎，就像现在的人喜欢出国旅游一样。康熙他老人家狩猎不仅是为了强身健体，而且是为了向四方边陲显示国威，同时检阅一下御林军。大清铁骑作战骁勇，与旗人的练兵传统有关。俗话说"练兵如遛狗"，这兵马不隔三差五地拉出来练练，就会落下一身肥膘，丧失先前的战斗力，要让他们作战的弦时刻紧绷，这样才有爆发力。另外，皇上热衷塞外狩猎，与他的人生经历也有关。康熙八岁登基，十四岁亲政，十六岁就扳倒了鳌拜，二十岁就开始平三藩。他老人家相当于把大清基业重整一遍，这个皇三代的作为不亚于开国皇帝，他作为"康乾盛世"的领路人，非常注意身体保健，对身边的臣工也是这样要求的。

在康熙年间，长城已经没有实际用处了，起先它是用来防御北方游牧民族的，在大清统一蒙古后，北方就没有大患了。康熙终其一生没有修过长城，事实上，从清军入关那一刻起，长城就失去了它的防御作用。康熙为了巩固边防，便在长城外筑起另外一道长城，这就是木兰围场，每年秋天，他老人家就会率领王公大臣和精锐八旗兵一万余人前去"围猎"。这样一来，围猎既是一场声势浩大的军事演习，也是一场君臣娱乐的体育赛事。围猎让官兵变得勇猛、强悍，同时对北方夷狄也是一种威慑。

皇上每次围猎的场面相当壮观，他老人家还注重保护生态平衡，不定时轮换围场。八旗精锐兵在皇上的统一指挥下，有序集结。在众官兵的呐喊助威下，只见康熙爷夹马直冲，每每搭弓射猎，必有所获，自然引起随从阵阵喝彩。康熙骑射技术精湛，围猎又讲究技巧，他射中的猎物往往比其他人多。而今岁月不饶人了，康熙每射猎一阵子，就要停下来歇息一会儿。到了晚上，围场上的宿营地篝火熊熊燃烧，一时烤肉飘香，人欢马鸣。晚宴后，皇上还得在帐篷里加班加点，批阅每天快马递呈的奏折。

皇上出远门，不管是狩猎还是巡视，一直有个午睡的习惯。长此以往，张廷玉也养成了一个工作习惯，在皇上午睡的时候，准备好票拟，以待皇上醒后裁决。某天中午，皇上突然醒来，也许夺嫡之争让皇上闹心。他睡眼蒙眬，从帐篷里慢慢走了出来，看见张廷玉在烈日下，一边默读折子，一边做条目登记。康熙一见张廷玉汗流浃背的样子，作为天子近臣，如此做法，有失朝廷体统，他顿时训斥张廷玉说："那些无关痛痒的折子不是让李光地在京城票拟吗？为何送到围场来？也不知道胤祺是怎么监国的？看看你这个狼狈样，朕的颜面给你丢尽啦！"

张廷玉一听皇上的训斥，吓得惶恐地跪地磕头，嘴里不停地念叨说："微臣罪该万死，有损朝廷体面。"

此事说白了，是皇上的错。他老人家记错了，因为李光地年老多病，不能过度操劳了。而张廷玉正值盛年，在围猎前，皇上就在南书房交代过，所有的折子都要送到塞外来，他要亲自过目。票拟一事由张廷玉全权负责，实在忙不过来的话，随驾的几位内阁学士就协同处理。

看来皇上的记忆大不如以前了，张廷玉不忍心说明真相，怕徒添皇上伤感。他为大清社稷付出了太多精力，需要好好歇息。正在皇上训斥张廷玉的时候，随驾围猎的十二阿哥胤祹来到皇上帐篷边，他见状不妙，便悄悄走到管事太监梁九功跟前问个究竟。十二阿哥知晓实情后，便附在皇阿玛耳边私语了几句。

皇上听后，不由喃喃地说道："朕真的是老了，张爱卿速回帐篷吧，外面日头太猛了。"

张廷玉见皇上知晓事情原委，为了消解皇上的伤感，他立马把皇上的注意力转到自己身上来。他对皇上愧疚地说："这都是微臣该死！不应当在太阳底下票拟，万一泄露朝政机密，那可是死罪，请皇上惩治微臣！"

皇上一听张廷玉这么说道，不由得纳闷问道："张爱卿，这外面太阳这么烤，你为啥不到帐篷里票拟呢？"

张廷玉一听，心里咯噔了一下，自己千万不能说漏嘴，于是对皇上撒谎说："外边敞亮，读折子清楚！"

张廷玉在君臣交往上，比他老爸乖张许多。原来昨晚同僚聚在一起，喝酒划拳，闹腾了一宿，眼下还在帐篷里酣眠，大伙平时公务繁忙，难得聚会搞娱乐活动，在京城又恐有结党营私的嫌疑。这厢大伙一乐呵，全都喝倒了。张廷玉担任票拟重任，不敢贪杯，所以没醉。因帐篷里酒气熏人，张廷玉便出来透气，觉得外面工作倒还敞亮。张廷玉正准备走进帐篷，没想到皇上也跟来了，这下子可急坏了他。好在十二阿哥赶来圆谎，他缠着皇阿玛前去观看他的战利品，皇上生平就喜好狩猎，随即与十二阿哥一道去观看阿哥们的猎物去了。张廷玉很幸运地躲过这一劫，皇上和同僚都没得罪，真是官场牛人啊！

张廷玉在木兰围场票拟的场景感动了皇上，康熙回京后，就赏了张廷玉不少财帛。因为张廷玉在木兰围场替大伙撒了谎，同僚们肯定念他这份情。可张廷玉觉得没什么，大家同朝为官，本就应该互相帮衬，况且大家都是给皇上打工，同事之间走动，只要不是结党营私，联络感情也是有必要的。

对于官场上的礼物接送，张廷玉有自己的红包哲学，皇上给的礼物，那是绝对要收下，这是领导对下属的肯定和鼓励。至于同事之间的礼物，张廷玉一概不收。你凭什么接受人家的礼物，况且有人会平白无故地送礼吗？倘若人家把礼物送上门，你要给人家退回去，也不能驳了对方面子。遇到级别比自己低的同僚送礼，你当面给他退回去，即便驳了面子，也不会对你构成很大威胁，因为他们送礼给你，是别有所图。可是遇上同级别或级别比你高的同僚送礼，张廷玉是如何应付的呢？他多半会当面收下，不能失了人家面子，而后他亲自登门拜访，把礼物带过去，拐弯抹角地找理由退还：张家有祖训，朋友来往不收礼物，在于交心。朋友之间有什么需要帮忙的，打声招呼就可以了，无须破费。同僚所托之事，只要不违背道义和原则，能帮的，张廷玉责无旁贷，他希望与送礼者真心交朋友。

面对亲王贝勒们的礼物，张廷玉只能厚着脸皮跪在地上，央求他们拿回去。这些人的礼物就像烫手的山芋，说得夸张一点，就是朝政炸弹，稍有不慎就会把收礼者炸得粉身碎骨。张廷玉一旦遇到这种情况，就会当着亲王贝勒的面，对着紫禁城的方向跪下，表明自己对大清国、对康熙爷、对皇室忠贞不贰的心迹。他同时申明，自己给亲王贝勒们办事，就是给大清国效命，这是做臣子的分内之事，哪有收礼的道理？倘若哪位亲王贝勒执意为之，张廷玉就会拿一些历史教训与他们唠叨，直到他们听得耳朵起茧，厌烦为止。比如唐太宗的皇子皇女，个个人中龙凤，像李恪、李泰二人，都有望成为大唐帝国的皇位接班人，就是因为他们与朝中大臣结党营私，才导致悲惨的下场。亲王贝勒们听了张廷玉声情并茂的讲述，浑身都起了鸡皮疙瘩，哪还有胆子硬塞给他礼物？

六、接管南书房政务

康熙五十六年（1717）的夏天，皇上离京避暑，把李光地随驾乘坐的马车让给张廷玉了，因为李光地老得走不动了，无法随驾远行。皇上的这一举动，明眼人都知道皇上是把张廷玉作为李光地的接班人了，张廷玉至此，才算是真正的皇帝党了。康熙刚到承德避暑山庄，不料西北又发生战事了，张廷玉看到皇上揪心的样子，他作为一个文臣，不会领兵打仗，只能争取把兵部的折子以最快的速度呈报皇上。在此期间，张廷玉除了按皇上旨意票拟，还密切关注皇上的身体状况。西北战事吃紧，一下子成了大清朝政的头等大事。张廷玉作为礼部侍郎，此时还要管理大清国祭祀的项目。张廷玉经常工作到深夜，却从不抱怨，他知道皇上给自己的活多，说明自己在他老人家心里有分量。

新疆叛乱头子策旺阿拉布坦派遣他的王牌悍将策零敦多布突袭西藏后，又迅疾撤离，给圣地布达拉宫以毁灭性的破坏，使藏民心里产生很大的恐慌。康熙得知这一消息，内心极为震怒，当即下旨，命富宁安将军前去剿灭叛乱。在西北战事吃紧期间，张廷玉一连半月没有离开皇上驻扎的帐篷，皇上发给前线将帅的军令，都是张廷玉一个人票拟。前线将帅快马发回的战报和请示，也是张廷玉亲口念给皇上听。

清军八旗精锐素以骁勇善战著称，特别善于草原作战。没过多久，前方便发来捷报，富宁安将军所率清军大获全胜。为了惩罚新疆叛军，富宁安将军在奏折中，请示皇上准予他派兵铲平叛乱地区的田地，让叛军无立锥之地。

在这个问题上，康熙表现了一个明君的大德，他命富宁安肃清叛军残余后，留两万军队在乌鲁木齐屯田，帮助当地少数民族开荒。当地人有了足够的田地耕种，家家安居乐业了，自然就不会跟随叛乱分子起事，况且有军队驻守，也可以随时呈报新疆的动态。

眼下西北战事平定了，谁知此时京城传来消息，说李光地因疝气病速发，死在京城的住所。皇上得知李光地的死讯，心里十分悲痛，当即下旨，命五阿哥恒亲王胤祺回京祭奠，并给李家抚恤银一千两。此外皇上还命左都御史徐元梦主办李光地的丧事，责成张廷玉速速回京，全权掌管内阁所有政务。

五阿哥胤祺度假回京，按官场礼仪，京官应当前去拜会。朝中大臣都趁祭奠李光地的机会前去亲近五阿哥，唯独张廷玉是个例外。恒亲王忍耐了两天，还不见张廷玉的踪影，很是生气，心想：你一个大清奴才，仰仗皇阿玛倚重，竟敢在亲王面前摆谱。这次我就前去假传皇上口谕，杀杀他的傲气，好让他知道我这个亲王在皇上心里的分量。五阿哥怒气冲冲地跑到张家府邸，传了口谕之后，还惺惺作态地夸赞张廷玉为大清社稷任劳任怨，特别是这次皇上离京避暑期间，李光地过世后，他能独当一面，把南书房的政务顶下来，这能力，这忠心，朝中同僚是有目共睹的。

五阿哥本想摆出高压态势，逼迫张廷玉入伙，谁知张廷玉面对五阿哥的咄咄逼人，仍旧是笑脸相迎。面对五阿哥假传皇上口谕，张廷玉没有表示怀疑，除了叩谢天恩，就是恳请五阿哥宽恕自己的怠慢之罪。与此同时，他也向五阿哥说出了自己的苦衷，一来南书房政务繁杂，几个得力的内阁学士都不在京，他是忙得顾头不顾尾，一时脱不开身。二来皇上没有回朝，除了监国的亲王，南书房的官员不得与其他任何亲王贝勒有所来往。张廷玉说自己没有登门拜会，也是为五阿哥的未来着想。等皇上回京，他会向皇上禀明此事，而后登门向五阿哥请罪。

五阿哥何尝不知道皇阿玛平日里最恨皇子们趁他不在京，与朝中大臣勾三搭四，况且张廷玉一再向五阿哥申明皇上对他的嘱咐："地方和各部呈送到南书房的折子，一定不能过夜处理。为了不违背圣意，微臣必须事必躬亲，如若怠慢了亲王，还请亲王饶恕！"

恒亲王见张廷玉话里藏话，摆明了就是说你恒亲王权力再大，还能大得过皇上吗？恒亲王也没想到皇阿玛如此倚重张廷玉，面对步入皇帝党的张廷玉，恒亲王也不敢造次，感觉自己的拳头好像砸在棉花上，根本使不上劲，只好对张廷玉亲热地说："张大人辛苦了，您的教诲我会谨记于心。"

目送五阿哥失望的身影，张廷玉不由得松了一口气，他知道恒亲王就是想兴师问罪，逼迫自己成为他门下的走狗。

经过一个暑期的调养和静修，皇上此次回京，竟然神采奕奕。皇上身体好了，自是心情愉悦，不但封赏了宫里的太监和嫔妃，还赏给前来述职的张廷玉一件黄马褂，外加一颗宫中的夜明珠。

皇上对张廷玉如此恩赏，足见他在皇上心里的地位越来越重了，对此，张廷玉除了磕头谢恩，就是一心替皇上办好差。皇上外出的这段日子里，张廷玉主管南书房，凡事都得他拿主意。张廷玉眼下与皇上的关系处得这么近，俗话说伴君如伴虎，天下没有完人，要是哪天自己一不小心出了纰漏，甚或皇上听从身边亲信的一句谗言，他就有可能遭遇祸殃。要知道当年内阁大臣们奏定孝惠章皇后谥号，李光地在上疏中漏了"章皇后"三字，部议就要将李光地降三级调用，因为皇上恩宠，李光地才免于处罚。张廷玉能有恩师李光地这般幸运吗？张廷玉没有政治野心，可眼看皇上一天天老去，他总得为自己的仕途谋划，康熙驾崩后，自己将何去何从？虽说首席秘书是个香饽饽，可它毕竟是个没有含金量的文字活，做臣子的没有一些文治武功，要想在官场立于不败之地，是比登天还难。票拟拟得再好，在那些实职官员眼里，也是轻如鸿毛。张廷玉也想外放捞点政治资本，免得日后被新皇踢出局。

康熙五十七年（1718），张家又有了一桩喜事，张廷玉的弟弟张廷璐在殿试中中了榜眼，当即被授予翰林院编修，入值南书房。

张廷玉在礼部干了三年后，于康熙五十九年（1720）转任刑部侍郎。张廷玉刚到任的时候，刑部刚好有一宗大案需要审理。康熙是个明眼人，便指定张廷玉受理此案，想让他借此捞点政治资本。

据济南巡抚奏报，原来山东境内出了一伙反贼，为首的人名叫王公美，爹娘给他取的名字倒不错，他却干起打家劫舍的勾当。这帮人原本是私盐贩子。因为山东靠海，周边盐场众多，私盐贩子为了争夺地盘，就结成了不少私盐帮子。这些私盐贩子常年在江湖上走动，多少会点拳脚功夫。王公美在盐帮之间争夺地盘时胜出，那些失势的私盐贩子就归顺于他。因为山东向来出响马，王公美手下有一大帮子人，不免想入非非，倘若自己占山为王，就不用受官府欺压，还可以与兄弟们大碗喝酒，大块吃肉，于是他与几个小头目商议，便呼啸上山，打起了"替天行道"的旗号，干的却是打家劫舍的勾当。王公美的这一举动，触动了青州秀才鞠士林的心思。这个鞠士林是个科场老油条，每次都名落孙山，可又不甘心一生平庸，总想干出一番惊天动地的事来。他得知王公美占山为王，便上山毛遂自荐，做了他的军师。这个鞠军师向王公美提议：打出反清复明的旗号！这样便于招兵买马，扩充队伍。那年头，人活着就像块行走的墓碑，吃了上顿没下顿，与其饿死，不如冒险寻口饭吃。鞠军师的这一招，不但引来周边州县的不法之徒，一些食不果腹的佃户贫农也前来投奔，以便混口饭吃。

这帮盗匪平日里只知道欺负老百姓，也就是一些乌合之众，当官府带兵上山围剿时，他们便作鸟兽散，只有那些带头的私盐贩子负隅顽抗，结果被官府悉数锁拿，一百五十余名罪犯被收监候审。济南巡抚李树德请求朝廷速将叛匪押往京城，交刑部会审。

皇上看了山东奏报，觉得大批叛匪押解进京，途中很容易发生事故，不如刑部派出官员就地审理此案为妥。临行前，皇上特许张廷玉专断之权，可以先斩后奏，命他务必严办此案，以儆效尤。考虑张廷玉没有实政经验，特命内阁学士登德和都统陶赖，一文一武两位朝廷大员协同张廷玉办案。

张廷玉叩谢天恩后，便与内阁学士登德和都统陶赖一起赶赴山东办案，面对皇上推荐给自己的两位师傅，张廷玉肯定会就此机会，好好跟他俩学学文治武功上的经验。

张廷玉与登德经常在南书房共事，相处比较容易。令他为难的就是这个陶赖，一介武夫，说话办事毫无遮拦，倘若遇上彼此意见不合的事，他便会大吵大闹，这是张廷玉最不愿意看到的。张廷玉想与陶赖拉近距离，于是他提议三人去遛马。陶赖欣然同意，这一路上他都是坐马车，真是万分无聊。可登德乃是一介书生，不愿经受马背上的颠簸，张廷玉只好让随身的丫鬟陪登德唠嗑。

张廷玉正准备蹬身上马，回头一望，陶赖早已飞身上马，这让张廷玉好生羡慕。在他点头表示钦佩时，陶赖顺手给他扔了一壶马奶酒。张廷玉平日里很少饮酒，为了结交陶赖，他只得舍命陪君子。只见他一横心，仰头就大口喝起来，陶赖见张廷玉如此爽快，心里十分高兴。

"待到了济南，我用大碗敬陶大人！"

"张大人如此豪爽，倒不像个文人，有英雄之气。倘若不嫌弃我这个粗人的话，咱们就交个朋友，往后需要我帮忙，尽管招呼。"

"陶大人自谦了，咱们大清是在马背上打下来的江山，从来就没有粗人之说，陶大人的功名，那是用真刀真枪干出来的，有些舞文弄墨的文官，怎懂征战沙场的凶险？我们有幸同朝为官，就不要彼此生分了。"

张廷玉一行赶到济南，山东巡抚李树德早已出城相迎，并设宴款待了张廷玉一行三人。撤宴后，巡抚大人还提议大伙去望春楼听戏，登德就喜好这口，无奈张廷玉坚持立马提审犯人。

审讯的结果一目了然，这次匪患，并不是什么反清复明的民间组织，而是一群盗匪，打着反清复明的旗号，干着打家劫舍的勾当，除了几个头目行凶作恶外，其他匪徒只是为了混口饭吃，并没有犯下人命官司。张廷玉鉴于此案实情，便定性为团伙盗窃案。陶赖一介武夫，没什么弯弯肠子，当即表示认同，登德即便有什么异议，也是孤掌难鸣。

张廷玉按照皇上广施仁政的原则，对为非作歹的几名头目处以死刑，将从犯五十人全部充军发配边疆做苦役，至于那些不明事理的喽啰，每人只需缴纳罚金，便可无罪释放。济南百姓还是头一次见到钦差大臣公开办案，纷纷拍手叫好。张廷玉一行回京后，山东的地方百姓还上了万民书，颂赞皇上广施仁政，厚德爱民。

因为此案雷声大雨点小，很多朝中大臣怀疑张廷玉审理此案存在猫腻，纷纷上疏弹劾他。此时康熙已经重病在床，但他明白张廷玉的心意，他谨慎执法用刑，无非是向天下臣民显示皇上的仁爱之心。

七、整顿吏部

皇上自从那场大病过后，便知自己离大限之日不远了，此后康熙每次离京避暑，不再让张廷玉扈从，而是将他留京批本。一是让他多积累一些实政经验，二是让他多与阿哥们接触。此时皇上也有意让阿哥们在六部历练，三阿哥胤祉掌管礼部，四阿哥胤禛掌管户部，八阿哥胤禩掌管吏部。他老人家想在实际工作中甄别阿哥们的品性和才干，以便选出合适的皇位继承人。

张廷玉因为王公美案办得很漂亮，皇上十分满意，而后将他调任吏部侍郎。张廷玉见皇上频繁地调任他，内心十分纳闷，便忍不住跑去问方苞。方苞作为天子的布衣之交，皇上凡事都与他商议。张廷玉与方苞同乡，又有恩于他，方苞怎能不告诉张廷玉此中缘由？原来皇上对当前吏治极不满意，皇上见张廷玉办理王公美一案干脆利落，不拖泥带水，便把他派往吏部，希望他能做出政绩来。

张廷玉见皇上让自己在六部轮岗，下一步是否要将他外放到地方做官？方苞见张廷玉满脸疑惑的样子，便安慰他说："贤弟勿忧，皇上是把你当作经世大儒，将来你定会像你父亲那样位居宰相。"

"方兄说笑了，皇上眼下连储君都还没定下来。"

"其实皇上心中已经有数了。"

"不是八王爷，就是四王爷？"

"八王爷如今没希望了，皇上希望他整顿吏治，他却做老好人，真是不识时务啊！"

"那就只有四王爷了，皇上赐给他圆明园，这几年来，皇上经常对他委以重任，他也是参加祭祀大典次数最多的阿哥。"

"你说得没错，朝中还有人看好十四王爷。这个阿哥武功可以，文治缺失，如今是太平盛世，皇上不会让一个穷兵黩武之人来执掌大清天下的。"

"方兄，四王爷为人不苟言笑，御下严苛，由他主政，估计朝中反对的人很多。"

"我们只是猜测而已，一切还要拭目以待！"

众所周知，吏部是个肥差。张廷玉到任后，就定下了"四不"规矩：一不在家谈公事，有事到部里谈；二不收礼；三不赴宴；四不看戏。尽管张廷玉做官以谨小慎微著称，可还是有人认为他作秀，仍有百折不挠者深夜造访张家府邸，张廷玉不管对方有何背景，一律拒之门外。对于那些死皮赖脸者，张廷玉会痛陈吏部选官之弊，然后给你讲三观，直到你耳朵起茧，面带愧色，拎着礼物，揣着银票落荒而逃为止。倘若你要请他吃饭，张廷玉会以从小肠胃有问题，要遵医嘱，少吃才能长命为由拒绝，照此说来，你要请他吃饭，就是要谋害他。至于看戏，虽然当时流行请戏班子唱堂会，特别是当官的节日庆典，常常在家唱堂会，以示风雅。可张廷玉虽说出身翰林，但家教很严。他父亲张英当了几十年京官，戏班子还从未进过门。老母过六十大寿，她老人家用请戏班子的钱做了一百套棉衣，送给了穷苦人家。因了父母的教诲，张廷玉从小就不看戏，成年后自不会请戏班子进门了。众人见张廷玉廉洁犹如石头打汤，油盐不进，从此也就没有人登门讨没趣了。

孔子说："见贤思齐焉。"张廷玉在吏部供职后，每天按时上班，从没有迟到早退。加上他是个不苟言笑的人，部属对他都有些敬畏。张廷玉任职没多久，吏部涣散的工作作风得到了改观。皇上把张廷玉调任到吏部，就是希望他整顿吏治，倘若你不扳倒一个棘手的贪官，能震慑这些墨吏吗？

说起京城里的这些贪官，刑部侍郎阿锡鼎的师爷张文算是最嚣张的一个。张师爷狗仗人势，因为有主子阿锡鼎罩着，他竟然勾结狱吏，私改卷宗，伪造罪证，做了许多贪赃枉法之事。此人极为贪婪，人送外号"张老虎"。张廷玉之前在刑部任职时，就对这个"张老虎"有所耳闻，因为他是汉大臣，阿锡鼎是满大臣，再者说，张廷玉急于办理王公美一案，无暇顾及。如今自己调任吏部，做了吏部侍郎，定要除掉这个害群之马。

虽说这个张老虎做人像只螃蟹，横行霸道，可是他贪墨有自己的一套经验，用现在的话来说，叫反侦察能力很强。他上头有满大臣阿锡鼎罩着，下面有贪墨小吏协同作弊，你想要揪出他，实非易事。张廷玉冥思苦想之后，终于想出一条妙计。

张廷玉为了搞到张老虎贪墨的证据，便从刑部郎中姚士暨手上挑了一宗案件，导演了一场好戏，引张老虎上钩。某天上午，刑部衙门没有案子提堂过审，张老虎觉着无聊，准备去街市上逛荡。正当他走出刑部衙门的时候，只见一个自称张府管家的人上前与他套近乎，说他们家公子想结识张师爷，此时已在望春楼设宴恭候了。

张老虎看过张府管家递呈的引见信，原来是刑部郎中姚大人写的，这个姚老头可是刑部最死板的人，难道他抓住了自己什么把柄？可是涉及张府的卷宗，他先前看过，与他没什么牵连，况且这个案子是姚大人经手的。想到这里，张老虎没再犹豫什么，何况他有满大臣阿锡鼎撑腰，这些个汉人谁敢动他？

张老虎坐轿来到了望春楼，那张府公子早已在楼前迎候。张老虎是江浙人，见惯了有钱人，一见张公子穿得花花绿绿的，便认定此人是个花天酒地的富家子弟，当即也就放下了戒心。看来张家公子是诚心有求于他，竟然把望春楼的头牌柳嫣小姐请来作陪，张老虎一听柳嫣那酥骨的撒娇声，乐得他一会儿与她唱昆曲，一会儿给她讲荤段子。酒过三巡之后，张老虎总算是尽兴了。他示意闲杂人等一律退下，屋里只有他与张家公子二人。此时，张老虎傲慢地说："你那个案子，我之前看过，那是归姚大人管，那个人死脑筋，很难共事啊！"

"不瞒大人说，小的正是因为姚大人不懂世故，所以才冒他的名造了一份引见信来求见您。咱们都是江浙人，又是同姓，三百年前是一家人呐！这案子，您得帮我啊！"

"若要我帮你，这个并不难，不过你得把实情告诉我，不得拉我下水！"

"张大人，小的就把实情给您招了吧！那被告李照天所说属实，小的在他的家宴上，见过他未过门的娘子，那小女子长得实在撩人，打那以后，我夜不能寐。我正盘算着如何把她弄到手，碰巧那天有个乞丐死在田庄，小的便命人将那尸首藏起，到了晚上，我谎称救火抓贼，引李天照出来，我趁机用棍子将他敲晕，而后把那尸首放在他身旁，谎称这人是李天照打死的。我花了不少钱，让庄上佃户给我作伪证，报官府说李天照与死者都是我庄上佃户，二人素来不和，借此将李天照办成故意杀人罪。谁知被告不服，一路上诉，这才押解到京城，无奈那个姚大人是个不认钱的主，小的是横竖想不出法子，这才叨扰您老人家。"

"这事也没什么大不了的，只要使银子就能维持原判。可如今姚大人管着这个案子，使银子恐怕不管用，你得另想法子。"

"张大人，小的知道你神通广大，您就行行好，倘若姚大人查出我诬告李天照，小的就死路一条了！"

"俗话说得好，色字头上一把刀，你现在强娶了人家娘子做小妾，还指使庄上佃户作伪证，其罪不轻啊！"

"张大人，您就直说吧，只要能了结此案，花多少银子，小的都认了！"

"办法倒是有，姚大人那儿肯定没门，而今只有让犯人闭口。"

"您是说杀人灭口？李天照被关进了大牢，怎么弄死他啊？"

"刑部大牢的狱吏，大多与我关系不错，只要舍得花银子，还怕灭不了口？李天照一死，这个案子就算结了。"

"大人真是高见，做成此事，需要多少银两？"

"三千两，这可是一条人命哦！"

"啊……"

"师爷我在阿大人手下做事，不愁钱花，可是你们有事求我帮衬，我也不能驳你们的面子，我本不该收这么多钱，可是我办事，也需要上下打点，你这三千两，说句心里话，落在我腰包里的，也就是个零头。行不行，你自己决定。"

"三千两就三千两，这是八百两银票，您先收好。明日我准时把余下的银票奉上。"

"记住明日准时来望春楼，我自会来见你。你不必派人来接我，免得人多嘴杂。"

"谨遵大人吩咐，小的明日准时赶到望春楼。"

次日，张老虎准时赶到望春楼，两人一起来到包间。见面寒暄后，张公子就把一沓银票拿出来，放在张老虎跟前的桌上，张老虎笑眯眯地从桌上拣起银票，数了数，不多不少，整整二千二百两银票。正当张老虎把银票揣入兜里时，只见吏部侍郎张廷玉、刑部郎中姚士暨带领几个捕快闯了进来，当即把张老虎拿下。原来那张公子是张廷玉的侄子张若霈所扮，扮管家的是吏部一个老师爷，而案中的张公子和管家此时关押在刑部大牢里等待候审。刑部郎中提审了此案，判定李天照无罪释放，将那张公子和作伪证的佃户一律依法严办。

张老虎这厢刚被张廷玉锁拿，就立马有人跑到吏部来求情。无非就是说，法办刑部一个师爷无关紧要，主要是怕得罪了阿大人，对张侍郎仕途不利。张廷玉当即训斥这些说情者："作为刑部师爷，知法犯法，罪加一等，如此墨吏，倘不严加惩处，朝廷颜面何在！"

张廷玉扳倒了张老虎，朝中同僚对他自是刮目相看，可他也因此得罪了阿大人，好在皇上从方苞口中得知此事后，随即申斥了刑部侍郎阿锡鼎，张廷玉这才化险为夷。

第二辑

张廷玉和他的雍正时代

张廷玉来到皇上寝宫，只见太医和太监忙作一团，想不到雍正帝召他入宫，竟是为了见他最后一面。这些天来，雍正帝病卧龙榻，张廷玉一直在他跟前聆听口谕，不承想君臣二人今晚便要永别了。想到这里，张廷玉不由得悲痛哭泣。

第一章　雍正接过大清权力棒

康熙六十一年（1722）岁末，康熙在畅春园驾崩了。为人低调的四王爷胤禛凭借争议很大的遗诏，迅疾接管老爸留下来的大清产业，跃身成了坊间热议的雍正皇帝。

据说在雍正和乾隆年间，坊间流传这么一个说法：先皇遗诏上本来写着"传位十四皇子"的字样，后来被步军统领隆科多改成了"传位于四皇子"。后世为了防止作奸犯科之人钻汉文的空子，从雍正朝以后的传位遗诏改用满、汉两种版本并举，这样就规避了朝野对皇室立储所产生的谣言。也有传言，康熙帝走得过于突然，没有时间准备遗诏，所谓传位遗诏根本不存在。

至于康熙驾崩前是否打算传位给十四王爷胤禵，雍正爷的皇位是否存在猫腻，至今都没有定论，关于雍正爷的继位说法各异，版本很多。其实这个事情，张廷玉作为康熙的首席秘书，他应该最有发言权。因为他一直待在康熙身边侍候笔墨，与他关系最为密切。传位诏书关乎大清社稷的未来，按常理，起草这份遗诏，张廷玉应该是当事人。可是他并没有公开为新皇继位的合法性予以佐证。也许是新皇篡改遗诏的流言已经有板有眼地传开了，事后澄清真相，只能让人觉得此地无银三百两，不如保持沉默，让流言自然湮灭。这也许是十四王爷胤禵没当成皇帝，心怀怨恨，让手下散布谣言，借此抹黑或击垮雍正。也有可能是那些反清复明的死硬分子，想趁大清领导班子换届之时造谣生事，企图让大清皇室内斗，从而达到匡扶大明的野心。总之，不管谣言出自何方，有何企图，在这个节骨眼上，作为当事人，你只能闭嘴，否则越抹越黑。

雍正继位这段历史，一直是张廷玉、隆科多与雍正恪守的秘密，这也是大清的最高机密，它与维持大清朝政稳定息息相关。这段宫廷往事，张廷玉至死都没有说出来。

当时康熙重病在床，张廷玉一直在他跟前侍候笔墨，以便根据口谕起草诏令，晚上就在吏部留宿。此时张廷玉已经把大清当作自己的家了，在这段时期大清所发生的朝政大事，数他最清楚了。

康熙病后，一直住在畅春园，他老人家重病下不了床，可他内心跟明镜似的，他要抓紧时间，下旨安排一批德才兼备的官吏到全国各省、府任职，以防他驾崩之时皇子们夺位引发地方叛乱。张廷玉遵照皇上的旨意票拟，并督促吏部尽快落实。由于替换的官员太多，为了保障工作进度，张廷玉暂时住在吏部。

至于康熙的传位诏书，确实是张廷玉起草的。况且从诏书的笔迹来看，根本就没有改动过。不过传位诏书的内容不是皇上的口述。当时皇上已经驾崩，没有留下口谕，为了稳定大清政局，张廷玉找来了步军统领隆科多，他是康熙的表弟兼内弟，名副其实的国舅爷，两人根据京城局势和各位皇子的实力，替先皇起草了传位诏书。

话说当天，张廷玉虽有预感，谁知皇上一不留神就走了，连身后事都没交代，这可急坏了张廷玉。他的拿手活是票拟，虽说在刑部、吏部办过几件实政，可眼前这事大可比天啊，搞不好要被株连九族。张廷玉喝令内侍、宫女停止哭嚷，不准擅自离开。他冷静地想了想，眼下哪位王爷最适合继承大清皇位呢？新皇登基会引起朝廷动乱吗？倘若皇上突然驾崩引发诸位王爷的夺位之战，又有谁能够平衡这个局面？

张廷玉越想，心里越发毛。不过眼下的首要任务是封锁皇上驾崩的消息，以防阿哥们发起夺位战争。可张廷玉是个文官，他调不动兵马。此时，他想到了步军统领隆科多，就算京城动乱，隆科多短期内也能控制局面。

这个步军统领的职能范围相当于现在的卫戍部队司令兼市公安局局长，主要负责京城的守卫、稽查、门禁、巡夜、禁令、保甲、发信号炮等方面的工作。在整个京城，说白了，除了皇上，步军统领最有实力控制局势。

隆科多虽是个二品武官，只比张廷玉多半品，可人家是皇亲国戚，手头有枪有炮，张廷玉此次算是找对人了。可在这危急关头，他不能当众说实话，只能向隆科多扯谎，传皇上口谕："召步军统领隆科多即刻进宫面圣，京城九门包括畅春园即刻关闭，诸位皇子非传旨，不得入内，违令者，立斩不赦。钦此！"隆科多跪接皇上口谕时，瞧见张廷玉心事重重的样子，便料定出大事了。他立马召来传讯兵发布诏令和信号弹，对整个京城实行戒严，而后与张廷玉快马赶往畅春园。在两人身后，只见一道道大门逐渐关闭，内城墙头密布了披坚执锐的御林军。此时张廷玉内心很矛盾，虽说隆科多表面上是皇帝党，其实是骑墙党，当他得知真相后，不知会作何打算。此时张廷玉心乱如麻，他猜测皇上中意四王爷，可他老人家并没有留下遗诏，再者说雍亲王继位后，能否稳定朝政，那还是个未知数。还是听听隆科多的意见，走一步看一步吧！

隆科多快步走进皇上寝宫，不见皇上贴身太监把门，只见内侍宫女满脸泪痕，他警觉地把了把腰间的佩刀，张廷玉见了，只好硬着头皮对他说："隆大人，皇上驾崩了。"隆科多一听，快步走到龙榻跟前，跪拜驾鹤仙去的康熙爷，内心却是一阵恐慌，而后他厉声斥责张廷玉："皇上驾崩时，为何不见诸位皇子和近臣们？"

"皇上走得太突然，还没来得及留下遗诏。"张廷玉此时也是哑巴吃黄连，有苦说不出。接下来两人就开始大清朝最有争议的对话了。

"皇上驾崩，应该立刻昭告天下，亲王大臣们也得到场！"

"隆大人，你我可是深受皇恩，一定要为大清社稷着想。皇子们一直为皇位内斗，如今皇上突然撒手而去，我们稍有不慎，就会葬身皇子们的夺位之战，所以我才冒死出此下策，让您下令京城戒严。倘若此刻我们贸然召集亲王大臣们前来，皇上的驾崩将会引爆夺位之战，到时候，你我不但性命难保，九泉之下，也没有脸面去见皇上。要是城外驻军在皇子们的指使下，攻进京城，为了夺位之争而互相残杀，你如何应付？"

"张大人所言极是！事已至此，你说应该怎么办？"

"在新皇没有确立之前，先皇只能秘不发丧。"

"圣上可是千古明君，这事不能拖太久。况且京城九门，我也不能禁闭太久，不然会出大乱子！"

"隆大人，当务之急就是赶紧确立新皇。您认为皇上最中意哪位皇子？"

"先前最看好八王爷和十四王爷，后来八王爷因为毙鹰事件，惹怒了皇上，十四王爷又被皇上派去戍边，眼下立谁妥当呢？"

"皇上走得太突然，他老人家没说，我怎敢问？"

"那就立雍亲王继承大统吧！"

"对，皇上很喜欢皇孙弘历，希望他将来做太子，立雍亲王为新皇符合圣意。"

"立冬那天，皇上让雍亲王代为祭祀，历朝历代，只有天子才配祭祀天地。当时皇上重病在床，这可能就是暗示我等臣工，拥立雍亲王为新君。"

"雍亲王为人勤勉、谨慎，我看行！既然这样，我就立马起草诏书，早早确立新君！"

"慢着，这事咱们要慎重，还是先与雍亲王商议，万一他不答应，我们也有个退路。你先草拟传位诏书，我去把雍亲王请来。"

"隆大人行事向来谨慎，大清的安危就靠您了！"

"你我荣辱在此一举，一切应当小心从事。"

隆科多走出皇上寝宫的时候，对把门的侍卫耳语了几句，张廷玉一看便知隆科多是以小人之心度君子之腹。隆科多怕张廷玉抢在他前面邀功，便吩咐侍卫看住张廷玉，方才亲自去请雍亲王。日后雍亲王继承大统，隆科多立此头功，当居第一功臣。

隆科多拥立雍亲王为新君，理由很简单。因为传统热门人选十四王爷和八王爷认为自己是理所当然的皇位继承人，身边早有一帮子人为他们出谋划策，无论隆科多支持谁，一旦新皇登基后，器重的还是原来那帮子人，他只得一边凉快去。而拥立四王爷就不同了，雍亲王是冷门人选，一旦夺得皇位，定会对隆科多恩宠有加。

张廷玉拥立雍亲王，其中的道道就多了。文官嘛，肚里墨水多，考虑问题就复杂些。首先隆科多同意拥立雍亲王，这个是关键，眼下只有他能维稳，当然他说了算。八王爷文治武功都不错，可是支持他的死党，大多是文臣，武将却很少，自古以来，谁掌握了兵权，谁就是权力他爹！十四王爷手头倒有几十万大军，可是他镇守的大西北与京城相距遥远，远水救不了近火，况且他也不可能短时间内获悉皇上驾崩的消息。即便十四王爷做了新皇，可他只知带兵打仗，不懂文治，太平盛世以文治为主，武夫当国，大清社稷危矣！

现在够格的皇子只剩下雍亲王了。他在朝中的文臣资源仅次于八王爷，雍亲王的亲信戴铎、李卫、田文镜，近年来在朝堂表现极为活跃，颇有政绩。武将方面，雍亲王的包衣奴才年羹尧现任川陕总督，手握四川、陕西两省的军政大权。另外他与十三王爷的关系非同寻常，老十三先前在古北口练过兵，他的许多旧部大多在京畿部队担任中高层将官。

想到这里，张廷玉觉得方苞先前的推测有道理，皇上已经有意立雍亲王为储君了。不然，他老人家明知年羹尧是雍亲王的包衣奴才，还让他做封疆大吏，重兵戍边。此时年羹尧手握重兵，东进可以进京逼宫，西进可以牵制十四王爷的西北大军。康熙通晓军事，对川、陕两地的战略地形了如指掌，他不可能不觉察到这些。接着，张廷玉又否定了这一推测，既然皇上看好雍亲王，他为何让十四王爷出任大将军王？十四王爷虽与雍亲王是同母兄弟，可是两人向来水火不容。要是十四王爷的西北大军与年羹尧的军队对抗起来，那大清又要生灵涂炭了。张廷玉坚信皇上不忍心见到皇子们兄弟相残，倘若皇上真心扶持雍亲王做新君，就会在吏部、内阁等文臣主导的核心部门，升迁一些雍亲王的亲信，借此牵制那些依附八王爷的文臣，可他老人家没有这样做。由此看来，皇上是走得太快，可能还没确定谁做储君。可眼下只有雍亲王继承大统，方能控制局面。康熙秘不发丧不能拖太久，不然会出大乱子。隆科多也只能暂时控制京城局势，如果雍亲王做了皇帝，老十三可以秘密调动丰台大营的旧属护卫京城。

雍亲王闻讯赶到畅春园，已是凌晨时分。雍亲王号啕大哭之后，便厉声斥责："隆科多、张廷玉，你们好大的胆子，竟敢秘不发丧，还不快去通知亲王大臣们？"

隆科多和张廷玉一听，顿时吓得跪在地上连连磕头。隆科多是武官，玩政治手段也是高手，可他口才不如张廷玉。况且传位之事是由隆科多告知雍亲王，一旦出现意外，掉脑袋的首先是他隆科多。张廷玉见隆科多向他直瞪眼，他只好硬着头皮，试探雍亲王，说："禀告雍亲王，皇上曾经叮嘱微臣，倘若他处于昏迷状态，朝中政务，一概找雍亲王定夺。眼下皇上驾崩，兹事体大，还请雍亲王主持大局。在新皇没有登基之前，皇上曾有遗诏，诸王没有雍亲王允准，一概不得入宫。"

"皇阿玛先前有遗诏，张大人遵照办理就行了。"雍亲王不假思索，就答应了。

雍亲王是个明白人，隆科多、张廷玉两人秘不发丧的原因，他心里何尝不清楚。雍亲王想继承皇位，首先要当孝子，做臣子的肯定要成全他，这是做臣子的本分。张廷玉见雍亲王发话了，心里的一块石头总算落地了。不多久，亲王大臣们都闻讯赶来了，雍亲王正扑在康熙皇帝的遗体上号啕大哭，张廷玉在一旁宽慰。隆科多见通知的亲王大臣们都到齐了，随即整了整补子官服，应声喊道："大行皇帝遗诏。"众人一听，吓得赶紧俯首跪地。只见隆科多手捧遗诏，高声宣读："步军统领、顾命大臣隆科多奉大行皇帝遗命，宣读遗诏：皇四子人品贵重，深肖朕躬，必能克承大统。着继朕即皇帝位。"

马齐、张廷玉急忙将雍亲王搀起，此时由怡亲王允祥带头，众人跪下齐声说道："请皇上节哀，请皇上登基。"雍亲王在张廷玉等人的搀扶下，泪流满面地登上宝座，接受众臣的朝拜。而后众臣提议将先皇的遗体尽快入殓，移往乾清宫，举行治丧典礼。

大行皇帝驾崩，举国哀悼，这样的朝政大事，非张廷玉办理不可，先前他在礼部供职，主管过祭祀这档子事。先皇驾崩后的第三天，张廷玉正在礼部斋宿，忽见内侍前来传旨："大行皇帝崩逝，大事典礼繁多，文章礼仪至关重要，侍郎张廷玉办事慎微，特旨陞授礼部尚书一职，兼资政大夫，食正二品俸禄，协同翰林院掌院学士办理文章事宜。钦此！"

张廷玉感激涕零地跪接圣旨，然后穿上新的补子朝服，赶到乾清宫谢恩。雍正帝蓬头垢面，正在东厢房里头席地而坐，日夜为先皇守灵，他含泪接受了张廷玉的叩拜，张廷玉也被雍正帝的孝心所感动，顿时也哭得一塌糊涂。

雍亲王既然登基，礼部就应该给大行皇帝拟定谥号，给新皇拟定年号。谥号一般二十字左右，却要把先皇一生的功绩歌颂出来，文字还要做到信、达、雅。好在翰林院咬文嚼字的学究多，张廷玉领着一班老夫子，念叨来念叨去，暂定了很多条谥号。然而胤禛看了，没有一条令他满意的，而后与张廷玉反复修改、斟酌，最后定下了"合天弘运文武睿哲恭俭宽裕孝敬诚信功德大成仁皇帝"，庙号"圣祖"。

至于新皇年号，张廷玉一开始很犯愁，见新君对先皇谥号如此考究，新皇年号定不会马虎，又少不了一番折腾。谁知胤禛一句话就解决了年号问题："圣祖当年封朕为和硕亲王时，就许以'雍正'二字，寓意'雍和正大'，朕一直按圣祖的意愿修身养性，生怕辜负了圣祖的期望。而今就用这二字为年号吧。"张廷玉听后，顿时松了一口气。雍正在内宫守灵期间，奏折堆积如山。雍正一想到什么事，就立马把张廷玉叫到身边，雍正口述，张廷玉拟旨，每每雍正的话音刚落，张廷玉的旨稿也已拟就，而后呈给雍正御览，随即送往外间誊清发出。一连几天，每次拟旨都是落笔成章，雍正这下算是见识了张廷玉的才能，因张廷玉的老爸张英是雍正的老师，雍正有感于老师后继有人，当即授命张廷玉为诸皇子师，赐太子少保，同时追赠张英太子太傅。

雍正登基后，张廷玉仍是皇上的首席秘书。国不可一日无君，众臣奏请皇上节哀理政。雍正为表孝心，坚持守孝三月，借此代替民间三年守制之礼。张廷玉作为雍正身边的顾问，他要赶紧按照皇上的意思，拟定哪些大臣领起朝政的总理事务。为了稳定朝政大局，雍正任命廉亲王允禩、怡亲王允祥、理藩院尚书隆科多以及大学士马齐为总理内阁大臣。

张廷玉一见雍正爷给出的四个人选，心里顿时犯迷糊了。隆科多和怡亲王允祥在雍正爷继承大统上，立下汗马功劳，受封为内阁大臣，张廷玉毫无异议。可是廉亲王允禩和大学士马齐也被雍正拉进内阁领导班子，他就不甚明白了。也许是因为八王爷允禩在朝中根深叶茂，一时动他不得，所以让他做了首席内阁大臣。把廉亲王允禩拉进内阁班子，是雍正皇帝的缓兵之计，可把马齐拉进来，又是为了啥？雍正登基前，马齐一直保举八王爷允禩做太子，如今在主导大清朝政的内阁班子里头，八爷党就占了半壁江山。张廷玉搞不明白，雍正帝为何走这步险棋，一招不慎，朝廷就会出大乱子。直到康熙帝崩逝后第二十一天，也就是"三七"之际，康熙的灵柩从乾清宫移往景山寿皇殿。在此期间，各项丧礼进行得很顺利。雍正帝特地嘉奖允禩、允祥、隆科多、马齐等人。他还恢复了马齐被先皇削去的世职，准允世袭罔替。雍正帝还在谕旨上表彰他，说"马齐在此番大事中甚是勉力勤劳。他的勤劳，非寻常勤劳可比，胜于一切功绩"。张廷玉此时才明白雍正帝的心思。原来雍正帝一上台，就重用八王爷允禩及其死党马齐，目的是在维稳的基础上，对八爷党的死硬分子施以恩惠，从而达到对八爷党分化瓦解的目的。马齐等人见木已成舟，新皇又是如此不计前嫌，宽以待人，况且自己当初保举八王爷允禩为太子，还不是图谋新皇登基后，自己富贵依旧，眼下自己的目的已经达到了，何必冒着株连九族的风险去飞蛾扑火呢？雍正帝就这样不动声色地把八爷党肢解了。八王爷允禩屈服雍正皇帝后，远在大西北的十四王爷允禵就显得力不从心了。

在守孝的三个月里，雍正帝做起了专业的孝子，这可忙坏了张廷玉。雍正帝赞赏张廷玉作为大清首席秘书的能耐，说他是先皇送他临朝亲政的一份大礼。没过几天，雍正帝封张廷玉为一品光禄大夫、协办大学士、翰林院掌院学士、《明史》总裁官、《圣祖仁皇帝实录》副总裁官。

雍正元年（1723），雍正帝为表孝心，与诸皇子一同护送先帝灵柩去遵化的景陵安葬。张廷玉作为礼部尚书，自然要随驾左右。没想到走到半道上，十四王爷停滞不前了。十四王爷以西北边境军情危急为由头，奏请雍正帝允准他即刻返回西北军营，他企图在皇兄远离京都之时，派精锐轻骑突袭去往遵化的御林军，趁机刺杀雍正，借此夺位。雍正身边有那么多高参，十四王爷这点伎俩怎能逃得过雍正爷的眼睛？他当场训诫了十四王爷大逆不道，愧对皇阿玛当年对他的垂爱。十四王爷一听雍正拿父皇与他说事，顿时心里就来火：倘若皇阿玛健在的话，你算哪根葱？你除了会篡改遗诏，有什么能耐在我面前显摆？

雍正帝知道十四王爷内心怨恨先皇把他支配到边疆，让他无法趁乱夺宫，便把怨气撒到自己身上来。十四王爷允禵是他的同胞兄弟，雍正帝答应过母后，无论允禵今后怎样忤逆不敬，他都会留他一条生路。而今十四王爷当众藐视于他，如不加以震慑，会对自己继位造成不良影响。

眼见老十四对雍正爷吹胡子瞪眼睛，一旁的张廷玉，他作为礼部尚书，不能不过问，可是他没有资格训斥十四王爷，便转身去求助老十三。十四王爷知道老十三与雍正爷是一伙的，根本不吃他那一套。无奈之下，老十三只得去请八王爷劝住这头犟驴。

八王爷是个聪明人，懂得其中的凶险，便把老十四拉到一边，说了几句掏心窝的话，老十四为了保命，只得跪在皇兄面前接受训导。

在雍正皇帝回朝前夕，他问张廷玉说："衡臣，对于十四王爷允禵，你觉得怎样处置合适？他毕竟与我一母所生。"

大凡皇帝要做不体面的事，都要问一下身边的亲信或重臣。领导在处理有非议的事情，一般都要假借下属之口或手，一旦出了问题，他就可以避嫌，说是听信了谗言或者属下死谏。

张廷玉在回答雍正帝的这个问题上犯了先验性的错误，他随口说道："圣上家事，全凭圣上做主。"张廷玉不假思索地把自己对先皇的台词复制过来，雍正帝一听，心里很不高兴。俗话说"一朝天子一朝臣"，就是说每个皇帝的脾气秉性不同，做臣子的为人处世一定要与之合拍。雍正为人不苟言笑，做人有点死板，不像康熙，康熙只要臣工替他忠心办差就行了。雍正希望身边的臣子不但要忠心办差，就连说话都不能与他打马虎眼，要体现自己的忠心。可能是坊间有关他篡位的谣言四起，让雍正爷对他人言语有了猜忌，可见雍正执政比康熙要严苛得多。

雍正帝侧身看了看老十三，希望他能出来做这个挡箭牌，他是亲王，比张廷玉有分量，可怡亲王允祥不想做这个黑脸，他不想后半生被皇室兄弟们戳脊梁骨。张廷玉这下算是瞧明白了，原来雍正爷与先皇有很大的不同，先皇喜欢假他人之言，而雍正爷喜欢假他人之手。在康熙朝，做臣子的只要心里装着皇上，明白办差就行了。在雍正朝则不同，做臣子的，全身心都是要向着皇上的，包括你的言行举止。既然如此，张廷玉就不能像康熙朝那样抛砖引玉了，他必须背黑锅。于是张廷玉装作无限追思的样子，嘴里喃喃地说道："先帝爷在世的时候，十四王爷常年在外征战，疲于奔命。眼下天下太平了，先帝爷倘若有知的话，一定希望十四王爷好好歇息。"

雍正爷随即叹了一口气，转身对张廷玉说："衡臣的提议甚好！立行拟旨，封允禵为恂郡王，命其守护先帝陵寝。"而后，雍正爷召见马兰峪总兵范时绎，命他严密监视恂郡王允禵的一举一动，倘有异动，即刻密报。

张廷玉票拟完毕，此次他不能像侍候康熙爷那样，一旦遇上皇家的事，就避重就轻，眼下他必须做一回出头鸟，以表自己对雍正爷的忠心。张廷玉主动请缨，前去传旨，要在雍正跟前树立一个忍辱负重的老臣形象，同时他还叮嘱范时绎，一定要把十四王爷盯紧了。

雍正回京后，没过多久，便觉得朝政已经稳定，可以向八爷党开刀了。廉亲王作为八爷党的领袖，一直对雍正心怀怨恨，即便出任总理事务大臣，也是消极怠工，巴不得雍正早点垮台。碍于八王爷在朝中的人脉像章鱼的脚一样缠人，雍正一时动他不得，眼下只能拿他的左膀右臂开刀。内阁大学士马齐已经老了，上朝的日子少，生病的日子多，放在朝堂，也只是个摆设。雍正皇帝琢磨再三，最后决定拿九王爷允禟开刀。九王爷是八爷党的钱袋子，一直为八王爷夺嫡输血。如今八爷党没了九王爷的资助，那些依附八王爷的人，一见无利可图，便会与八王爷划清界限。雍正这一刀搞得八爷王府十分冷清，以至于麻雀都跑到他家门楣上跳探戈了。

九王爷从小就与八王爷哥俩好，自然成了八爷党的铁杆粉丝。他除了嗜书如命，就是身边有钱。据说明珠的儿子揆叙死后，因为膝下无子，明珠家族的八百万家财全部进献给了内务府，由九王爷允禟掌管。九王爷对政治不感兴趣，资助八王爷纯属私人感情。九王爷很会做生意，在诸皇子忙于夺嫡之时，他在京城开了很多商铺，一心做起皇家买卖。京城的富商权贵得知九皇子开店，自然慕名前来，说是求合作，实质上是想拍马屁找靠山。九王爷起用给事中秦道然做他府上的管领和财务经办，秦道然伙同太监李尽忠、何玉柱，垄断了皇宫大内的货物采办，不到十年，九王爷的产业已经延伸到大清各州府。因为九王爷允禟富可敌国，在雍正登基时，为了填补康熙朝连年征战和南巡落下的巨额亏空，怡亲王允祥曾建议雍正帝拉九王爷入伙。雍正帝当时就一口否决。他冷漠地说："允禟善于理财，先帝便让他看管内务府。他淡泊权位，身边的死党很少，左右不了朝政。这样的人不用拉拢！"

某天，雍正帝密召张廷玉进宫，让他立马拟旨，为了对付允禟，雍正帝下旨查抄太监李尽忠与何玉柱的家产，同时锁拿九王爷的管家秦道然。雍正帝曾在诏书中质问九王爷允禟："你家何人不可用，而用一汉人给事中秦道然为你府管领？"而后雍正帝惩治秦道然，追银十万两，送甘肃充作军饷。时任两江总督查弼纳彻查秦道然的家产只值银一万零三百多两。秦道然无力缴齐罚金，朝廷便将他的家族财产，包括寄畅园，全部没收充公。

雍正爷小挣了一笔之后，当然不会忘了九王爷允禟这块大肥肉。"九王爷允禟久居京城，应该给他挪个窝了。衡臣，你怎么看？"雍正爷盯着身边的张廷玉说。

"九王爷太有钱了，眼下朝廷正需要银子。可让他去北疆督军，宁古塔那地方好，有钱也没地方使，可以培养九王爷俭朴的作风。"

雍正听了张廷玉的提议，满意地笑了。九王爷允禟就这样被发配到宁古塔，名义上是边疆军队需要派王爷前去督管，实际上是充军发配。当时的宁古塔，根本不是人待的地方，流放者去了，等于去拜访阎王，能幸存下来的人寥寥无几。九王爷允禟此去，他这辈子就被关进活死人墓了。

雍正帝先前做皇子的时候，与九王爷允禟的关系也不错。为了堵住朝野非议，雍正帝就没让外臣张廷玉去做这个恶人。他觉得舅舅隆科多比较合适，这样对外可以宣称皇室处理家事。

第二章　雍正的改革

一、《朋党论》的实践活动

雍正登基后，为了显示皇恩浩荡，同时也为了广罗英才，便下令开恩科取士。雍正帝见张廷玉办事靠谱，在康熙年间又做过两次同考官，便命他出任顺天府的乡试主考官。雍正帝把天子脚下的这份肥差交到张廷玉手里，就是希望登基后首次开科取士能选拔出可用之才，同时也能防止朝中大臣渎职，杜绝官员腐败。

张廷玉一听，心里犯难了。原来张廷玉的堂弟张廷珩，还有几个侄儿都要参加今科考试。张廷玉就因为自己做过同考官，让弟弟张廷璐两次回避科考，耽误了他的仕途。雍正帝看出了张廷玉的心思，当即宽慰他说："衡臣不必顾虑，此次开考不能因为你是主考官，就让你的亲属避考。你人品贵重，朕是放心的。你虽是主考官，可还有许多同考官，他们在首轮读卷会把关的，再者说，试卷是密封的，答卷也是经人重新誊写，要徇私作弊实非易事。此次乡试是朕即位后的恩科，你是朕倚重的大臣，务必要公正，方能取信于天下士子。如果每次开考，官家子弟都要回避，也是不公平的！"

"皇上所虑极为公平，可总避不开坊间小人搬弄舌头。微臣斗胆建议，皇上不如另设考场，按普通考生的录取比例另行读卷选拔。如此一来，官家子弟就不会误了考期，也免了无聊之人的口舌。"

"衡臣所言甚好！就依照你的意思办吧。"

此次恩科，参加顺天乡试的考生共有六千人之多，最终录取了两百九十三人。发榜那天，士子们都说取士公平。因为主考官张廷玉、朱轼都是当朝有名的饱学之士，且品行端正，有他二人坐镇，那些同考官就不敢肆意妄为了。

在顺天乡试另设的官生考试中，按照录取比例，参加考试的张廷玉亲属，竟然有三人中榜。张廷玉感激皇上为官生另设考场，否则的话，自己作为主考官，上榜的三位亲族，虽有真才实学，也堵不住好事者嚼舌根。

雍正帝见全国各地乡试取士公正，心里十分高兴，于是命乡试之后立即举行会试。张廷玉和朱轼又被点为正考官，此次会试废除回避制度，为官生另设考场，按正常比例取士。此时张廷玉的四弟张廷璟在江南乡试中取了举人，也参加此次会试。

雍正元年的此次恩科开榜，朝廷一共录用两百四十六名进士，张廷玉的亲族有三人上榜。张廷珩被雍正帝留在南书房行走，张廷璟、张若涵被朝廷选为庶吉士。张家在一科之内，竟然有三人同中进士，这在中国科举史上也是罕见的，从此桐城流传一句科考民谚："无张不开榜。"

雍正帝见张廷玉两次出任主考官，都让天下士子欢心。张廷玉如此恪尽职守，为了保其清廉，不因生计所逼而腐化，雍正帝除了赐给他帑银一千两，还奖赏了一座府邸，并调任张廷玉为户部尚书，擢加太子太保，署理都察院左都御史。

雍正第二年的春天，川陕总督年羹尧发来八百里加急奏报，雍正帝打开一看，原来是青海造反了。话说青海在西藏的东北部，属于和硕特部固始汗的地盘。这个固始汗受清朝册封后，其十子达什巴图尔，又被清朝册封为和硕亲王。达什巴图尔死后，其子罗卜藏丹津袭了爵位，没想到这厮不安分守己，喜欢搞独立，准备脱离清政府的统治，他召集附近诸部，大举入侵。雍正帝获悉，命年羹尧为抚远大将军，四川提督岳钟琪为参赞军务。此战大获全胜，将青海千多里地悉数赐封给蒙古各部落，分二十九个旗，设办事大臣于西宁，青海从此平定。

而今天下太平了，雍正帝就要开始清理家务事了，与他争皇位的兄弟们虽已作了初步处理，但是还没有形成文件，如不及时处理，恐日后落人口实，不但有损皇家尊严，也不利于社稷稳定。张廷玉对皇上家事一直心里犯怵，可是雍正帝已经下了死命令，他不得不执行。雍正爷给张廷玉身上挂满了官职：翰林院掌院学士、起居注官、户部尚书、《明史》总裁官、《圣祖仁皇帝实录》副总裁官、《大清会典》总裁官。如果张廷玉不在文字上表忠心的话，于情于义就显得不厚道了。

在《圣祖仁皇帝实录》的编撰中，张廷玉本着大事渲染、私事不提的工作方针，对康熙帝的一生进行了综合评述。张廷玉知道雍正爷的意图，编撰这本书，不仅是宣扬先帝的功绩，关键是从先帝的生平事迹派生一些适合新君施政的理论依据。

张廷玉在这本著作中，有意迎合了雍正帝。书中涉及的历史事件还是真实的，特别是夺嫡之争造成了许多冤假错案，给朝廷和百姓带来无尽的灾难。因为雍正帝当年打着吃斋念佛的幌子避开这场争斗，从而坐收渔翁之利，成了最大的赢家。吃斋念佛显示了他与先帝同样公正、仁慈，且在康熙年间，他办事干练，政绩卓著，而其他的皇子在品性或能力上或多或少都存在一些缺陷，不足以保证大清社稷的长治久安。

在该书面市前，张廷玉还请大清一号首长写了一篇绪论。雍正与康熙一样，平日里忙于朝政，一直盘算文臣武将的那些实政，对执政理论一直缺乏研究。眼下雍正帝终于找到自己与先帝的可比之处了，他连夜赶写了一篇《朋党论》，为进一步打压朋党余孽提供了理论基础。

朝中大臣都认为这篇《朋党论》是雍正帝写给八王爷允禩的政治传票，其实，他们小看了雍正爷，这篇论文，是他写给所有反对者的战斗檄文，只要谁忤逆圣意，都可划归朋党之列，包括后来肆意妄为的年羹尧和隆科多。

雍正帝在廷议上发表了激情四射的演讲，痛陈朋党之祸，充分展示了帝国领导人的口才，这让群臣对这位不苟言笑的一号首长有了新的看法。廷议之后，雍正帝随即指示首席秘书张廷玉将演讲稿刊发到全国各州县，做到体制内官员人手一份，要求他们认真吃透讲稿精神，并广泛组织保甲基层干部讨论学习，务必让雍正的思想深入人心。在全国各地掀起学习《朋党论》热潮的同时，雍正帝指示隆科多逐步收监八王爷允禩的铁杆粉丝，强调学习理论要结合具体的实践活动。

张廷玉作为《朋党论》的助产士，也必须参与到实践活动中。这年，雍正帝的三年守孝期满了，按照历朝的惯例，朝中的协理大臣应该请辞了。张廷玉趁机上了一个折子，说的就是有关协理大臣请辞的问题，说白了就是要把八王爷踢出朝堂。雍正帝看了张廷玉的奏请，那是相当的满意。他来不及细看，就把折子上的事情在朝堂上与群臣展开廷议了。依照以往的规矩，协理大臣请辞是很讲究的，首先是协理大臣请辞，而后皇上不允，然后协理大臣接着再辞，如此倒腾三次后，皇上才装作无奈的样子接受协理大臣的请辞。

可是雍正帝对于协理大臣的请辞，就表现得很直爽。当八王爷允禩、十三王爷允祥、大学士马齐和步军统领隆科多请辞协理大臣一职时，他是立马应允了，一点儿也不拖泥带水。末了，雍正帝在朝堂上表扬了允祥、马齐和隆科多三年来的尽心辅佐，同时笑着对群臣说："廉亲王贵为首席协理大臣，尽享俸禄，三年来对朝中大事不管不问，作为朕的皇弟，他的作为有悖于常理啊！"

群臣听皇上如此说道，便知他要向八王爷开刀了。可是他们手头没有参劾八王爷的证据，只能面面相觑。张廷玉也没有办法，只能一声不吭，他知道皇上就是想看看群臣对此有何反应。此时廉亲王也心知肚明，不过他故作镇静，私下里在想："想扳倒老子没那么容易，老四，我看你如何收场？"

其实人非草木，谁都有恩怨情仇。雍正帝对兄弟如此刻薄寡恩，他们不怨恨吗？不想报复吗？可是雍正帝早有防范，但凡允禩、允禟、允䄉的秘密行为，他已命随身携带血滴子的大内特务严密侦察。

雍正帝此番拿办廉亲王，早已证据确凿。正在群臣愁眉莫展的时候，只见一排大内派出去的探子前来奏报。驻宁古塔的探子说："九王爷允禟在宁古塔，利用西洋人穆经远为其谋划，编了通信密码，与八王爷允禩互通书信，估计是图谋不轨。请圣上明察！"说罢，那蒙面探子呈上一封密函，是九王爷与八王爷的通信，上面全是密密麻麻的洋文，雍正帝再怎么聪明，愣是一句也看不懂，气得他当场把书信撕得粉碎。此时轮到盛京的探子奏报，他说："十四王爷允䄉，看守先皇陵寝，正黄旗大粮庄头的子弟蔡怀玺受'十四爷命大，将来要做皇帝'谣传之说鼓动，只身来到遵化汤泉，将一张写有'二七变为主，贵人守宗山''以九王之母为太后'的帖子投到允䄉的院内，允䄉知道后，并没有惩治他，而是将纸上紧要字样裁掉，可见其心里有鬼。"雍正帝听后，当即夸奖了他。接下来的一个蒙面探子奏报说:"八王爷允禩,日夜在密室诅咒,求皇上速死!"雍正皇帝听后,勃然大怒,当即命张廷玉拟旨,告祭奉先殿,削允禩王爵,幽禁宗人府,将允禟、允䄉押回京师拘禁。

二、扳倒军中大老虎

雍正帝把自家兄弟拾掇干净之后,便盯上年羹尧了。因为他知道的事情太多了,而且最近越来越不老实,这让雍正帝内心很不安。某天,雍正帝问张廷玉说:"衡臣,我听大臣们在议论,最近川陕流传'年选'的说法,不知是否属实?"

张廷玉见雍正帝如此问他,便知年羹尧要倒霉了。"年将军贵为封疆大吏,他对皇上是一片忠心,只不过有些居功自傲。倘若自知收敛,就不会招致朝中非议。至于'年选'的说法,我也有所耳闻,不知是否属实,所以不敢贸然禀报皇上。"

话说抚远大将军年羹尧,本是雍正帝的心腹臣子,青海一战,受封一等公。他自恃与雍正帝是少年朋友,又居功至伟,便肆意妄为起来。

据说他给儿子请了一个家塾先生,名叫王涵春。为了表示对王先生的尊重,他要求厨子、书童好生侍候。某天,王先生吃饭,发现饭中有谷粒,不料被年羹尧知道了,年羹尧当场就把做饭的厨子杀了。而后有一个书童,倒茶送进书房,不小心失手,把茶水倒翻,不慎泼在王先生身上。年羹尧得知后,立马拔刀,将书童的双臂砍去。年羹尧这样残暴,顿时把王先生吓得魂不附体,一心想要辞馆,可一见年羹尧凶神恶煞的样子,他哪敢开口,生怕触怒了东翁,落得与厨子、书童那样的下场。王先生战战兢兢地教了三年书,年羹尧才叫他归家。

年羹尧的脾气如此喜怒无常,杀人成性,他的起居饮食,与大内没有区别。他视手下的将官如同猪狗，在西宁时见到蒙古贝勒七信的女儿姿色撩人，不由分说，就命士兵将其抬回取乐。事前，他命提督吹角守夜，谁知那提督以为他得了美人，定会折腾一宿，不会出来巡查，于是差了一个参将，替自己守夜。谁知年羹尧尽兴之后，起身出来巡逻，见守夜之人竟是参将。他当即大发雷霆，随即回到军营，把提督、参将一齐传来，喝令斩首示众。年羹尧如此残暴，为何军心这般稳定？原来这厮杀人厉害，赏赐也是一掷千金，所以麾下不会谋变。军队如此开销，他的钱财从何而来？这当中肯定免不了贪污受贿，冒销滥报，这些让雍正帝都不足为惧。还有一件离谱的事，让人觉得不可思议。话说某年冬天，年羹尧带兵出巡，与他同车的侍卫都把手扶在车把上。当时天寒地冻，大雪纷飞，年羹尧怕身边的士兵把手冻坏，便随口说了一句：去手。他的言下之意就是让士兵把手从车把上放下来。谁知这些愣头青士兵误会了，都以为大将军要惩罚他们，于是纷纷举刀将自己的手砍断了。年羹尧在军中的权威已到了这个地步，这让雍正帝听了都害怕。此人不除，必定后患无穷。

年羹尧打小就对雍正帝忠心耿耿，雍正帝也把他当作自己的恩人，只要他不说出自己的秘密，即便他做事有些出格，雍正帝也不会治他死罪，所以他一直不敢相信这些传闻，直到雍正二年（1724）十月，年羹尧赴京，他才彻底相信了。

在赴京途中，年羹尧竟然命令都统范时捷、直隶总督李维钧等跪道迎送。年羹尧抵京时，雍正帝命王公以下官员出城跪接，年羹尧竟然不下马，安然慢行而过，连正眼都不瞧一下。王公大臣向他问好，他视如草芥，仅是颔首而已。在主子面前，他也十分骄横，见到雍正帝仍不下马，直到侍臣奉上赏物，他才不得不下马谢恩，以雍正帝的暴躁脾气，竟也不发作，也许雍正帝以为年羹尧想在众臣面前显摆主子对他的恩宠。

可在当晚的庆功宴会上，让雍正帝震惊的两幕发生了。皇上命参加宴会的几位高级将领就餐时卸甲，他们愣是不听，全看年羹尧的眼色，年羹尧当即解释说："军中只听将军号令，不奉皇上诏书，既然皇上说卸甲就卸甲吧。"各位将军见年羹尧发话了，才敢卸掉盔甲。雍正帝当即就在想：军中将士唯你年大将军是从，那还要朕这个皇上干什么？接下来的一幕是皇上要给有功将士封赏，雍正帝话音刚落，只见年羹尧从怀里掏出一沓立功将士的名册，皇上接过来一看，两眼就瞪直了，没想到年羹尧这奴才早替主子拟好了，职务大部分安插在核心部门，雍正帝看后，顿时就不高兴了，可转身一想，人家立了大功，就照准吧！不过从这以后，雍正帝就看清了年羹尧的真面目。

年羹尧回任后，并没有因为雍正帝的警告而有所收敛，反而更加居功自傲，目中无人。雍正帝先后接到暗探密报，说年羹尧赏赐属下财帛，一定要属下向北叩头谢恩，妄想与主子平起平坐。发给平级的总督、将军的文书，他竟然自称"令谕"。年羹尧一直把平级的官员当作下属，就连蒙古扎萨克郡王阿宝拜见他时，都要行跪拜礼。令雍正帝气得吐血的是，年羹尧竟敢把朝廷派来的御前侍卫扣押在身边，当作奴仆使用。在朝廷文武官员的选任上，凡是年羹尧保举的人，吏部、兵部一律优先录用，这就是所谓的"年选"。年羹尧还在自己的军队肃清异己，把自己的一些亲信通过非常手段安插在平级将军的帐下，导致整个大西北形成以他为核心的权力集团，从军队将领到地方官员，无不唯他马首是瞻。年羹尧不但结党营私，还大肆侵吞军中钱粮，接受官员贿赂，累计银两高达四十万两。

面对大清军中第一号大老虎，雍正帝肯定不能容他，因年羹尧在大西北已成气候，只能分步骤扳倒他。雍正帝首先命潜伏下来的暗探将密诏下达给与年羹尧无关联的朝廷命官，警告他们洁身自好，与年羹尧划清界限，这样就有效地防止年派势力的蔓延。接着朝廷颁布了地方大员轮调制度，雍正帝借此把年羹尧调任杭州将军，从而解除了他川陕总督的职务，与此同时，命年羹尧交出抚远大将军印。而后朝廷下旨，把四川提督纳泰升调回京，在卸掉年羹尧的左臂之后，雍正帝以贪赃贿赂的名义把年羹尧的右膀，也就是甘肃巡抚胡期恒革职查办。大西北权力集团的核心人物一倒，朝中大臣便纷纷上疏弹劾年羹尧，以解心头之恨。张廷玉自是顺应形势，将弹劾的折子如实呈报皇上。

雍正帝正好就汤下面，随即连连下旨削掉年羹尧的官职，并在雍正三年（1725）九月锁拿了年羹尧，而后将他押解进京受审。三个月后，以怡亲王允祥为首的议政大臣将会审的结果呈报了雍正帝，总共判处了年羹尧九十多条罪状，按大清律例，当凌迟处死。

雍正帝念他为大清立下汗马功劳，又是自己的包衣奴才，如果定刑过重，恐遭天下人非议，只要奴才能把秘密带进棺材，做主子的也不能太狠心。想到这里，雍正帝赐年羹尧在狱中自裁。年氏家族在朝中为官者一律革职，嫡亲子孙全部充军发配新疆，所有家财没收充实国库。

趾高气扬的年大将军犹如龙卷风猛刮一下，瞬间就走了。他的离去给张廷玉一个很大的警示：在雍正帝手下打工，不管你与老板关系多么铁，你的能耐多么大，你都不要去触碰雍正帝的心理底线。所以说，在皇上身边混，万言不如一默，你得小心，再小心！

三、棚民问题

雍正帝登基以来，连年发生的朝政大事接踵而至，让他一时忙得不可开交。张廷玉作为雍正帝最上手的棋子，事事都要紧跟雍正帝的步伐。眼下雍正帝最揪心的就是棚民问题，也是大清国拖了又拖的民生问题。"棚民之称起于江西、浙江、福建三省。三省山内向有民人搭棚居住，艺麻种菁，开炉煽铁，造纸制菇为生。"这些外来农民为了生存，来到中南部各省的山区，他们居住在用茅草搭建的窝棚，利用山区的土地、矿产、森林等资源，从事种植、造纸、炼铁等生产，借此养家糊口。到了雍正年间，就江西省各州府，有些山区的棚民连成一片，人口竟有一万人之多。这些棚民在山区以租地的形式从事生产，因为收成不稳定，时而退佃迁徙，由于行踪不定，很容易与当地人产生民事纠纷。也有一些棚民已经在山区定居下来，可是他们的户籍问题没有解决。他们脱离了原籍地的管辖，在山区未能加入当地的户籍，游离于国家户籍之外。没有当地户籍，他们不敢建立永久性住房，害怕当地官府和百姓敲诈掠夺。

雍正元年（1723）的某天，温上贵到处鼓动棚民跟随自己一同起义。也许棚民为得到免除赋役的优待，但凡能够活下去，老百姓都不愿起来造反的。温上贵带了近千棚民，向万载县衙进攻。温上贵鼓动棚民造反，不仅引起地方的恐慌，连朝廷官员也被惊动了。

棚民经济实力日益增强，如果他们的户籍和子女教育问题长期得不到解决，指不定哪天会出大乱子。得知温上贵造反一事，雍正帝对此极为重视，他派出多名钦差大臣前往万载县，对当地棚民的情况进行摸底。万载县作为棚民聚居且动乱频繁的典型区域，钦差大臣通过对万载县历年棚民与当地人的争斗情况进行分析，觉得以往驱逐棚民的做法不可取，只能导致地方动乱加剧。棚民的经济实力不断增强，倘若得不到较为公平的对待，棚民动乱还会继续。闽浙总督满保认为棚民"其间亦有良善之民，勤力耕作"，他们"因本籍无业，远投别省谋食"；户部尚书张廷玉也认为棚民是"失业之徒，沿缘依附，什佰为群，割苎沤麻，倚为生计"；浙江布政使李卫经过调查指出"棚民谆顽不等，原非尽为匪而来也,皆福建、江西贫民,因本地人多田少,不能养活,故相率就食于外方"。朝廷命官都认为棚民良莠不齐,可也看到了棚民外迁是迫于生计这一基本事实。

雍正二年(1724),张廷玉为了圆满完成雍正帝交给他的任务,他决定深入棚户区考察,便服与棚民交流。张廷玉赶到江西后,经由南昌、九江,方才到了袁州府。张廷玉在袁州府衙歇了一天脚。袁州知府得知户部尚书张廷玉要微服考察万载县棚户区,随即派了一名把总,带上两名兵丁一路保护他的安全。第二天上午,张廷玉一行四人装扮成京城客商,来到万载县官元山脚下。山脚下的寨头驿,是万载县最后一个驿站,过了这个驿站,里面便是山道,通向官元山的竹林。万载县在清代纸业鼎盛,特别是万载表芯纸,也就是人们所说的草纸,在县内形成大桥、卢家洲两大集散地,南北商贾皆聚于此。一些外地客商为了贪图便宜,就跑到寨头驿来,直接与山里棚民交易。如此一来,每到春夏两季,前来收购贩运草纸的客商络绎不绝。客商与棚民交易的货物,除了草纸,还有茶叶、苎麻、竹木。这个寨头镇本来没有驿站,因为山区的棚户越来越多,货物交易也频繁,为了防止棚民进城交易货物,滋扰县城治安,县衙特地在此设立驿站,并在驿馆设点收缴客商的杂税。

张廷玉一行四人在驿馆要了四间上等房,张廷玉为了打听山里棚民的情况,宴请了几个先到的客商。这些客商彼此都是熟人,一见新来的客商来自京城,是替内务府采办草纸的,客商们得知后,便纷纷过来巴结。张廷玉谎称要采办上等的草纸,必须到山里纸棚采办,才能放心,并邀请客商们一同前往。谁知客商们听后,连连摇头说:"我们能从棚民手头直接拿到货就不错了,这些年来,我们一直在寨头镇与棚民做买卖,谁也没胆量去山里做买卖,万一弄不好,钱没挣着,命却没了!"

到了第二天,从山里来了两个人,一个姓赵,一个姓李,一人挑着一担苎麻，两人刚把担子放下，就有相熟的客商与他们打招呼。两人卖了苎麻，向驿馆讨了两碗水，就着凉水啃起随身携带的玉米饼子。

张廷玉趁机走到跟前说："我说这小哥俩，玉米饼子硬邦邦的，就着凉水，如何咽得下？二位要是不介意的话，与我们一起吃饭吧？"

"谢谢这位爷，我俩与您素不相识，怎好让您破费，况且山野之人也习惯了干粮。"

"两位小哥不用客气，在下正有要事相求。"

"这位爷请说，我们这些山野之人有什么能帮到您的呢？"

"还是坐下来边吃边聊吧。"

两位棚民硬被张廷玉拉进了驿馆，待众人坐定后，张廷玉便对二人说："在下也是采办万载表芯纸的客商，就是想与你们一道进山看看，倘若造纸的原料和制作工序都不错的话，在下采办的纸量可大了。"

"好啊，这对于我们纸棚来说，是一件大好事。只是马车进不了山，只能骑驴。最近的纸棚离这儿也有四十里地，就算现在出发，也要天黑时分才能赶到那里。"

张廷玉听后，随即吩咐身边护卫的把总赶紧准备一头驴。众人吃了饭后，张廷玉便把车马行李寄放在驿站，而后跟着两人进到山里去了。

一路上，张廷玉骑着驴往前赶，两位棚民在两旁跟着，三人一时有说有笑的，只是后面跟着的三名护卫像几个闷葫芦，一声不吭。

张廷玉与两人闲聊，自然就问起他们的来历和山里的情况。原来这个姓赵和姓李的都是从闽南过来的，最早来到这里的是赵家，在山里已经住了四十多年了，是康熙爷打击耿精忠时，一家子躲兵灾，从此就在这里生活了。那位姓赵的后生看起来不过三十出头的样子，估计是在山里出生的。那位姓李的后生是姓赵的表哥，四十来岁的样子，迁到山里也有十年了。待张廷玉问起他们原籍的具体地址时，两人便惶恐起来，

148

不敢说实话了，只说他们家族在原籍地人多地少，不堪徭役之苦，便躲进深山讨生活。在山里居住的人大多是佃户，也有些是与人结仇，输了官司，在原籍无法待了，便躲进山里，靠开荒种地谋生。

一路上有人陪着说话解闷儿，这时间也过得挺快，眼看就到半山腰了。"夜布做纸妹会帮，郎开槽面姐挖胶……"此时，从对面山洼里传来优美动听的山歌。张廷玉驻足眺望，山洼里不时现出一片片棚户区。土生土长的棚民小赵告诉张廷玉，山里棚户大多聚族而居，有三五户一处的，也有八九户一处的。在周边的棚户区，数赵家棚最大，因为最早迁入，加上一家子和睦相处，不曾迁徙。而今赵家棚已有五六十户人家，四五百口人。自从赵家迁到山里的这几十年里，子嗣繁衍很快，加上一些与赵家沾亲带故的，闻讯也迁来谋生，如此一来，这个庄子竟然变成了一个小集镇，附近十里的棚民逢初一、十五还上这儿赶集。

到了天黑时分，张廷玉一行人才赶到赵家棚。那赵姓后生便邀请张廷玉一行四人在他们的庄子住下，张廷玉得知赵家棚是万载县最大的棚户区，便决定在此处考察。那赵姓后生走在前面做向导，领着张廷玉一行人往自己棚屋走，张廷玉一边走一边看，这赵家棚果然成了小集镇，五六十户人家，家家沿路搭棚，竟把一条山路变成了街道。庄上的棚民一听山外客商到赵家棚来了，便都出来瞧新鲜。那赵姓后生推开拥挤的人群，把张廷玉一行人带到自己的棚屋。那赵姓后生的棚屋处于街道正中位置，棚屋也是宽大敞亮，看来他的出身不凡啊。张廷玉仔细一打听，原来那赵姓后生的父亲是赵家棚的族长。张廷玉与赵族长拱手见礼后，便表明自己客商的身份，说内务府需要采办大量草纸，主要用来祭祀，听说万载生产的表芯纸，色淡黄，纤维细长，质柔性韧，洁净柔软，便慕名前来采办。皇家祭祀用纸不讲究质地，只是要求易燃，无异味。为了保证采办草纸的质量，特地进山看看造纸的原料和制作工序是否讲究。

赵族长听了，呵呵一笑，然后说："张爷，您要采办上等的草纸，来到赵家棚，算是找对地方了。"接着，赵族长便向张廷玉介绍万载表芯纸。它的生产原料就是当地的毛竹。赵家棚坐落在崇山峻岭中，竹林漫山遍野，为生产优质草纸提供丰富的天然资源。万载表芯纸都在山区纸棚里生产，每个纸棚要有四个纸工师傅，俗称"四脚师傅"，即踩料一人，做纸一人，焙纸一人，砍柴一人，彼此分工明确，各司其职。纸棚工人长年在山里劳作，生活清苦而单调，不过他们虽苦犹乐，有时候会边做工边唱山歌。

万载表芯纸棚一直有敬奉造纸先师蔡伦的习俗，每逢初一、十五都要给蔡伦进香烧纸。做纸虽是一门古老的手工活，可是制作工序并不简单，而且各有师承。万载表芯纸的制作工序一般有：整塘备石灰，斫竹纹，下竹纹，沤竹纹，洗竹纹，烧箱，漂水，剥竹纹，踩竹纹，下纸槽，煮胶，加胶，做纸，绞纸，焙纸，齐纸，装纸，加印等。

张廷玉听后，一边颔首赞叹万载表芯纸果然名不虚传，一边仔细打量赵家棚屋。这屋子全是毛竹搭架，芦席围墙，既不结实，也不御寒，而山里湿气重，棚民只好在屋里挖一个火塘，用来驱除湿气，好在棚屋透风。

"赵老，您祖孙三代都住在山里，为何不建筑砖木土屋呢，那样也防潮防寒啊？"张廷玉纳闷地问赵族长。

"张爷，您有所不知，我们不是本地人，要是官府来剿你，就会拆屋毁地。我们是被他们剿怕了，这棚屋建起来简单，拆了可以立马建起来，也没甚损失。至于人嘛，这深山老林的，我们随便一躲，官府就找不见了。"

"而今在万载县的山区里，像您老这样的棚户大概有多少人啊？"

"从康熙爷打耿精忠那会儿，就有人不断地往这儿躲兵灾。后来亲族之间也常有人来投奔，谁也搞不清万载县有多少像赵家棚这样的庄子，我估摸着有几千户，好几万人吧。"

"你们就没想着编入当地户籍，以免与本地人发生冲突吗？"

"官府一门心思要把我们赶回原籍，本地人又三番五次地挤对我们棚民，谁会给你做主啊！"

"你们总不能做一辈子流民，将来后代如何安身立命呢？"

"我们也一直为孩子们的教育问题犯愁呢，你说这事，本地人又不许，官府又不管，这可如何是好？长此以往，估计又得出乱子哦！"

晚上，张廷玉一行在族长的堂屋搭起了几张竹床，给火塘里加了些干柴。张廷玉听着棚外竹林里的风声，还有溪水流过山谷的天籁之音，当即心想：这些棚民已经习惯山里的生活了，把他们遣回原籍，实在不是个好办法，搞得不好，旧的矛盾没有解决，新的矛盾又来了。处理问题就好比补衣服，如果在旧衣服上一味地打补丁，那旧衣服也就成了大补丁。想到这里，张廷玉心里舒了一口气：是应该给棚民一个身份了。

第二天早上，赵族长陪着张廷玉一行四人去了竹林，在纸棚实地考察了造纸的整个过程。回来的时候，张廷玉又走访了邻近的几个棚户区，与赵家棚差不多，都是以育竹造纸为业，也有少数几户种植茶叶、苎麻的。

张廷玉看着勤劳忠厚的棚民，他觉得朝廷应该给他们一个公道。张廷玉在赵家棚收了几十担草纸，赵族长还叫了十几个棚民帮忙运货，一直把他们送到寨头镇的驿站。

驿馆的客商见张廷玉一行四人从山里安全返回，便纷纷前来探听消息。张廷玉当即便把山里的情况与客商们说了，客商们听了，个个嘴上说着要去山里看个究竟，可实际上都不敢去。

张廷玉不虚此行，对于棚民一事，他已经有了一套切实可行的解决办法，他吩咐随行的把总将山里运来的草纸就地便宜处理。张廷玉回到袁州府衙，翻看了州府各地的县志，也找了许多地方官员谈话，对于棚民问题，他们不是避而不谈，就是敷衍塞责。他们就是想把棚民问题当作一个皮球，踢给朝廷。但凡难事、麻烦事都要依仗朝廷办理，那还要你们这些地方官干什么？

张廷玉回京后，立即向雍正帝复命，并呈奏处理棚民问题的基本方法："责令（地方官）晓谕约束，导化渐摩。或奸匪不时窃发，即重加惩治，毋致蔓延贻害。安插既久，其素不为匪者，则编入烟户册籍之内。其居住未久，而踪迹莫定者，令取具五家连环保法，以杜日后事端，皆于编查保甲时一体稽核，毋许遗漏。再，棚民聚处日久，人数渐多，其中不无膂力技勇之人与读书向学稍知礼义者，亦令该州县查明，申详上司，分别考验录用，俾与彼地民人同霑圣朝之化。"

张廷玉的这个建议，就是管制刁民，教化良民，对棚户区实行户籍和保甲制度。雍正三年（1725）七月，经过闽浙总督觉罗满保和两江总督查弼纳的实地复查，以张廷玉的提议为基础，制定了处理浙闽赣三省棚民的实施办法，其主要内容如下：

（一）将棚民照保甲之例，每年按户编册，责成山主、地主并保长、甲长出结，送该县稽查。有情愿入籍者，准其编入。

（二）在棚民多至数百户以及千户以上的州县，添拨兵弁防守。

（三）编册之后，续到流移不得容留。

（四）棚民入籍二十年以上者，可以参加科举考试。

由于张廷玉深入棚户区实地调查，拟出的政令自然切合棚民的根本利益。棚民问题得到了根本性解决，棚民万分欣喜，竟然联名给雍正皇帝上了万民书，雍正帝获悉后，龙颜大悦，先帝爷没解决的问题，他竟然解决了，这让他找回了自信。

四、整顿吏治

接下来雍正帝决定整顿吏治，因为年羹尧的案子牵出了隆科多。即位以来，皇上对隆科多恩宠有加，先封他为总理事务大臣，而后将其父佟国维在康熙朝获罪被革的公爵还给了隆科多，并公开称隆科多为"舅舅"，在以后的政令中，凡遇到隆科多三个字，雍正帝都要在前面加上"舅舅"二字，以示尊敬。可隆科多知道雍正帝不会一直信任他，于是在担任吏部尚书时，大肆卖官鬻爵，时称"佟选"。

隆科多为人奸猾，他担心自己日后被雍正帝抄家，于是早早地把家财转移到亲友家和西山寺庙里。隆科多狡兔三窟的做法，只会让雍正帝起疑心，要知道雍正帝手下的特务组织十分发达，隆科多的所作所为，就是想摆脱雍正帝的控制。雍正二年（1724），隆科多的小妾四儿收受官员贿赂，被都察院抓住了把柄。隆科多为了自保，向雍正帝主动提出辞去步军统领一职。雍正帝显然明白隆科多的用意，他心里很清楚，"世界上只有一种人可以保守秘密，这便是死人"。对于这些知道他秘密的臣子，雍正帝也怕受到对方的要挟，同时还担心杀人灭口后的流言蜚语。年羹尧的案子一了结，几乎在同时，隆科多挨整。

雍正帝对臣工的监控已经达到了病态的地步，隆科多是康熙传位遗诏的第一当事人，雍正帝对他格外上心。有一次，隆科多与诚亲王允祉的属吏有所接触，立即受到雍正帝的严厉谴责，他在批阅隆科多的密折后，在另外一张纸上如此写道："诚亲王（允祉）牧场的喀尔坎为何差往你处，都说了些什么？你如何回答后让伊返回了？祭祀礼毕，你俩远离他人，在厢房前站着，又说了些什么？仔细想想，写下封好奏来。这件事上朕能知道你是否变心了，是否将此事泄露给诚亲王了，三思后缮写具奏。"此事说明雍正帝不再信任隆科多，他眼下唯一想做的事就是堵住隆科多的嘴。雍正三年（1725）五月，雍正帝公开晓示众臣，批评隆科多，说他屡参廉亲王允禩，一定要将其置于死地，却私自包庇廉亲王的党羽鄂伦岱、阿尔松阿、汝福，把他们三人网罗为自己所用，居心何在？是年六月，雍正帝撤销隆科多次子玉柱的乾清门头等侍卫、总理侍卫事、銮仪卫使等职。

为了将隆科多撵出京城，雍正帝在批阅奏本时，看到吏部议处年羹尧妄参金南英之罪，拟了两个处理办法，当时隆科多是吏部尚书，雍正帝便借事发难，如此错乱处理，他人没有这么大的胆子，定是"舅舅隆科多有意扰乱之故"，当即命都察院严加议处，定他庇护年羹尧之罪，削了他的太保衔以及世袭爵位，命他前往阿兰善山修城垦地。末了，雍正帝还不解恨，还特地指示署理凉州总兵宋可进："隆科多亦如年羹尧一般贪诈负恩，揽权树党，擅作威福，他到你处，尽管你曾经是他的属员，但似此诳君背主小人，相见时不须丝毫致敬尽礼。"这就等于暗中指示宋可进要多给隆科多吃些苦头。

从雍正帝执政以来的所作所为来看，张廷玉觉得新君没有康熙爷那么自信，从中央到地方的军政大权，他都要死死地拽在手上。也许是康熙年间的朝政弊病在雍正朝全部暴露出来了，雍正帝不像康熙爷那样闭目塞听，他去过很多地方历练，深知大清朝政的实况，因此，在雍正帝眼里，没有友臣，只有唯命是从的奴才。雍正帝曾经说："朕在藩邸四十年，对于臣僚之间的结党营私、狼狈为奸、欺上瞒下、贿赂请托、阳奉阴违、假公济私等种种恶劣之习，朕早已深知灼见，可屈指而数之。朕对于民情事理、利弊得失等等，所知也无不周详。朕洞悉下情之处，得之于亲身阅历，这是皇考当日所不曾亲历的。比起自古代那些以藩王而登大位者，如汉文帝，朕所见所闻之深广，也远远超过他了。"

雍正帝以莫须有的罪名把隆科多撵出京城后，他心里的一块石头总算落地了。眼下他还不能将隆科多置于死地，否则又会谣言四起。

雍正帝这样子搞，先前与夺嫡之争有瓜葛的大臣都怕了他。雍正帝眼下常伴身边的重臣，也只有怡亲王允祥和首席秘书张廷玉了，雍正帝倚重他俩，不仅因为自己登基，他们立下汗马功劳，最令他满意的是允祥和张廷玉谨言慎行，不居功自傲。对于此次整顿吏治，雍正帝亲自挂帅，他命怡亲王允祥和首席秘书张廷玉通力协作，严查川陕两省的吏治情况。

俗话说"拔出萝卜带出泥"，雍正帝是在查办年羹尧的案子中，无意中察觉蔡珽有猫腻。雍正三年（1725）五月，年羹尧被贬为杭州将军，雍正帝命甘肃巡抚岳钟琪接任川陕总督。岳钟琪在赴京觐见皇上的途中，直隶总督蔡珽在保定热情地款待了他。岳钟琪回京见了雍正帝，皇上问他一路上可有心得，各地官员在百姓当中的口碑如何？岳钟琪告诉雍正帝，说蔡珽做官低调，待他十分亲切。雍正帝听后，当即犯糊涂了。原来蔡珽在保定到处说岳钟琪的坏话，流言已经传到大内。雍正帝觉得蔡珽当面热情招待岳钟琪，背后却说人家坏话，可见此人阴险狡诈。雍正帝越想越觉得不对劲，于是召蔡珽进京查问。

夔州知府向来是个肥缺，这么多年来，历任知府无不雁过拔毛。程如丝更不例外，蔡珽把程如丝从马湖知府平调到夔州，就是指望他帮自己捞钱的。当时川盐大多走长江水道运往武昌行销，量大利丰，本来地方当局以重税与盐商分利，已形成惯例，盐商只要交上夔关关税以及火耗、陋规和平余就可以顺利通关了。官商勾结一起发大财，却也相安无事。谁知这个程如丝嗜财如命，发文取缔私人盐厂，将夔州府所辖的云阳县私营盐厂强行没收，同时禁止私人贩盐，对商民手头现有的私盐一律低价强行收买，使得整个盐业的生产和销售都由官府垄断。

当时，有大批商船被迫停留在夔关，程如丝为了防止有人偷运出关，便命家奴领兵昼夜把关。商民迫于生计，不得不强行过关。把关兵丁喝令不住，便开枪打人，当场多人死伤。兵丁恐防商民暴乱，纷纷鸣枪示警，江中商船见状，吓得慌忙逃窜，顺江心大流放船而下，因为慌不择路，商船互相撞击而倾覆，商民死伤甚多，死尸随着江面波涛起伏，惨不忍睹。

程如丝自知无法平息民怨，生怕朝廷深究，便向时任巡抚的蔡珽行贿，蔡珽笑纳黄金九百两，纹银六万六千两后，于是匿而不报。这么大的案子，即便官府不上报，也堵不住百姓的悠悠之口，这事很快就传到年羹尧的耳朵里。川陕总督年羹尧觉得事态严重，随即参劾程如丝、蔡珽二人杀人及受贿之罪。蔡珽在四川巡抚任上期间，曾经弹劾年羹尧保举的四川地方官员，眼下他行贿年羹尧的这条路，是绝对走不通的。朝廷命年羹尧锁拿程如丝，过堂提审。程如丝这个鸟官很不简单，他提前做了两件收买民心的好事。头一件就是把先前强行没收的私盐运到夔关府城，就地向百姓贱卖，并指示家奴到处宣扬，说程知府取缔私盐，是为了让百姓吃到便宜的盐。第二件装裱的好事，就是程如丝从重庆购进大米，在府衙外按照原价向百姓销售，借此收买民心。府衙周边的百姓闻讯，纷纷赶来买米，程如丝顿时成了大善人。看来民意有时也不靠谱，在食不果腹的朝代，谁给百姓饭吃，百姓就说他好，要不百姓怎么把清官叫作父母官呢，就是希望他们像父母一样管自己衣食。

年羹尧命重庆知府周天佑，到夔州府衙摘取程如丝的顶戴花翎，而后将程如丝锁拿归案。谁知周天佑的轿子刚被抬进衙门，就被前来买米买盐的百姓围堵了。程如丝的家奴趁机混在人群中散布谣言，混淆视听。不明真相的百姓，为了维护眼前的利益，纷纷挤进府衙哄闹，阻挠周天佑锁拿程如丝。当时夔州城内到处盛传"程如丝打击盐商,买米平粜,以苏民困,而遭年羹尧忌害"的谣言。

程如丝收买人心的阴谋得逞后,蔡珽趁机向朝廷保举程如丝。雍正帝不明真相,随即召见程如丝,夸他"聪明超卓,少年勇敢",并提拔他为四川按察使。雍正帝还在蔡珽的折子上这样批示:"程如丝这样的人,如何早不荐奏?"蔡珽狡黠地回奏:"虽系属员,但了解不深。"蔡珽这厮是在为避嫌日后朝廷的追查先留一手,雍正帝竟然称赞程如丝为"四川第一好官"。

后来蔡珽诬陷重庆知府蒋兴仁,并逼令他自尽,借此遭遇年羹尧的弹劾。蔡珽奏报雍正帝,谎说蒋兴仁是病死的。为了还死者一个公道,雍正帝下旨锁拿提审蔡珽,查明真相后,刑部议定,判处蔡珽死刑,暂时关押在监狱里,待来年秋后问斩。雍正帝为了掩饰自己的失察之过,还特意安慰程如丝,说提拔他并非蔡珽所保举,蔡珽在供词中也声明自己保举程如丝,乃是贪功,并非想要替程如丝申冤,是皇上要替程如丝雪冤,末了,又说皇上英明神武,绝不会因为自己获罪,从而株连程如丝的。

不久,雍正帝着手整治年羹尧。张廷玉知道蔡珽与年羹尧只是皇上手头的两张牌,一个是贪腐,一个是朋党,两者之中取其轻,雍正帝决定利用蔡珽这张牌打击年羹尧这张牌,这样他就避开了恩将仇报的嫌疑,待年羹尧倒下后,他再与蔡珽秋后算账。

于是雍正帝为了打击年羹尧,决定为蔡珽平反。雍正三年(1725)正月,蔡珽被押解进京。雍正帝为了表示关怀,召见了他。蔡珽明白雍正帝的心事,决心与年羹尧死磕到底。他谎说自己入狱判罪,都是受了年羹尧的栽赃陷害,蔡珽反咬年羹尧贪暴,为此,他还磕破了额头,向雍正帝表明自己的心迹。没想到蔡珽因为诬陷年羹尧有功,雍正帝竟然任命他为左都御史、正白旗汉军都统。

年羹尧倒台之后，川陕总督岳钟琪上疏弹劾四川按察使程如丝，他在奏折中说："周天佑奉委摘印，未到夔州之前数日，程如丝被参之信已遍处哄传矣！但程如丝有无预为贿买兵民，及蔡珽果否先为送信之处，俱无确据，不敢妄奏。"

雍正帝看过岳钟琪的奏折，便问张廷玉说："衡臣，你如何看待岳钟琪弹劾程如丝、蔡珽的折子？"

"川陕总督岳钟琪参劾程如丝、蔡珽贪赃枉法，此二人均是新迁官员，皇上先前褒奖过他们。此时贸然锁拿提审，恐有不妥。况且他们贪墨的事实，还有待取证，此二人为人阴险诡诈，倘若打草惊蛇，贪污的赃款就很难追缴。"

"难道要朕坐视这些害群之马胡作非为？"雍正皇帝厉声斥责张廷玉。

"圣上息怒！程如丝、蔡珽贪墨一案，兹事体大，微臣一时还没有想出妥善的法子，不敢贸然回奏圣上！"张廷玉吓得赶紧跪在地上说。

漏掉几个贪官事小，皇上的尊严比天大。孰轻孰重？张廷玉心里何尝不明白。无奈雍正帝猜忌心很重，又死要面子，不仅要在天下人面前立威，而且在身边的重臣面前，他也要显出自己的威严，雍正帝最不能容忍臣工欺骗他。况且年羹尧已经死了，蔡珽这味药引子也失效了。他不允许臣下对自己不忠，随即命张廷玉拟旨，着岳钟琪再次密访奏闻，并会同新任四川巡抚马会伯通力调查。雍正帝在岳钟琪的奏折上这样批示："如不能确定，可传密旨与马会伯，务得此事真情，徐徐密访实据，密奏以闻。"

过后不久，刑部侍郎黄炳、川陕总督岳钟琪、四川巡抚马会伯会审程如丝贩盐杀人、重贿蔡珽一案，并将判定意见联名上奏。黄炳提出程如丝、蔡珽俱应斩立决的意见，事后岳钟琪参劾黄炳，原来程如丝没有悉数交代自己的罪行，黄炳就草草结案了。雍正帝得知后，命怡亲王和张廷玉将岳钟琪参劾黄炳的折子留中不发。雍正帝不想置蔡珽于死地，他还在做王爷的时候，就领教过他的奸猾。雍正帝担心他留有后手，倘若蔡珽身后指使同党余孽散布有损帝王颜面的流言，那就得不偿失。可岳钟琪不会脑筋急转弯，没有想到雍正帝对此案讳莫如深，只是担心程、蔡二犯的罪行没能充分曝光，皇上不会判他俩斩立决，故而一味追究。果不其然，雍正帝将蔡珽的判处改为斩监候，而后又缓期执行，一直拖到雍正帝死后，最后不了了之。

张廷玉从此事得到深刻的教训，在大清官场，臣下性命事小，君主面子事大。在雍正帝身边当差，你功劳再大，绝不能大过皇帝的面子。

五、改土归流

雍正四年（1726），皇上再次大行封赏，张廷玉晋升为文渊阁大学士，兼翰林院掌院学士。他之前兼任的户部尚书，暂时由蒋廷锡接任。此次受封的大臣有李卫、鄂尔泰、田文镜等。

历朝皇帝的每一次大行封赏之后，朝政都会有大的改变。雍正帝登基的那次封赏，主要是针对京官，当初是为了站稳脚跟，接好权力棒。此次封赏主要针对地方官，可能是为了加强中央集权，通过封赏施恩于地方大员，让他们铁定效忠皇上。

为了巩固边疆和加强地方军事防务，雍正帝命自己的心腹鄂尔泰为云贵总督兼兵部尚书，并监管广西军政要务，说白了，雍正帝就是要让满大臣总理西南军政。因为之前倒腾大清的三藩，都是汉人，雍正帝任命鄂尔泰统辖大西南，心里才觉得踏实。说起这个鄂尔泰也是怀才不遇，在三十七岁的时候，才当上内务府员外郎，从五品。此后他的仕途停滞不前。到了康熙六十年（1721）元旦，他时年四十一岁，曾作诗自叹："揽镜人将老，开门草未生。"又在《咏怀》诗中吟道："看来四十犹如此，便到百年已可知。"看来他当时对自己的仕途很悲观，做梦也没想到雍正帝慧眼识珠，他一上台，便重用鄂尔泰。俗话说"新官上任三把火"，鄂尔泰主动向雍正帝请命，要在西南地区全面施行"改土归流"的政改方略。

在鄂尔泰统辖的西南地区，苗、彝、壮、白、瑶等少数民族混居在一起。这些土著聚居区几乎与世隔绝，在清初仍然实行野蛮的土司制度。土司制度始建于元朝，在西南地区，一直沿用到清朝。由于西南地区交通闭塞，各少数民族的习俗迥异，很难直接委任官吏治理地方。于是，朝廷任命当地各部落酋长为地方官吏，称作土官或土司。

张廷玉在康熙年间，就经常在南书房见到西南奏报，奏报言及土司军队频频袭扰当地汉人的聚居区，给官府和百姓造成很大的危害。朝廷当时下令边疆驻军予以剿灭，不承想土司军队官兵利用山区地形，与大清驻军玩起了躲猫猫，驻军粮草用完了，只好撤兵。当时康熙爷正在全力应付西北战事，对西南土司这些小打小闹的跳蚤根本无暇顾及。

张廷玉曾向康熙爷提议废除土司制，把土司和土司的儿子升任到京师做官，同时兼管原属辖地，把他们作为人质，逼迫他们的亲信臣服大清，而后将土司制改成流官制，由中央派员直接管理土司辖地。康熙爷当时觉得张廷玉的提议甚好，只是实行起来有很大的阻力，况且当时西北战事频仍，康熙帝分身乏术，便把改土归流延后处理。不承想，这么一拖就拖到雍正朝了。

土司建立自己的军队，还公然发起武装叛乱，给中央集权统治带来很大的隐患，雍正帝极为震怒，西南各省地方官也纷纷上疏，奏说解决土司问题迫在眉睫。众臣都认同改土归流是解决土司问题的唯一办法，即取消土司制度，改为一律由中央政府派官的流官制度。可这个集体认可的好办法，实行起来却困难重重，因为这些大小土司不会拱手交权。倘若朝廷对其用兵，土司军队熟悉当地地形，很难将其悉数剿灭。也有的大臣不主张改流，他们认为雍正新政初定，倘若因为改流而引发西南各省战事，不符合雍正帝的"安边之道"。

以怡亲王允祥、云贵总督鄂尔泰为首的鹰派满臣极力要求改流，土司胆敢对抗朝廷，定要将他们剿灭殆尽。

以吏部侍郎沈近思、贵州巡抚何世基为首的鸽派汉臣齐声反对改土归流，他们指出先帝当年明知土司扰民，却放手不管，就是担心战事过多，很容易引发内乱。眼下雍正帝继位不久，根基尚稳，一旦剿灭土司引发西南各省战事，各地反清复明的民间组织就会趁机死灰复燃。正在两派争吵不休的时候，大清著名的甘草派张廷玉出来说话了，他知道雍正帝眼下要锐意改革、整顿朝纲，自己作为皇上的近臣，不能再低调下去了，必须紧跟领导的步伐，既然皇上要铁血，做臣子的至少也得狗血。只见这位低调哥清了清嗓门，快步走到雍正帝跟前，跪奏说："启奏圣上，眼下试行'改土归流'是迫在眉睫啊！土司经常袭扰汉人聚居区，已经引起西南各省百姓的恐慌。朝廷倘若不尽早解决此事，一旦事态扩大，就更加难以收拾。朝廷如果对土司叛乱坐视不管，定会助长地方骄横专权的气焰，一旦土司与封疆大吏串通一气，那后果不堪设想啊！朝廷一味地放任西南土司，以后朝廷下达到西南地方的政令就会如同一纸空文。眼下大清帝国政局稳定，发生一些小规模的战事并无大碍，况且大清军队骁勇善战，钱粮也能支撑战事，改土归流的政令可以放手试行。"

众臣见一直沉默的张秘书也主张打压土司，便不再多言。雍正帝见状，当下高兴地对众臣说："诸位爱卿在廷议上要多向怡亲王和衡臣学习，如果每个臣子都能体谅朕的苦心，替朕分忧，朕何愁大清不兴盛啊！"

"朕前些天大行封赏，提拔鄂尔泰做了云贵总督，也问了他将如何治理西南地区，从他提出的施政方略，朕觉得鄂尔泰文治武功都不错，能替朕解决好西南土司问题。"早朝后，雍正帝便把怡亲王和张廷玉留下来叙话，而后从御案上拿起一封密函，递给了怡亲王。

鄂尔泰在密函上说他派去一支侦察小分队驻扎在土著居民区，没想到当晚就遭遇土司甲兵的偷袭。鄂尔泰没有出动大军剿灭，他认为出兵镇压只能解决一时的问题，既然无法彻底消灭土司，那就彻底根除土司制度。鄂尔泰知道土司向来眼里没有王法，蔑视朝廷，因此要对其施以兵威，但也不能盲目用兵。鄂尔泰在给皇帝的密函里如此说道："改流之法，以计擒为上策，兵制为下策；命自投献为上策，勒命投献为下策；对于投献者，但收其田赋，稽其户口，仍给予赡养，授以职衔冠带终身，以示鼓励。"

雍正帝对鄂尔泰的这一想法甚是满意，他见允祥和张廷玉看罢密函，自然期待两位重臣能提出建设性意见："不知两位爱卿看过密函，对改土归流的方略，有什么具体的措施？"

雍正帝不经意地这么一问，张廷玉顿时愣住了。西南土司问题，先帝爷之前没有高度重视，张廷玉当时也只是说说，眼下雍正帝已经命鄂尔泰处理西南土司问题，张廷玉就没有深思了。如今雍正帝问他对于解决西南土司问题有什么举措，张廷玉一时答不上来，不由得暗自骂自己，以后朝政大事不管是否与自己有关联，他都要上心琢磨，不能只做皇上的文抄公，还要做领导的智囊。张廷玉想到这里，便拿起鄂尔泰呈送的密函反复地读了好几遍，而后他向雍正帝说了四个字：剿抚并用。

怡亲王允祥听后，纳闷地问张廷玉说："你这打他一棒子，而后再给他一枣，具体咋整啊？"

"选一些凶悍的大土司，先派出精锐军队打压他们的嚣张气焰，而后与之谈判，对待这些愚顽的西南土司，治标不如治本，土著居民区一定要实行流官制。对违抗朝廷政令的死硬分子，一定要严厉打击，臣服朝廷的土司一律宽恕。"

雍正帝见张廷玉提出的举措，能够解决西南土司的根本问题，不由得笑着与他说开了："咱们甚至可以像对待藏区那样，可以由他们推举首领，不过所有官员必须经由朝廷任命，并且不能搞世袭制。总之，只要他们诚心归顺大清，其他一切都可以慢慢商讨。朝廷派往西南土著居民区的监察官员，要求其文武兼备，如此一来，就不怕他们不老实！"

经过雍正帝君臣三人这么一捣鼓，改土归流的具体方案就出来了。鄂尔泰根据雍正帝的这一指示，他基本上实行先抚后剿的策略。他每到一个土著居民区，先是派人前去招抚土司归顺，上门反复做解释工作，晓以大义，申明其中利害关系。倘若土司仍旧死不悔改，拒绝招抚，便立马发兵征剿，实行铁血政策。

雍正四年（1726）冬月，大清军队对愚顽的广顺长寨土司展示朝廷的铁血政策，剿灭了长寨土司家族。此次战事的起因是鄂尔泰派官员前去给广顺长寨土司宣导大清招抚政策，谁知广顺长寨土司把圣旨摔在地上，而后用脚去践踏，并割下前去招抚的朝廷命官的脑袋，把它挂在土司城堡的城楼上，以示挑衅。鄂尔泰获悉，顿时气得暴跳如雷，随即派出五万八旗精锐骑兵，血洗广顺长寨的城堡。长寨土司被剿灭后，鄂尔泰奏请朝廷派流官治理，在此设立长寨厅。借此，鄂尔泰为朝廷在西南地区实行大规模的改土归流打开了胜利的局面。

雍正帝看罢快马捷报后，顿时龙颜大悦，当即批复派遣长寨厅的第一个流官，与此同时，他命张廷玉即刻拟旨，升鄂尔泰为云南、贵州、广西三省总督。张廷玉因为先前为改土归流提出过建设性意见，雍正帝也赏赐了他。

鄂尔泰走马上任后，便全面了解三省土司的情况，很快制定了改流与用兵的方略。鄂尔泰血洗长寨地区的土司，激起各处土司的凶横复仇，凡是大清官兵所到之处，土司皆抱团反抗。鄂尔泰率领大军一路挺进，坚决镇压敢于对抗的大小土司，很快征服了永宁、永安、安顺等一千三百九十八塞，广顺、定番、镇宁等六百八十余塞。鄂尔泰推行的铁血手段，让西南地区大小土司不得不臣服。

俗话说"打天下容易治天下难"，为了巩固西南诸省改土归流的胜利成果，鄂尔泰对土著居民区还进行了开发教化工作。首先是处理善后，改土归流之后，还潜在许多矛盾，如果处理不慎，仍旧会激发。西南地区地处边疆，每个民族的习俗差别很大，一下子改派那么多满汉流官，很难控制局面，对土司的打击面也很大。鄂尔泰在坚持流官制度的原则上，尽量多用土官。对那些主动要求改流的土官，鄂尔泰向朝廷保举他们出任守备、千总、把总等流官。对其中表现突出者，还奏请朝廷予以褒奖。对那些不习惯做流官、愿意归顺的土司，鄂尔泰奏请朝廷发给他们库银，为他们安排善后生活，让其拥有田产和房屋，彻底消除其反抗情绪。对那些恶名昭著、血债累累的土司，在改流过程中又负隅顽抗的死硬分子，一律实行严打，从重治罪。比如土民痛恨的贵州康佐长官司长官薛世乾、云南镇沅土知府刁瀚，土著居民区改流后，鄂尔泰下令将他们处死或终身监禁，从而赢得了土民的拥戴。

对于选派的流官，鄂尔泰认真挑选州县长官，派那些有能力、肯吃苦、为官清廉者，好在张廷玉事先组织州县官员学习改土归流的边疆政策，朝廷派去的第一批流官都很称职，对安定改流区起到了积极作用。

鄂尔泰对改流区土民实行休养生息的政策，困难多、收成不好的地方，可以减轻、减免赋税或官府给予救济，使改流区尽快恢复生产。鄂尔泰还在改流区重新调配了土地，鼓励土民垦荒。土司霸占的农民土地，按土地清单让原主认领；荒芜无主的土地，招农民耕种；未开垦的土地，号召农民开垦，官府发给农具、种子，对新垦的土地，水田六年后征税，旱地十年后起科。鄂尔泰还带头号召流官、富户捐助贫困土民，让他们能够安居乐业。同时，鄂尔泰还在改流区大修水利，为了保护这些水利工程，他奏请朝廷在此设立水利专官，从而保证水利事业的长久发展。

另外，鄂尔泰疏浚了一千二百里的清江、三百里的都江，还开挖了上起土黄，下至广西百色，全长七百多里的河道，使"两粤、楚湘为之沟通"。他把内地的耕种、纺织、冶铁、烧窑、采矿等生产技术，派专人教会土民，让他们摆脱刀耕火种的日子。为了教化土民，他还在改流区开设学堂，让土民子女免费入学。同时，他在改流区推行革除陋习的活动，严禁仇杀械斗，不准蓄奴，不准近亲通婚。

六、李绂与田文镜斗法

这一年，张廷玉升为文渊阁大学士，虽说没有什么大的政绩，可西南诸省有关改土归流的折子，那是铺天盖地而来，张廷玉在雍正帝身边读折、票拟，也是忙得晕头转向。雍正帝见张廷玉忙得连午饭也让管家送到大内偏殿来吃，于心不忍，便加封了他一年俸禄。

很快就到了过年的时候，此时的张廷玉可算位极人臣，比起他老爸的最高职位文华殿大学士，也只差两步之遥了。张廷玉当时应该算雍正朝最有权势的汉臣，既是官二代，又是科甲出身，还做过几任科举考官，因此他的人脉广布朝野。一般来说，每逢年关的时候，朝野各级官员都要忙着送礼，走动一下上下级关系，联络一下同僚之间的感情，说白了，还不是想挪动一下现有的位子，看看来年能否升迁，或者调任到有肥缺的衙门，也有的官员为亲属、同窗的升迁走动关系。

那年月没有现在这样高档的夜总会、休闲会所什么的，可是酒肆、茶楼、妓院还是比较多的，官员私底下应酬一般都在这些风花雪月的场所，他们常常便装出行，借此遮人耳目。张廷玉做官这么多年了，每逢过年，总有些关系是他想躲也躲不掉的。这人一旦进了官场，就好比面条下了油锅，你不想油也油了。

原来新上任的直隶总督李绂一直与张廷玉交好，在大清官场，新上任的官员，逢年过节的时候，总要拜会一些关系亲近的老同事。因为李绂与张廷玉是好朋友，张廷玉人品纯正，也是有名望的官宦之家，于是李绂便托付当时的左都御史蔡珽到张家说媒，希望与张廷玉结为儿女亲家。张廷玉不能不给他二人面子，可他与李绂都是刚升职的朝廷重臣，李绂是地方大员，张廷玉是天子近臣，而且都是科甲出身的汉臣，雍正帝猜忌心很重，对大臣之间的私交极为敏感。张廷玉觉得此事太突然，怕招致朋党嫌疑，所以他既不能驳了人家面子，也不能立马答应。倘若此事一直拖下去，早晚会惹祸。在朝中身居要职的命官，因为种种原因，难免会遭人污蔑陷害，与之扯上关系的同僚也就摆脱不了嫌疑。

说起这个李绂，可是大清朝有名的儒臣，不但才高八斗，而且为官清廉，一身正气。

李绂从小就是这等口无遮拦、毫不避讳，考取功名之后，他仍然如此。雍正四年（1726），李绂由广西巡抚奉调为直隶总督，入京面见皇帝。李绂途经河南，河南巡抚田文镜按照官场惯例迎送李绂，也许是酒喝多了，也许是他看不惯田文镜的酷吏作风，两人起了冲突。

田文镜为了贯彻雍正帝的指示，不顾百姓劳苦，因自己不是科甲出身，便埋汰读书人。原来，在黄河汛期快到的时候，田文镜督促各州县勒令民工抢工期，加固河堤。封丘县令王大人得知田文镜看不起读书人，还给朝廷上了折子，提议全国推行官绅一体当差，一体纳粮。为了迎合上级领导，王大人便下令今年修护河堤，要官绅一体当差。干得动力气活的就出力，干不动力气活的就出钱。

官绅们游手好闲惯了，怎能受得了官府如此埋汰，特别是那些县学生员，觉得苦读圣贤书求取功名是正途，他们早就看不惯纳捐出身的田文镜和王县令，觉得他们故意踩蹦读书人。自古士子最容易闹事，他们便相约给王县令点颜色看看。

没过几天，春季县试开始了。王县令陪着省里的学政张廷璐来到县学考棚，谁知里面空无一人。张廷璐和王县令正在纳闷：考生去哪儿了？此时只见县里衙役气喘吁吁地跑来说："县学的士子们抬着孔子塑像正在大街游行，准备去县衙坐地示威。他们放出话来，倘若王大人不收回官绅一体修堤的政令，他们便要罢考。"

"你看这些读书人，如此闹事，成何体统！真是吃饭吃到屁眼里，太不像话了！张大人，这些读书人，倘不加以严惩，以后就无法无天了！"王县令得知生员如此放肆，顿时气得脸色发青。

"王大人，眼下不是抱怨的时候，咱们还是赶紧去劝劝学生们吧？"张廷璐也顾不得问清事件缘由，毕竟此事一旦闹大，作为一省学政，地方生员出了乱子，他也难逃干系。

张廷璐赶到县衙，士子们便纷纷围了上来，说："张大人，王大人要我等读书人去修河堤，这可是天下奇闻啊！"

张廷璐了解事情真相后，只好对诸位生员说："你们还没有考取功名，便是封丘百姓，应当听从本地衙署差遣。本学政无权过问地方政事，不过我还是要规劝大伙，赶紧回去考试吧。"

王县令见生员们坐在县衙地上一动不动，也是无可奈何，当即对衙役说："快马禀报巡抚大人，说本县生员罢考闹事，请巡抚大人派兵镇压。"

"回大人的话，属下已经差人快马去往开封府衙禀报巡抚大人了。"站在一旁的封丘县刑名师爷立马接过话茬儿。

张廷璐知道田文镜的暴脾气，凡事都要弄出动静来，他才肯罢休，于是，他赶紧规劝考生们说："你们苦读圣贤书，为了什么？除了变得知书达理，就是考取功名。你们这样子闹，有失体统，你们还是赶紧回考棚，否则你们的功名可就没了。"

县学生员们低头一寻思，学政说的话不无道理啊。罢考的结果定会革去学籍，那以后还谈何功名？既然王县令不怕闹事，我们这样下去也无济于事，还不如给学政大人一个面子，我们也好就此下了台阶。

县学生员们回到考棚后，下午巡抚衙门便派来一队官兵，并带来巡抚大人田文镜的手令，要把在县衙聚众闹事的生员们统统收监。士子们正在考棚里安静地答卷，学政张廷璐见巡抚衙门所派的官兵来到，便将详情与他们说了，而后张廷璐说："既然学生们知错了，巡抚衙门就不要追究了。"

"张大人，此事我等做不了主，您还得与王大人同我等一道回去，您得当面与田大人说清楚。"官差犯难地应答。

田文镜虽是清官，可也是个酷吏，只要有人违抗朝廷政令，他一律严加查办，对待治下官民十分刻薄寡恩。田文镜平生最见不得读书人嘚瑟，此次正好杀鸡给猴看。他责令王县令查出带头闹事的生员，革去其学籍功名，终生不得参加科考。此次士子们闹事，学政也有约束不力之过，田文镜着将学政张廷璐押解进京，交与刑部、吏部会审定夺。

张廷玉得此消息，顿时心急如焚，他赶到吏部一打听，原来雍正帝早已得到密报，而后给吏部下了谕旨，说封丘士子闹事，事出有因，也未造成严重后果。学政张廷璐虽有约束不力之过，好在此事已经平息，念张廷璐学政任上官声不错，着其回翰林院任上。

封丘生员闹事虽已平息，可其余波未停。直隶总督李绂得知此事，对田文镜的这一做法极为不满，当即责问他为何这般蹂躏读书人？李绂进京面圣后，便与雍正帝提及田文镜种种苛刻严酷误国殃民的行为。面对封疆大吏弹劾自己的心腹，雍正帝怎能不重视？君臣二人秉烛夜谈到午夜，方才罢休。此后不久，李绂弹劾田文镜任用奸邪之徒，嫉贤妒能，信任"本属市井无赖"的署理知州张球。张球向属官邵言纶、汪诚二人勒索钱财不遂，便向其上司田文镜诬告他们，于是田文镜参劾属官邵言纶、汪诚二人，还把知情人黄振国害死在狱中，借此杀人灭口。

田文镜非科甲出身，从基层县丞做起，由外省一路升迁到京师，在官场沉浮四十年，才外放做了地方大员，他没有师生同年可以援引，唯有感激君主赏识，为了报效皇恩，田文镜除了清廉，还有酷吏作风，对科甲出身的官员十分有偏见，认为士人搞师生关系就是朋党之源。雍正帝倚重田文镜，就是看重他不搞朋党。雍正帝对科甲官员也存有偏见，主要是当年向先帝举荐八王爷允禩为太子的汉大臣都是科甲出身，因为八王爷的仁德符合儒家传统，故而深得士子之心，可这不符合雍正帝的治国理念。雍正帝主张法治，因此对科甲汉臣产生偏见，宠臣田文镜对属官的参劾，正好替雍正帝出了这口恶气。

从雍正三年（1725）开始，田文镜先后参劾信阳州知州黄振国、汝宁府知府张玢、息县知县邵言纶、固始县知县汪诚等人。黄、张、邵、汪均是康熙四十八年（1709）的进士，因此地方上有人说田文镜不许师生同年援引是无端排斥士人，不容科甲之人在河南为官。

雍正帝深信田文镜对自己的忠心，但又担心田文镜受了张球的瞒骗，于是把李绂弹劾他的折子裁去了头尾，命他根据折子所奏，审查张球。可田文镜却回奏说张球是能吏，操守也没有问题，他还故意对雍正帝说，上疏之人骂张球是市井无赖，想必此人是科甲出身。原来李绂也是康熙四十八年进士。田文镜便借机发难，以黄、张、邵、汪都是同年进士为由，述说同年科第徇私袒护不足为奇，只恐将来科甲官员增多，一旦他们被参便会群起妄议，长此以往，日后科甲官员犯了事，朝中同僚就不敢弹劾了。况且皇上多次提出要打击朋党，他们偏要顶风结党，实在胆大妄为。田文镜不失为酷吏本色，把判定是非的标准与师生同年、科甲朋党巧妙地捆绑在一起，借此触动雍正帝的隐恨。他企图借帝王之手，将政敌置于死地。

可雍正帝也不是愣头青，对其中的是非曲直，他务必要调查清楚。雍正帝命刑部侍郎海寿、工部侍郎史贻直为钦差大臣，到河南彻查此案。二位钦差大臣很快查明张球的贪腐事实，说明田文镜确实袒护张球，可是他们揣摩上意，把李绂对田文镜的参劾视为朋党行为，那么田文镜打击科甲官员就是打击朋党行为。其实田文镜袒护张球与李绂袒护黄振国都是朋党行为，而雍正帝却只认李绂是朋党行为。

钦差在查办此案时，河南河道佟镇揭发了田文镜重用的道员陈世倕。佟镇是隆科多亲属，而隆科多又曾说汪诚是个好官，田文镜是冤枉他了。此案是越审越复杂，雍正帝认为这是隆科多对田文镜不满，此时佟镇揭发田文镜重用的陈世倕，就是打击帝国心腹田文镜，也就是反对朕了。按照雍正帝的逻辑推理，弹劾田文镜就是与隆科多结党营私。钦差在河南，还证实黄振国并没有被田文镜灭口，当时只是"血流不止，饮食不进"而已，李绂听信黄振国已死的传言，这下子就有了污蔑田文镜的嫌疑。令李绂想不到的是黄振国竟然还与自己能扯上关系，这个黄振国原是兵部尚书蔡珽在四川巡抚任内的属吏，因为政绩不合格被参革,后来在蔡珽的保举下才出任知州,而李绂与蔡珽一直走得很近,这就难脱朋党庇护的干系了。

田文镜这厮很滑头,他主动承认错误,说自己确实袒护了张球,但不是朋党。雍正帝并没有责罚他,反而因为他打击朋党有功嘉奖他,特地赏赐田文镜风羊、荔枝。此时李绂也收到雍正帝赏给的贡果,说明雍正帝仍然信任他,谁知李绂不知进退,竟然还要为自己辩护,并一再弹劾田文镜。他不承认自己袒护同年师生,李绂也曾参劾同年师生张玢、陈世侸及广西官员孙来贺。李绂指责田文镜对于自己的弹劾是"立说甚巧,而实未合"。田文镜就是利用雍正帝死要面子的弱点,李绂这一番言辞就等于是批评皇上失察之过。面对李绂的申辩,雍正帝十分生气,说他是"喋喋之辞,而见轻于朕"。相比田文镜对主子的摇尾乞怜,李绂身上读书人的刚直触怒了皇上。此后,李绂被调离直隶总督,改任工部侍郎。自古祸不单行,接下来,他又受到蔡珽在直隶总督任内袒护昌平营参将杨云栋之事的牵连,被雍正帝下旨降为奉天府尹。

雍正四年(1726)十二月,浙江道监察御史谢济世上疏弹劾田文镜"营私负国、贪虐不法十宗罪"。雍正帝当时一看,就把他的折子扔到了地上,不准他弹劾,谁知这厮据理力争。雍正帝觉得这厮所奏内容与李绂所奏如出一辙,这显然是受人指使,扰乱国政。其实,谢济世得知李绂与田文镜互参案的真相,只是尽一个言官的本分罢了。原来翰林院检讨、员外郎陈学海跟从海寿、史贻直赴河南查案,他了解真相后,当时便据理力争,钦差大臣海寿怎敢与雍正帝唱反调,所以没有悉数揭发此案真相。陈学海回京后与谢济世道出了此案原委,谢济世就奏本了。雍正帝当然要庇护田文镜,此事关系到帝王颜面,于是将谢济世革职,充军发配到新疆屯田。

钦差大臣与皇上步调一致,即便欺君也不算有罪,而是忠君了。

谢济世道出事实真相，反而是挑战君权了。雍正帝认为谢济世是受了李绂、蔡珽的唆使。于是他命广西提督、代理巡抚韩良辅调查李绂在广西巡抚任内与谢济世的关系，韩良辅没查出二人有朋党嫌疑。后来，谢济世在阿尔泰军营受不了苦力活，便承认了自己参劾田文镜是受李绂、蔡珽二人的唆使。李绂因此下了大狱，可是雍正帝并没有杀他。据说，在菜市口有两次处决死囚，雍正帝命人将李绂陪绑，把鬼头刀架在他脖颈上，问他："你现在可知田文镜的公忠了？"李绂却坦然回应说："我是个愚笨之人，死到临头了，还不曾知道田文镜好在哪里。"李绂这种"以道抗权"的精神，不失一代儒臣本色。

李绂既不是京官，也不是言官，河南与直隶相距那么远，八竿子打不着的关系，可他为何死咬田文镜不放呢？说白了，他是在为大臣争取制衡君主的权力。雍正帝的执政思想是法家，他与先帝不同，康熙帝是少有的儒家皇帝，可以与臣子甚至与布衣做朋友。雍正帝严禁朋党，就是要摧残儒家思想，让臣子变成他的统治工具。田文镜是雍正帝的哮天犬，坚决执行主子的命令，因此李绂就只能与田文镜斗法了。田文镜能在大清官场崛起，从某种程度上就否定了"学而优则仕"的儒家理念。李绂作为理学名臣，他的理念和身份决定其必然要与打击科甲的非科甲官员血战到底，同为科甲出身的谢济世、陈学海等朝廷命官力挺李绂，说白了，他们都是想要与雍正帝争取儒臣地位。

雍正帝有计划地打击科甲官员，其本质就是要打击相权，从而巩固君权的无上地位。李绂等科甲官员都是孔孟之徒，骨子里都有限制君权膨胀的倾向。只要朝政局势松动一些，他们就敢于廷辩，不顺旨。李绂一定要论辩是非，坚持己见，其实就是挑战君权了。

张廷玉这段时间，因为李绂与田文镜的互参案，把头都搞晕了。他想不到此案那么错综复杂，他深知儒臣与酷吏相斗的事实，就说明雍正帝要加强中央集权了。张廷玉庆幸自己没有与李绂结成儿女亲家，不过，自己与李绂平日里走得很近，雍正帝是知道的。作为科甲出身的汉大臣，张廷玉打心眼里佩服李绂的担当。可是如果每个身居高位的汉大臣都像他这样子搞，以后还有谁来庇护那些刚进场的科甲官员呢？张廷玉目睹李绂与田文镜互参案的始末，内心时时感到发毛，看来自己日后在雍正帝身边混，只有把全身心交给他了。只有扎实做好他的统治工具，自己才能安然无事。为了打消雍正帝对自己的猜疑，张廷玉在陈述内阁事务时，巧妙地引用怡亲王的话把田文镜满满地夸奖了一番，同时，他还把李绂想与自己结成儿女亲家一事作为家常事与雍正帝聊了一下，说自己儿子还未考取功名，不宜谈论婚事。末了，张廷玉还谈了自己对李绂的看法，觉得他才高八斗，难免有点恃才骄横。

雍正帝见张廷玉向他如此敞开心扉，又见他日夜笔墨侍候在自己跟前，恭谨勤勉，自是不会怀疑于他，雍正帝还特地赐了他一块"公忠体国"的牌匾，肯定了张廷玉的实诚。

七、立法清查亏空

雍正帝下令吏部组建新的领导班子，张廷玉便知朝廷还要加大整顿吏治、清查亏空的力度。雍正帝继位以来，一直把这个项目作为既定国策，不遗余力地推行下去。

康熙帝一生忙于重整河山，再加上数度南巡，耗费了巨额银两。雍正帝一瞧国库空了，他总得想办法填补，可又不能向百姓伸手要啊！此时，张廷玉和怡亲王允祥给雍正帝出了个馊主意。既然回填国库，不能向百姓要，那就向官员要，特别是那些向朝廷打白条的官员，不管他们如何巧立名目，一定要让他们把吃进肚里的银子吐出来，否则填补国库亏空，就是一句空话。

雍正帝担心国库亏空牵涉到王公贝勒们，于是他亲自牵头，由怡亲王允祥挂帅，张廷玉协助具体清查事务，一场浩大持久的吏治运动就铺展开了。

大清模范官李卫积极投身到这场运动中，他建议把清查亏空上升到大清刑律的高度上来，雍正帝一听，觉得这个主意甚好，当即责成刑部尽快拟定法令。而后，雍正帝下旨，由朝廷派出钦差组团彻查康熙朝以来国库所亏空的钱粮，部院和外省各级衙署必须接受严查，所查亏欠钱粮务必在三年内还清，不许借机向下级官员和地方百姓摊派，一经发现，严惩不贷。

雍正帝派出的这些从二品巡视员直属中央，与地方没有瓜葛，这些钦差大臣大都官声好，直接向雍正帝汇报工作。另外，雍正帝还做了最坏的打算，从各地抽调大批候补官员随巡视组进驻地方，协同巡视员一起查账。查出一个贪官，便就地免职，而后选派一个候补官员接任。雍正帝深知官场黑幕，如此一来，继任者就不会帮着前任补窟窿，而后自己又留下一屁股债，让后任去擦屁股。如今继任官员是来查账的，当然就不会替前任打马虎眼，贪官无法逃避，就只好认罪受罚。一旦没有后任给他补漏洞，他就不会替前任背黑锅了，如此一来，一抓就是抓一窝。可是道高一尺，魔高一丈，贪官们不会甘愿束手就擒，于是想出了对策，那就是借钱借粮来填补亏空。这个老办法就是得知上级来查账时，就从当地土豪那里借来钱粮存在库里，应付了上级检查之后，就把暂存的钱粮还回去。因为是政府借钱粮，不用担心还不了，主要是利息高，况且土豪也不敢得罪官家。雍正帝继位前在户部办过差，怎不知这等伎俩。因此巡视组在清查地方亏空时，都会事先与当地富绅通气：谁要是借给官府钱粮，朝廷就会把它归为国有，看谁还敢为虎作伥？钦差大臣如此放出狠话，地方富绅虽怕地方官，可更怕雍正帝，他们断不会为了这些高利息去犯险。

除此之外，朝廷为了保障清查亏空的独立性，专门成立了"会考府"。会考府是个独立的核查审计机关，负责稽查核实中央各部院的钱粮。因为先前钱粮奏销，漏洞很大。一是外省衙署向户部上缴税银或报销公费时，户部要收取"部费"，就是民间所说的好处费、茶水费。倘若不给出部费，即便正常的公费报销，哪怕手续齐全，核算无误，户部也不予奏销，甚至拒收税款。要是给出"部费"，就是上百万两银子的亏空，也可以给你抹去。二是各部院动用钱粮，都是自行报销，根本没有相应的监督机构。这也是历朝部院公费监管上的漏洞。雍正帝深知这一漏洞对官员的诱惑力，给他们洗脑，甚至杀鸡骇猴，这些都是不管用的，唯一的办法就是从制度上去遏止。自从有了这个中央集权的审计机关，外省衙门上缴税银或公费报销，中央直属部院动用钱粮和经费报销，都要通过会考府的稽查核实，如此一来，部院长官也无法贪腐，地方官员也赖不掉钱粮亏空。眼见靠上司包庇、借钱粮冲账、花小费报销这三条退路都被朝廷堵死了，这些亏空官员只好认账，而后，他们还想出了一个馊主意，就是把贪污说成挪用。众所周知，钱粮亏空只有两个原因，要么贪腐，要么挪用。两者虽然都是犯罪，可是挪用责罚轻。况且挪用钱粮可以有很多说辞，比如紧急救灾、各级官员接待等，这些都属于"情有可原"。历朝清查亏空，都是先查贪腐，后查挪用，可硕鼠最擅长钻空子。雍正帝对此弊端如此说道："借挪移之名，以掩其侵欺之实。"皇上自然不会让他们的伎俩得逞，于是下旨巡视组先查挪用，后查亏空。在追补亏空时，先赔还挪用部分，后赔还贪污部分，一个子儿都不能落下。无论是贪污还是挪用，每一笔账都要核查清楚，不可混淆。雍正帝堵住了亏空官员的退路后，便开始关门打狗了。具体的实施办法就是罢官，索赔，抄家。罢官是针对犯事官员"留任补亏"的缓兵之计提出的，"留任补亏"治标不治本，就是查出亏空后，勒令犯事官员在限期内补齐。问题是哪个贪官愿意割自己身上的肉来填补亏空呢？唯一的办法就是搜刮民脂民膏了。如此一来，就会出现国富民穷，倘若官府逼得百姓无法存活了，那国家社稷就危险了。雍正帝清查亏空的目的，既要填补国库，也不能加重百姓负担。雍正帝明确指示清查亏空时，处置犯事官员，要先罢官，后索赔。因为一个卸任官员再也无法鱼肉百姓，只有掏自己腰包填补亏空。雍正帝可谓铁腕治吏，他曾放出狠话说，在雍正朝没有铁帽子王，清查之中，无论涉及什么人，绝不容情。比如户部就查出亏空纹银二百五十万两。雍正责令户部历任尚书、侍郎、郎中、主事等官吏共同赔偿一百五十万两，另外一百万两由户部逐年偿还。好在雍正帝事先命张廷玉培训了一大批部院见习官员，及时补上户部犯事官员的空缺，要不然这次户部真的"官瘫"了。

皇上的十二弟履郡王主管过内务府，查出亏空后，因为还不上钱，不得不把家中器物当街变卖。十弟敦郡王也被查出亏空，赔银数万两，因为不够数，被皇兄雍正下旨抄了家产。雍正帝对待至亲尚且如此严苛，朝中官员还有谁敢赖账？雍正帝下令严禁任何人垫付或代赔犯事官员的亏空。雍正帝采纳了通政司官员钱以垲的建议：亏空官员一经查出，一面严搜其衙署，一面行文其原籍官员，将其家产查封，监控其家人，追索已变卖的财物，杜绝其转移藏匿赃银的可能。犯事官员的罪行一经核实，就要把他的家底抄个干净，连他们的亲戚、子弟的家也不能放过。雍正曾下令说："丝毫看不得向日情面、众从请托，务必严加议处。追到水尽山穷处，毕竟叫他子孙做个穷人，方合朕意。"此令一下，全国百姓一片叫好，雍正也得了个"抄家皇帝"的称号，一些犯事官员无法补齐亏空，便想一死了之，借此给后代留下财产。可雍正帝对待犯事官员的政策就是死了也不可放过！广东道员李滨、福建道员陶范，均因贪污、受贿、亏空案被参而畏罪自杀。雍正曾下令钦差大臣，务必找他们的子弟、家人追缴亏空！

雍正三年（1725），福建遭遇了百年难遇的洪灾，第二年春夏之际，福建再次连降暴雨，导致该省粮食大面积歉收，就连百姓的温饱问题也难以解决。食不果腹的福州城内百姓，纷纷聚集在巡抚大堂闹事。此次百姓骚乱牵出了福建粮仓的亏空案，雍正帝得知后，顿时龙颜大怒，随即派出钦差大臣彻查福建各大粮仓。核查的结果令朝野震惊，从总督到县丞，全省共有九十九名官员涉及此案，其中有二十名官员涉及多起亏空案。粮食生产一直是福建的软肋，因为山多地少人口稠密，所以该省的粮食供应一直依赖江西、广东和台湾府接济。

碰巧的是雍正三年，广东也遭遇了粮食减产的问题，而江西正在爆发一场农民运动，抵制将自家粮食运往福建汀州。福建没了广东、江西两地的粮食接济，汀州府就爆发了百姓抢粮的事件，此事很快就波及了全省。第二年，有八艘运粮船经由省城福州去往兴化府，沿途饥民一见运粮船从福州南台经过，当即拦下粮船，而后就有上千人来到巡抚大堂闹事。

按理说，福建省设有常平仓，应该有不少储备粮，怎会出现百姓抢粮的局面呢？答案只有一个，那就是粮食亏空。盘查粮仓本是大清朝的惯例，为何福建粮仓如此亏空，竟然没有人举报？原来当地知府把盘查粮仓看成发财的机会，他们趁机勒索钱财，而后又为下属知州、知县掩饰亏空。

福建粮仓如此亏空，主要是米价问题。当时福州府的米价是每石一两银子以上，而常平仓的售价只在九钱到一两之间，售价低于收购价，自然要亏空。而当时的总督和巡抚为了自己的官声，都不愿意提高售价，所以亏空犹如雪球，越滚越大。加上前任走后任来，新旧官员交接不清楚，也是粮食持续亏空的缘由。新任官员受制于上级，而离任官员又要积极维护原状，故此新官只能哑巴吃黄连，不得不接受粮食亏空的现实，也就无法革除这个弊端。如此一来，日积月累，粮仓的亏空自是越来越大。

雍正帝先后派出沈廷正、高其倬、杨文乾等朝廷大员赶赴福建彻查粮仓亏空案。杨文乾来到福建后，把彻查的重点放在福州、泉州、漳州三府，他本人清查福州府。杨文乾盘查严密，除了取一石粮仓中心位置的谷子碾米试看外，还要从仓库的四个角落各取一石谷子盘查，以防地方官作弊。另外，他对谷子的质量也有硬性要求，凡是发霉、发黑、潮湿和空瘪的谷子，一概不收。

雍正五年（1727），高其倬给雍正帝的长篇密折里就提到：当时福建省应存仓谷一百六十八万四千多石，实际仅有九十一万八千多石，漳州府和尤溪县还谎报了近十二万石。全省约三十个府县亏空，其亏空程度令人咋舌。吓得两腿发抖的地方官，为了保命，便赶紧想法子填补亏空，好在雍正帝早有准备，特地警告福建各地富绅，如有借粮给官府者，一律没收。

此案涉及的官员太多，福建省的基层官员几乎要清空，鉴于空缺太多，雍正帝不得不命张廷玉专门署理此案，责成吏部尽快从外省府衙调任一些德才兼备的官员，赶往福建各地赴任。如此大的亏空，还造成福建地方官场地震，雍正帝自是暴跳如雷，责令涉案的责任官员，必须悉数填补亏空，已经死了的官员，责成其家属代赔。至于那些无力赔偿的，就直接抄家抵赔。

雍正五年，大文豪曹雪芹的家也被雍正帝查抄了。曹氏本是皇室世代家奴，曹雪芹的曾祖母是康熙帝的奶妈。曹雪芹的曾祖父曹玺在康熙二年（1663）担任江宁织造，负责监督制造和采办官中所需的丝绸织物，他直接受内务府管理。曹玺的官阶不高，但在地方上很有权势。曹玺死后，长子曹寅接过老爸的饭碗，这个曹寅曾陪伴康熙帝读过书，因为这层关系，他受到康熙帝的器重，被委任为两淮巡盐御史。曹寅担任的这个差事，可是个肥缺，中央和地方的官员一有机会都想咬上一口。康熙帝每次南巡，他都要接驾，由于君臣关系密切，康熙帝有时就住在江南织造署。曹寅每次接驾，"把银子花得像淌水似的"，可又没地方可以报销，亏空之大可想而知。曹寅曾奏报过康熙帝，说自己历年亏空总计有一百九十万两，康熙帝知晓后，命他设法填补，可曹寅生前没补齐。

曹寅死后，他的儿子曹颙接过了饭碗，可是亏空还是没补齐，曹颙死后，他的兄弟曹频频受到雍正帝的训斥，从此，曹家与皇帝的关系渐行渐远了。由于曹与废太子走得很近，自然就触犯了雍正帝的忌讳。不过雍正帝查抄曹雪芹家，不是因为曹犯了天子忌讳，专门惩治曹家。据内务府的档案可知，雍正帝派李煦前去清理曹家欠款，是设法为曹家补齐亏空，因为李煦与曹家是亲戚，怎奈李煦在清账时，侵吞了一笔银子。雍正帝惩治李煦后，便觉得曹家后辈极为无能，倘若放任不管，不但旧账还不清，还会越欠越多，倒不如给他抄家结案。查抄曹家的结果，只是没收了几万两银子，远远抵不过曹家亏欠的数目，这就好比现在法院宣布企业破产，债务人就不再有任何债务负担。末了，雍正帝还给曹家在北京留了一处宅子，在内务府给他家安排了一个主事的官职，如此说来，雍正帝对曹家还是蛮照顾的。

朝廷在清查亏空时，被揭发和查抄的官员不少，可是仍然有很大的亏空无人承担。因为这些亏空是多年累积下来的，根本搞不清谁是当事人了。一旦真要追查到底，恐怕朝中没有几个官员可以留任了。再者来说，地方官员频繁调换，也不利于朝局稳定。为此，朝廷必须出台新的

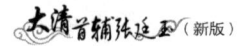

举措，既能充实国库，又不会激起朝政动荡。

雍正二年（1724），在清查亏空的同时，雍正帝下旨全国各地实行耗羡归公，所得收入由政府统一管理使用，主要用来作为官员的养廉银，还有就是填补地方和国库的亏空，剩下的作为地方公费。在实行耗羡归公以后，耗羡银主要用来补偿地方钱粮的亏空。后来，钱粮亏空差不多补足后，朝廷就划拨一部分耗羡银，用在地方官员的养廉银上了。所谓"养廉银"，是指给官员生活、办公的津贴，帮助他们解决工作和生活中的经济开销，也是为了保障他们的基本生活开支，让他们廉洁奉公。

雍正帝觉得让朝廷命官空着肚子当差不现实，他们一定要有合乎自己身份的经济收入。雍正帝拿出一部分耗羡银，用作官员的养廉银，是想从源头上解决官员贪腐问题。

第三章　张廷玉的官路最高峰

雍正五年（1727）的端阳节前后，张廷玉病倒了。雍正帝经常通宵达旦地加班加点，张廷玉要随时笔墨侍候在他身边，长年累月都是如此，不累趴下才怪呢！也可能是心累，张廷玉感觉自己好像寄生在雍正帝身上似的，全没有先前在康熙帝跟前当差那么随意，他是多么怀念自己的康熙岁月啊！

正在张廷玉伤感之际，雍正帝可是急疯了，要知道张廷玉一天票拟的折子，十个兼职南书房行走也顶不上，况且雍正帝这么多年来已经习惯他了，眼下突然换人，水平咋样尚且不说，关键是雍正帝不习惯。为了让张廷玉早日康复，雍正帝频频派来御医给他诊治，每天要派遣贴身侍卫过问张廷玉的病情。

张廷玉一病倒，朝中大臣也不习惯，先前许多政务，他都要经手过问，这厢没人管了，朝臣们心里便觉得不踏实。雍正帝几天不见张廷玉，内心极为烦躁，不时在大殿里踱来踱去。因为怡亲王早已积劳成疾，无法每日上朝。倘若张廷玉有个什么好歹，雍正帝身边就没有得力的帮手了。

想到这里，雍正帝叹了一口气，随即放下手上的折子，呆呆地坐在御座上。正在养心殿当值的头等侍卫王元浩见雍正帝一副忧心忡忡的样子，便小心翼翼地问他说："皇上，您为何发愁？是不是我等奴才服侍不周啊？"

"唉，别提了，朕连日臂痛，心里怎能不愁？"

"圣上胳膊痛，我等奴才竟然不知，真是罪该万死！奴才这就去传太医。"说罢，王元浩便箭步往门外跑。

"回来，回来。不是朕的胳膊痛，是朕的股肱之臣张廷玉病倒了，他就好比朕的胳膊了。没有他，我如何批阅奏章啊！"

"皇上勿忧，今天中午奴才派人去过张府探视，张大人病好了，说明天要来上早朝呢。"

雍正帝一听，顿时龙颜大悦，随即让贴身侍卫王元浩传他口谕，命内务府送四色御用果饼到张府，命御膳房整一席酒筵，给张大人祛病添喜。

第二天，张廷玉一到朝堂，雍正帝见了，心里很是高兴，朝臣们也舒了一口气。此次廷议，雍正帝首先说了一个好消息，就是鄂尔泰主持的改土归流项目在西南各省进展顺利，希望六部在后续工作上多给他支持。接下来就是一个坏消息，雍正帝接到田文镜的密报，说隆科多离京后，仍旧不思悔改，竟然还在地方结党营私。张廷玉一听，便知田文镜是在给主子找借口，隆科多发配到阿兰善山修城垦地，雍正帝指示署理凉州总兵宋可进死盯着他，隆科多还能有何作为？现在看来雍正帝意欲除掉隆科多，痛打落水狗，是群臣最乐意干的事情，见者有份，不担风险，还可名利双收，众臣纷纷恳请皇上处死隆科多，说他与年羹尧一样，罪大恶极。雍正帝没有采纳这些腹黑者的提议，只是下旨撤销隆科多的爵位，他对隆科多的问题进行了冷处理，佟佳氏毕竟是大清国的皇亲国戚，惩治过甚，有损皇家脸面，最后雍正帝决定让隆科多的弟弟世袭了爵位。

对于鄂尔泰的崛起，张廷玉很高兴，自己在朝中不再一枝独秀，他就可以安全无忧。而隆科多被削爵圈禁，雍正帝的这一决定，犹如一根鱼刺卡住了张廷玉的喉咙。因为隆科多与他有太多的相似，他们有共同保守的秘密，都是大清国典型的官二代，可隆科多的出身比张廷玉高贵，除了是满人之外，隆科多的老爸是议政大臣佟国维，姐姐是孝懿仁皇后佟佳氏。

隆科多作为国舅，在雍正登基时，曾立下了汗马功劳，而今却落到如此下场，这令张廷玉不得不噤若寒蝉，他必须冷静分析隆科多悲催的官路生涯，尽快想出对策，借此躲过这一劫。隆科多在康熙五十九年（1720）突然得到很大的晋升，康熙帝命他为藩院尚书兼步军统领，康熙帝此时已经多病，隆科多是国舅，康熙帝让他掌管京城兵权，可能是用他来制约皇子们的内斗。在此期间，康熙帝还交给了他一项秘密任务，主要是针对越发斗狠的夺嫡之争，让他秘密监视王公阿哥以及朝中大臣们的行踪。康熙帝可能根据隆科多提供的情报，来分化瓦解皇子们的内斗，避免他们兄弟残杀。

隆科多凭借国舅身份和步军统领的权位，在雍正帝登基时，起了稳定朝政的作用，可他在康熙年间扮演国家特务的角色，已经与王公大臣们积下了私怨。而今皇子们再也无法蹦跶了，可隆科多知道得太多，况且他在大清官场人脉广布，本身又善于领兵打仗，要知道大清是马背上打下来的江山。还有隆科多与皇室复杂的亲属关系，这些对亲政不久的雍正帝来说，如芒刺背，隆科多在康熙年间，一直在搞潜伏，是个刺探情报的高手，拿住了很多王公大臣的软肋，因为有把柄在隆科多手里，很多大臣不得不屈就于他。雍正帝也担心隆科多借此要挟王公大臣与之结成朋党，然后与自己分庭抗礼，倘若如此，那后果就不堪设想。而今雍正帝坐稳了江山，对于一个眼里容不得沙子的人，隆科多简直就是沙尘暴。一旦时机成熟，他会拆掉这个朝政炸弹。

隆科多沉浸在自己的胜利中，骨子里头的骄横就暴露出来了。他在雍正帝和同僚面前，经常居功自傲，还自比诸葛孔明，把雍正帝丑化成阿斗，你说雍正帝能容忍他如此放肆吗？朝中大臣也恨不得将他立马处死，因为隆科多拿捏他们的政治软肋。

隆科多被削爵后，雍正帝急忙召见怡亲王允祥、文渊阁大学士张廷玉，就如何处理隆科多的问题，询问二位重臣的意见。张廷玉当年与隆科多一起把雍正爷扶上皇位，如今雍正帝清算隆科多，一旦拔出这颗眼中钉之后，下一个打击目标会不会是自己？张廷玉一想到这些，心里很不是滋味。

看到雍正帝神情如此严峻，估计隆科多这次凶多吉少。雍正帝无法忍受的是隆科多居然效仿年羹尧，对朝廷命官的任用干预太多，在朝中居然推出了"佟选"。

隆科多已经触犯了雍正帝的政治底线，雍正帝不会念及旧情，为了大清社稷，他必须严办隆科多。综观隆科多的官路生涯，张廷玉也觉得他是咎由自取。不管怎么说，隆科多毕竟做过顾命大臣，这让张廷玉心里头多少有点兔死狐悲的感触。

张廷玉为了避开隆科多问题给自己造成的困扰，便赶紧跪在雍正帝跟前说："圣上三思，隆科多毕竟做过顾命大臣，而且是皇上至亲长辈，他在朝中的影响力，非那包衣奴才年羹尧可比啊！"

雍正帝是何等睿智之人，当然听出了张廷玉的话外之音。张廷玉给隆科多求情，其实就是恳求皇上给他个说法，雍正帝施政向来谨小慎微，即便张廷玉不求情，他也不会处死隆科多，一旦刑罚太甚，恐引起朝野非议。雍正帝最忌讳这个，不过也要让隆科多带着秘密，从此永不见天日。想到这里，雍正帝仰天长吁了一口气，转身扶起张廷玉，怜惜地说："衡臣为大清社稷慎虑，朕暂且圈禁他。隆科多咎由自取，你就不要上心了，眼下还有一件军政大事，想让你与怡亲王议处。"

雍正帝这句话的潜台词就是告诉张廷玉：你与隆科多不是一类人，你是朕的公忠之臣，就不要顾虑了，安心给朕当差就行了。张廷玉是出了名的甘草派，隆科多出事，其实与他半毛钱关系也没有，张廷玉一直忠于君权，先前是忠于康熙帝，而今是忠于雍正帝。不像隆科多阳奉阴违，愚弄君权。而且张廷玉与朝中同僚没有利害冲突，一直相安无事。

而隆科多拿捏朝中大臣的软肋，把他们当作鸬鹚，自己想坐收渔翁之利，他如此做法，众臣岂能容他？

张廷玉心里的一块石头落地后，他就淡定了。雍正帝随即对他说："边疆这些蛮族三天不打上房揭瓦，只有随时大棒侍候，他们才会安分。近期吐鲁番派使者前来，向朕俯首称臣，愿意成为大清的属国，既然他们答应向朝廷纳贡，那就命令前线将士就此撤军。朕就是担心吐鲁番使诈，他们是否用缓兵之计，来拖延时间？对此，朕也一时无法决断。怡亲王精于用兵，不知他有何看法？他今日没上朝，想必有事拖累，他身体不好，就让他在府上歇着，日后朕有事，就让你传话问他，你们商议之后，再回奏朕。"

张廷玉领命，转身退出，赶紧去找怡亲王商议。雍正帝指示张廷玉与怡亲王允祥一起研究军政大事，其实就是给他吃颗定心丸，雍正帝就是要让张廷玉明白他在自己心里的地位。怡亲王允祥号称铁帽子王，雍正朝的兵马由他统一管制，但凡军国大事，雍正帝必定要先征询这位铁帽子王的意见。怡亲王允祥在雍正朝执掌天下兵权，在雍正帝登基时，他立下了不朽功勋。自从隆科多被圈禁后，雍正帝怕自己倚重的这位皇弟多心，每逢要事问询，都是通过张廷玉传话，如此一来，就避免了君臣猜忌，有利于大清的长治久安。

"近日各地呈送的折子比较多，一时脱不开身，有好几天没来看望王爷了，请王爷责罚！"张廷玉一进王府，就与怡亲王说开了，"皇上托我传话，吐鲁番近日派来使者，表示愿意归顺大清，朝廷准备从吐鲁番撤兵，不知王爷有何高见？"

"张大人，你来得正好，我正琢磨找你商议此事！皇上一心向佛，不忍边疆生灵涂炭。可我近日收到前线将军岳钟琪的战报，他根据战况分析，认为眼下撤军对大清不利，应当发起一场大战，震慑蛮族之后，再行议和撤军，方为稳妥。我目前也是举棋不定啊！"

"当下朝政的重点是巩固完善西南土司的流官制度，大西北有岳钟琪将军坐镇，即便撤军，局势也不会有大的波动。况且有您这个铁帽子王统一指挥，臣等还忧虑什么？"

"张大人过奖了，本王明白西南各省改土归流需要屯兵扬威，可是准噶尔部向来言而无信，就怕这些蛮族搞突袭，我们必须慎防。"

"敢问王爷有何对策？"

"咱们撤一半，留一半，这样也好有缓冲，你觉得怎样？"

"这带兵打仗的事，我是一窍不通。不过我个人觉得，两线作战，不便于集中兵力，留下的士兵一旦遇上战事，也容易分心，如此一来，整个战局就很危险。不如先把西南问题解决，而后集中兵力打击准噶尔部。"

"听张大人这么一说道，我看你挺像个带兵打仗的将军。"怡亲王听张廷玉说的话有些道理，不由得点头称赞起来。

两人寒暄了几句后，怡亲王便拉着张廷玉去往养心殿，二人向雍正帝汇报了各自对西北战事的看法。雍正帝综合了怡亲王和张廷玉的意见，随即命张廷玉拟旨：准噶尔部既已投诚，着抚远大将军岳钟琪实行全面防御、战略性撤退的作战方针，等妥善解决西南土司问题，再行解决西北准噶尔部，所有军事部署悉听怡亲王指挥。

张廷玉像甘草一样调和雍正帝与怡亲王的关系，不时还能提出中肯的意见，这让雍正帝圣心甚悦。过后不久，雍正帝擢升张廷玉为文华殿大学士，大学士是大清文臣最高的官衔，"掌钧国政，赞诏命，厘宪典，议大礼、大政，裁酌可否入告。修实录、史、志，充监修总裁官，经筵领讲官，会试充考试官，殿试充读卷官，春秋释奠，摄行祭事"。张廷玉在这个官衔里，用了不到两年的时间，就升了两个级别，这种恩宠，在大清朝很少有，眼下他终于达到了父亲生前的最高官衔。也许是雍正帝给他的这份礼物过于厚重，以至于张廷玉感到诚惶诚恐，他唯有殚精竭虑地为雍正帝办差，才能报答这份恩宠。

雍正帝知道张廷玉为官清廉，没有灰色收入，随即奖赏了他库银两万两，雍正帝这么做，就是让张廷玉没有后顾之忧，可以尽心为他卖命。

雍正六年（1728）的春天，张廷玉迎来了他官路生涯的最高峰，原来，雍正帝又要大行封赏了，张廷玉被朝廷封为保和殿大学士。因为先前的年羹尧案、隆科多案，相继革职查办了一批朝廷命官，造成许多官位空缺，为了整顿吏治，防止官场再次地震，雍正帝打破惯例，决定培植新人，掌管吏部。新任命的见习尚书查阿郎和嵇曾筠，二人的操守和能力都没有问题，主要是没有署理过吏部政务。为了解决这一瓶颈问题，雍正帝对朝臣实行了轮岗制，借此把他们培养成多面手，如此一来，就可以增强朝臣的综合素质，但也给他们的工作带来很多困惑。为了让查阿郎和嵇曾筠尽快上手，雍正帝命张廷玉对他们二人进行突击培训。不管是做官资历，还是朝野威望，张廷玉给这些朝政大员当专业辅导老师，都是够格的。只是累坏了张廷玉，他毕竟是快六十岁的人了，主管的政务也多，除了户部的、翰林院的，还要主编《明史》《大清会典》《圣祖仁皇帝实录》等国家典书。最为重要的是担任雍正帝的首席秘书，皇上已经习惯了他。

　　雍正帝见张廷玉手把手地教查阿郎和嵇曾筠有关吏部政务的处理，也不忍心他忙得如此焦头烂额，万一他病倒了，谁给自己票拟？雍正帝于是下旨令张廷玉总领分管部院的政务，具体政务一律交与分管部院的副职处理，张廷玉无须事必躬亲。雍正帝这道圣旨一出，张廷玉手头的政务是分担出去了，可他肩上的担子更重了。

　　张廷玉为了给吏部打造一个办事干练的领导班子，除了尽心培训两位见习尚书，还从翰林院遴选了几位德才卓著者，到吏部去做见习郎中，他要为大清培训储备干部，一旦各部院出现官位空缺，可以及时替补，借此保障大清的官僚机构有序地运行。张廷玉还有一个选官嗜好，看重寒门出身的庶吉士，没有政治背景的官员为人比较低调，能尽心为朝廷当差。雍正帝十分欣赏张廷玉的选官思路，可在实际选官过程当中，张廷玉还是忽略了一个问题，他是翰林院的最高领导，他特意从翰林院选派寒门庶吉士到吏部去做见习郎中，有施恩于门生、培植党羽的嫌疑。此时，张廷玉已经把吏部见习郎中的名单呈报皇上，如果他回头澄清这一事实，雍正帝就会认为张廷玉过于矫情，反而会起疑心。

为了把此事办得妥帖，张廷玉没有把选好的翰林院庶吉士直接送往吏部实习，而是软磨硬泡地央求果亲王允礼，让他出面，对自己所遴选的储备干部进行考核。原来这个十七王爷允礼自小就喜欢舞文弄墨，于是便经常到翰林院，与这些庶吉士谈经论道。果亲王文武兼备，怡亲王允祥身体抱恙后，果亲王作为臣弟，不遗余力地帮衬皇兄雍正做些自己力所能及的事儿，这让雍正帝倍感欣慰。张廷玉让果亲王来考察自己选定的庶吉士，凭果亲王的眼力，可以保证选官的客观性和公正性，与此同时，张廷玉也向雍正帝证实自己选官绝不独断专权。

第四章　西北战事与京师地震

　　随着西藏叛乱的平定、改土归流的成功，清查钱粮亏空也已接近尾声。雍正帝觉得国家尚无大事可做，便决定进兵准噶尔，彻底解决西北问题。雍正五年（1727），噶尔丹策零继位称汗，此人比他老爸更为嚣张，经常袭击大清西北边境地区，抢掠大清牧民的牛羊，一时成为朝廷的心腹大患，此患一日不除，大清西北边境一日不得安宁。

　　雍正七年（1729）二月，朝廷再次接到科尔沁喀尔喀草原传来的请兵急奏，说噶尔丹策零越界掠杀青海牧民之事，雍正觉得时机成熟，便召集群臣商议用兵事宜。大学士朱轼一向厌战，他站起来反对说："微臣以为西北战事还可以往后拖一拖。眼下西藏叛乱刚刚平定，军队还未休整，而今又要出兵伊犁，大军仓促应战，加之伊犁地处边疆，将士水土不服，粮草辎重运输也是诸多不便，倘若不能一时取胜，大清国力将被战事拖垮，如果陷入连年作战，那是得不偿失！"

　　朱轼话音刚落，雍正帝就提出了严厉的批评："朱爱卿如此厌战，可能对前线军情有所不知。朕手上有一份岳将军的'十胜疏'，噶尔丹出尔反尔，公然撕毁和约，要与朝廷为敌，其所作所为已令准噶尔其他部落不满，况且我朝现已兵精粮足，也无其他外患。岳将军提议我军此时出兵，有十大胜算：'一曰主德，二曰天时，三曰地利，四曰人和，五曰钱粮之广备，六曰将士之骁勇，七曰车骑营阵之精善，八曰火器兵械之锐利，九曰连环攻守之绝妙，十曰兵马远征调度有序。'朱爱卿还是看一下十胜的具体陈述吧，这样你就大可放心了！"

"既然岳将军对此战获胜志在必得，微臣也是高兴极了。光脚板的不怕穿鞋的，噶尔丹策零这些草原上的亡命之徒，我们先前已经击溃了他们，而今他们仍然纠缠不休，恐怕此战一开打，就不知何时才能结束。"朱轼有点忧心忡忡地说。

"朱大人适才对战争形势的担忧不无道理，可是凡事有破才有立，西北问题就好比大清生了一个疖子，迟治不如早治。况且云贵总督鄂尔泰也主张用兵，他在西南土司改流的具体实践中，深知边境骚乱对朝政的危害性。我与怡亲王、蒋大人这两年会同岳将军办理军备，而今已在西北一带屯兵积粮，足够大战所需。国库现存库银足有六千万两，自从实行摊丁入亩后，每年朝廷入库钱粮总值两千万两。有此保障，军需勿忧。况且岳将军带兵有方，麾下将士先前击溃过准噶尔军队，此次征讨，自是轻车熟路，胜券在握。"张廷玉作为雍正的近侍大臣，自然有话要说。

"张大人向来谨言慎行，他都赞成用兵，看来此战必胜！"怡亲王和蒋廷锡力挺张廷玉。

"此事不必再议，就这么定了。着怡亲王允祥，大学士张廷玉、蒋廷锡总领西北军务，以黑龙江将军、内大臣傅尔丹为靖边大将军，统领满、蒙旗兵，组成北路大军，以川陕总督、奋威将军岳钟琪为宁远大将军，统领川陕甘汉兵,组成西路大军。大军分两路出击,夹攻准噶尔部。"

众臣听后,都颂赞雍正帝英明。退朝后,雍正帝把张廷玉单独留下来,眼下大战在即,雍正帝觉得内阁办事拖拉,不适应战时需要,便决定组建一个机构,让政务与战事分开。张廷玉也觉得内阁设在太和门外,军政要务繁杂,往来人多嘴杂,很容易泄露军事机密。是年六月,雍正帝发布上谕:"两路军机,朕筹算久矣,其军需一切事宜,交与怡亲王允祥,大学士张廷玉、蒋廷锡机密办理。"

眼看岳钟琪、傅尔丹二人真刀真枪地上前线挣军功去了,张廷玉作为皇帝秘书,自然不甘落于人后,既然雍正帝命他理出军机房的章程,张廷玉便发誓要把军机房筹办成办事高效、保密性强的领导决策机构。

军机大臣的工作主要是当面聆听皇上的旨意,奉命起草圣旨和办理机密事务。军机房离皇上的寝宫很近,便于紧急事务请奏,入值军机房的官员,都是皇上遴选的,自然就没有泄露机密的可能。

当年之所以称为军机房,是因为房舍用木板搭建的,类似于现在的移动板房,可以迁来迁去。军机房最初设在乾清门外西边,而后搬到乾清门内,最后才定在隆宗门西边,第二年军机房才更名为军机处。

雍正帝从大学士、尚书、侍郎等京官当中,遴选三品以上办事果断缜密者,军机大臣不限名额,正式称呼是"军机处大臣上行走",简称"军机大臣"。军机大臣之僚属称为"军机章京",从内阁、翰林院、六部、理藩院、议政处等衙署官员之中,选择四品以下才思敏捷者充任,也没有名额限制,他们的主要工作是赞理机务,票拟谕旨,并负责起草互译满、汉、蒙诸种文书。

军机处的规章制度,全是张廷玉一手规划的。如今朝廷处置政务的效率大大提高,同时问题也出来了。因为雍正帝为了保密,口授圣意,只能单独召见一个臣子,可是大臣们往往记不准确,不是没听清楚,就是遗忘，导致拟稿成文，常常不能准确表述圣意，唯有张廷玉起草的谕旨，符合雍正帝的本意。作为大学士、军机大臣的张廷玉，干的虽是文字活，可是他才思缜密，有时候考虑问题比雍正帝更为深谋远虑，他提前把这一切想透彻了，拟旨自然就符合圣意了。另外，张廷玉博闻强记，可算大清一部活字典，雍正帝每每问起部院大臣以及僚属的姓名，张廷玉便能立马说出他们的籍贯、姓名以及科举履历，绝无丝毫偏差。雍正帝称张廷玉为"本朝第一宣力汉大臣"，并对众臣说："朕即位十余年来，每天不离左右的只有张廷玉一人。"

军机处取代了内阁和议政处的作用，内阁的票拟权和议政处的议决权被雍正帝收缴了，天下庶务统归皇上一人总理，再加上密折制度的推行，雍正帝能够直接了解和处理全国的政务，再也不用担心被左右蒙蔽视听。明太祖朱元璋取消了宰相，只让大学士们做国策顾问，就是削弱相权，强化君权，可是办事效率低下。雍正朝筹建军机处，经过张廷玉规划制度后，在加强君权的同时，也提高了行政效率，唯一的弊端就是皇上过于独揽大权。当时兼任军机大臣的人，有怡亲王允祥和大学士张廷玉、蒋廷锡、鄂尔泰等人，都是铁杆皇帝党。

军机处看起来比内阁风光，其实两者无异，都被剥夺了权力。军机大臣除了每天能见到皇上外，就没有其他的特权了。军机处实质上就是一个听命于皇帝的办事机构，军机大臣和军机章京只能协助皇上处理军政要务。《清史稿》曾说："大学士非兼军机处不得为真宰相。"因此清代的宰相只有名相，而没有权相。

西北战事一开，八百里快报自是昼夜不停。张廷玉除了随时奉召入宫，同时还兼任大学士职务，主管户部、吏部两个核心衙门。为了处理好每天的工作任务，张廷玉每天五更就得起床，先到军机处查看战报，辰时率领军机处当值官员进入大内觐见雍正帝，禀报西北军情，听候旨意；然后回到军机处，按照雍正帝口授圣意处理军机事宜，而后回到内阁和户、吏两部。此时那些等候他批示的两部书吏以及等候接见的外省官员，早已齐聚在内阁和部堂。因为军机处门外立了一块铁牌："文武百官到此止步。"军机处明文规定，任何人不得在此处理本部政务，并严禁各部到此寻找本部官员。每每张廷玉的轿子还未落稳，等候的官吏便一拥而上。有时候内阁本部政务还没料理完，军机处那边已经派人来请。前方军情紧急，张廷玉不得不上轿赶往军机处，可是本部文书也不能老这样压着，每逢此时，张廷玉便把本部文书统统抱上轿子。他在轿子里安上一块搭板，并备有文房四宝，一边赶路一边批阅文书。本部官员就跟在轿子后边跑，批一本接一本，直到隆宗门外。

外省官员，为了户部、吏部政务来京请示，往往要等到天黑时分在他府上等候了。一旦遇上紧急军务，他回家就没个准头，可是不管有多晚，他从宫中回府后，都要坚持接待每一个等候的官员。张廷玉的工作日程排得如此之满，可他还要面对明史馆和修书处不断送来的稿子，作为翰林院掌院，十几种在编书籍的总裁官，他必须要对此负总责。皇家典籍岂能容你马虎，张廷玉面对这些书稿，还得一字一句地费心校订。

雍正帝见张廷玉每天上班如此奔忙，便赏给他一座宅子，在离军机处不远的紫禁城西南门外，同时还赏银一万两。张廷玉平时习惯了简朴的生活，如今皇上赏了宅子，他为了工作之便收了，可是一万两赏银，他拼死拒绝了。当时怡亲王允祥也在场，雍正帝见张廷玉驳了他的面子，当即脸就沉下来了："衡臣啊，这可是供给皇室的银两，不是从国库划拨的。这个事情，亲王们是知道的，你可以问问怡亲王，这是朕的体己银，用它来赏赐有功之臣。眼下是朝廷非常时期，希望尔等明白朕的心意，先前我也赏给李卫纹银五千两、鄂尔泰纹银两万两。朕希望尔等不要为生活所扰，安心替朕办差。"

张廷玉见雍正帝把话说到这份儿上，加之怡亲王允祥又在场，只得磕头谢恩了。张廷玉收了皇上的赏赐，并没有悉数收入囊中，他给了弟弟张廷璐三千两纹银，张廷璐是江苏学政，张廷玉指示弟弟张廷璐把这笔银子作为教育基金，用来扶持地方的教育事业。他一再告诫弟弟张廷璐，咱们张家深受朝廷厚恩，要多做一些有利于江山社稷的民生工程。接着，张廷玉拿出了一千两纹银，用于资助桐城老家地方上的一些鳏寡孤独，他要把皇上的体恤之心带到平常百姓家，一改民间对雍正帝的非议。末了，他还拿出四千两纹银，用作前线平叛准噶尔的军需垫资，作为大清臣民，他要表现自己对朝廷军国大事的支持。

　　张廷玉很聪明，他没有悉数捐出赏银，否则就是一场收买民心的官场作秀，皇上是不喜欢做臣子的声誉盖过自己的。张廷玉把余下的钱，置了一些田地，用来庇护子孙后代，也可以接济张家宗祠的日常开支。张廷玉把赏银的大部分拿出来，做了民生事业，他不但博得了名声，还给雍正帝做了形象广告。张廷玉高调地把赏银拿出来，他就是要向天下的读书人证明雍正帝是重视汉大臣的，只要有才能，尽心替朝廷当差，皇上是不会亏待做臣子的。张廷玉的这一举动也让朝中大臣吃了一颗定心丸，当官的没有灰色收入，日子照样可以过得很舒坦，因为皇上对臣子们的生活不会充耳不闻的。

　　雍正八年（1730），西北战事一直处于相持阶段，可是谁也没想到这年中秋过后，京城郊外竟然发生了一次强烈的地震。此次地震烈度为Ⅷ度，震级为"六点五"，震中位置在北京西郊，极震区位于北京西郊香山至昌平回龙观一带，而紧邻极震区的圆明园便是雍正帝避喧听政的离宫别馆。

　　根据各类方志、文献记载，此次地震破坏力很大，《中国地震目录》显示了当时北京破坏情况的综合数据："共塌房屋一万六千余间，占总房数约4%，故宫各殿遭到不同程度的破坏，安定门、宣武门等处城墙裂缝三十七丈，寺庙及北海白塔、会馆、教堂均遭破坏，死伤人口四百五十七名……大震之后一个多月仍陆续有小震发生。"

雍正帝当时病重，躺在圆明园湖中的一只船上，幸免于难。一切赈灾事宜全权交与张廷玉负责，张廷玉第一时间赶到了重灾区，并派人前去征求果亲王的意见，即刻发起赈灾活动，妥善安置受灾百姓的生活起居。

地震在中国历史上一直被认为是不祥之兆，通常认为是帝王不作为，有违天命所致。况且此次地震又发生在京城，不仅破坏大，余震也持续了一个多月，其间又遭遇阴雨天气。如果不妥善处置这场灾难，如此天怒人怨的危局，一旦被雍正帝的政敌余孽所利用，那大清社稷危矣！

病中的雍正帝也是急火攻心，命张廷玉每天三次奏报京城灾情。地震发生后，京城连遭阴雨天气和小规模余震，百姓要么逃离京城，要么成群结队露宿街头，因为赈灾工作一时忙不过来，一些奸商趁机哄抬物价，大发国难财，一些地痞流氓也趁乱作恶。因为雍正帝推行的新政，被朝廷惩治过的那些仇家也想趁机扳倒雍正，另外各地八旗兵的家属都住在京城，在西北的前线军队会不会因此而发生骚乱呢？

雍正帝作为一个足智多谋的政坛老手，很快组建了赈灾督导组，责成军机处尽快落实各项赈灾措施。为了稳定京城官民之心，雍正帝在地震的第二天，就在京城公开发布了"罪己诏"。

雍正帝认为地震的发生，是因为君臣没有"勤政敬事"和政治不清明而导致的，他首先检讨政治制度本身的问题，继续改革时弊，加强中央集权，做到诏令的上通下达。与此同时，雍正帝召集张廷玉等军机大臣，就勘灾、赈济等事务商讨对策，命令六部通力合作，由国库支付赈灾帑银。

第三天，雍正帝"命鸿胪寺少卿顾祖镇、内务府郎中鄂善、户部郎中阿兰泰带库银二万两速行前往，会同地方官逐户挨查，房屋倒塌者，给予修理之费；人口损伤者，加恩赈恤，毋致遗漏，倘所带银两或有不敷，着该员等即行奏请再给"。

　　而后雍正帝特拨四十八万两帑银赈济在京的八旗灾民，并知会在外省驻防的八旗将官们，凡是在外省驻防的大小官兵，其在京家属都一一做了查访，无一人伤亡。雍正帝命军机处尽快落实赈灾救济措施，一时稳住了军心、民心。同时，为了终止乱党余孽散布的谣言，打消西北前线将士的后顾之忧，雍正帝先后下谕戍边的岳钟琪、傅尔丹二位将军，通告京城地震的具体情况，借此稳定军心："京师于八月十九日巳时地震，当时即止，不为大患。近京东、南、正北各路，地觉微动，较京更轻。惟西北稍重，不过百里而止。京师内外，及圆明园地方俱好，朕躬甚安。但此番地动，较往年略重。其年久之房屋墙垣，有坍塌者，微贱老病之人，略有损伤，亦不过千万中之一二。至于出兵之大小官员兵丁等，凡有家口之在京城内外者，朕令细加访查，悉皆平安无恙。军营离京甚远，恐道路传闻不确，致生疑虑，特颁谕旨，著大将军等，通行晓谕官员兵丁等，咸使闻知。"

第五章　张廷玉回乡省亲

　　雍正十一年（1733）四月，雍正帝大病初愈，便领着皇子们前去马兰峪踏青，顺便一起去给祖宗上坟。朝中政务，雍正帝便交由果亲王允礼、庄亲王博果铎、大学士张廷玉和鄂尔泰一起襄理。

　　历史上赫赫有名的帝王，没有哪一个不精于帝王之术，这个帝王之术就是玩弄权力的跷跷板。君主是绝对权力的中心，他时刻关注身边的臣子一上一下地弄权，君主只要维持他们之间的平衡，不偏离权力中心就可以了。

　　张廷玉在官场博弈，脑子一直很清醒，他绝对不会和鄂尔泰勾肩搭背，也不会去招惹他。只要张廷玉跟鄂尔泰的同僚关系一直保持这个平衡状态，张廷玉的官路生涯就不会有大的波动，他就可以借此安然度过一生。

　　是年的科考刚刚完毕，雍正皇帝就下旨，说张廷玉的儿子张若霭在殿试中夺得了探花，这让张廷玉大惊失色，他赶紧放下手头的技术活，急匆匆地进宫去面圣。张廷玉俯首长跪在地上，诚恳地说："犬儿才学粗鄙，我是知道的，侥幸进入二甲，中个进士，已经是皇恩浩荡了。若进一甲，恐人非议，况且犬儿才华不济，名不副实，于国于己都不利啊！请皇上明察。"

雍正帝一听，就立马瞪了他一眼，随即说："朕给你们张家开后门了？难道朕阅卷不公平吗？"张廷玉一听皇上话里有话，点头不是，摇头也不是。

雍正帝看着张廷玉窘迫的样子，心里便觉得有些好笑，而后冷哼了一声说："朕此次判卷可是按照考生的实力评名次，事先考生的名字都是密封的，开榜之后，朕下旨，才知晓张若霭夺得了探花。"

张廷玉一听皇上把话唠到这个份儿上，就只得把头上的顶戴花翎摘下来，恭敬地举过头顶说："圣上，我张氏父子，承蒙天恩，皇上对张家的赏赐，微臣不能从个人的私利去接受。朝廷科考，三年一届，从乡试开始，有多少书生寒窗十年，才有幸参加科考。十万考生，只有千余人有幸参加会试，能够高中的不过三百人。状元、探花、榜眼可是百里挑一啊，鼎甲三名是大清十万考生遥不可及的名次。我张家屡受皇恩，若犬儿居此高位，张家何德何能领受如此隆恩？圣上，我内心肯定希望犬儿问鼎三甲，可是他天生禀赋不够，皇上对张家的恩典，我尚且无以为报，如今我怎能以一己之私，让天下学子寒了心，以后还有谁愿意为大清国效力？犬儿侥幸进入二甲，那已经是圣上的赏赐了！"

雍正帝见张廷玉把顶戴花翎都取下来了，反复考虑之后，只好采纳张廷玉的建议，张廷玉的儿子张若霭很巧妙地成了二甲进士。

张若霭在进士榜中了二甲头名，自然要回老家祭拜祖宗，于是，雍正帝准了张廷玉几个月的假期，与他父子俩一同回家的还有张廷玉的三弟张廷璐。

张廷玉准备离开京城的时候，雍正帝针对张廷玉回乡省亲专门拟了一道圣旨，命令沿途各省地方官，在张廷玉途经他们的辖地时，官府要派兵护送，并且府衙官员都要出来迎候。末了，雍正帝赏银一万两，还给安徽巡抚下了一道圣旨，命令他陪同张廷玉前往桐城张家祭祀。

在省亲的路上，张廷玉途经一个遭受洪涝灾害的州县，他当即拿出皇上赏赐给他的银两，以雍正帝的名义去接济地方受灾的百姓。张廷玉随后拟了一道折子，陈述该州县的灾情后，着重叙述了对皇上的牵挂之情。

也许年事已高，字里行间渐显妇儿之态，张廷玉的这封信，不像给领导的日常报告，倒像是阔别多年的老友之间的通信。张廷玉不但问候了雍正帝的饮食起居，就连京城的天气都一并问候了。

在信件发出之前，张廷玉又逐字逐句地念叨了几遍。

张廷玉把自己与雍正帝的君臣关系，搞得像初恋情人，若即若离，要想练就这等本事，你不但要懂得领导心思，还得拿捏有度，从他们的关系看，张廷玉真的像雍正帝包养的政治情人。

为了让张廷玉安心省亲，享受难得的亲人团聚，雍正帝在回信中交代，遭遇洪涝灾害的州县，他已下旨大学士鄂尔泰亲临受灾现场，督导灾后抚恤百姓和灾后重建工作。面对张廷玉问候的饮食起居问题，雍正皇帝也回答得很翔实，他说起了京城的天气，最近突然下起了两场大雪，但他的身体状况还是挺好的，嘱咐张廷玉不要太过担心，既然离京省亲，就安心与亲人欢聚一堂。另外叮嘱张廷玉要注意身体，不可过于惦念朝中之事，沿途车马劳顿，不停地更换地域，要注意添加衣服。末了，雍正帝还来了一段抒情的文字：记得当初西北战事吃紧时，你我君臣二人几个月寸步不离。如今，每每想起那些往事，心中总是无限感慨。尔离开京城日久，思念日深。

张廷玉读到这里泪流满面。此刻的张廷玉没有丝毫作秀，他哭得像山泉一样自然。当然信不信由你，反正我是信了！

雍正十二年（1734），张廷玉在桐城老家过完春节才起程回京。那时没有高铁，只能坐马车，一路上经过陈州、济南、广平等地方州府，见到地方政通人和，百姓安居乐业。有的地方百姓甚至慕名而来，夹道欢送这位天子近臣，好多老百姓都述说这些年来，朝廷对百姓的恩泽，感谢朝廷减免赋税，大兴水利工程，赈灾抚恤鳏寡孤独等福利。

张廷玉兴奋地将沿途见闻，写成折子呈报给雍正帝，就是要让他看到大清帝国的盛世景象，希望他高兴，安顿一下疲惫的心，不要再为大清国熬夜加班了。

这次省亲回京以后，张廷玉跟先前一样，不是赶往自己的府邸，而是进宫面圣。他向雍正帝行过君臣之礼后，激动地向雍正帝献上了一幅长卷水墨画《大清子民乐居图》。雍正帝一看用笔和留白，连声称赞："留白不着一笔，却让观者想象万千，用笔如行云流水，人物情态跃然纸上。"而后雍正帝遗憾地摇了摇头："可惜不是王原祈的真迹，不过这仿品倒见功底，人物俗而雅，笔法淡而厚、实而清。衡臣啊，不知此画出自何人之手？"

跟随老爸一起觐见的翰林院庶吉士张若霭，一听皇上质问他老爸张廷玉，顿时吓得赶紧跪在地上说："微臣是王原祈先生的弟子，不料学艺浅薄，东施效颦，让皇上失望了！"

张若霭话音刚落，张廷玉就接着补充说："圣上，微臣在回京的路上，沿途看到的都是社会和谐、百姓安居乐业的景象，自然按捺不住内心的喜悦，于是命犬儿用拙笔记录了下来。老臣只是想让皇上高兴，没有皇上勤政的熬夜加班，哪来今日的盛世景象？皇上可要保重龙体！犬儿画技雕琢，东施效颦，让皇上见笑了。"

雍正帝一听巨幅长卷《大清子民乐居图》是张若霭所作，也是张廷玉借此画献给自己的祥瑞，当即哈哈大笑起来，说："衡臣啊，还是你了解朕，若霭这功底不错啊，朕几乎要把它当作王原祈的真迹了，你们张家人了不得！"

"犬儿自幼跟随王原祈先生习过画，可能生性愚笨，在技艺上远不如他老师……"

"若霭年龄尚小，有这般功底也算不错了。"

张廷玉这次回京，并没有给雍正帝带什么土特产，因为普天之下的东西都是皇上的，送也是白搭，也无法体现做臣子的一片心意。怎么办？搞创意！张廷玉其实很懂送礼和拍马屁，给领导送礼不能只送到家里，要送到领导的心坎上。雍正帝是个干实事的好领导，他不需要什么虚假的夸饰，也不缺钱花，内心渴望的是大清臣民对他勤政的认可。

张廷玉其实是马屁界的"灌篮高手"，一扣一个准，而且不露痕迹地拍在屁股上。

做臣子的给领导送字画，这是稀松平常的事儿，况且皇上也不缺这个。张廷玉送字画能取得如此绝妙的效果，就在于他的字画送得深刻、有创意。首先，作画人是自己的儿子新科进士张若霭，让皇上看到朝政后继有人，同时也表达了张家世代效忠大清国的决心。从作画的内容和技法上看，张廷玉也是用心策划的，包括如何送字画、如何与皇上说，这都是挺讲究的，弄不好就适得其反。拍马屁，拍在屁股上就是福，拍在蹄子上可能会被对方踢一脚。在此提醒大清臣民，对于国家一哥雍正，如果你不精通官场马屁术，请慎用！

一般艺术品，首先就看名气，看出自哪位大家之手，这才有收藏价值。张廷玉故意避开不谈，把皇上的注意力转移到作画的内容上，雍正帝看到大清子民安居乐业，自然高兴，这就引爆了兴趣点。然后又因为画风有仿王原祁的嫌疑，王原祁先生隐退前，曾经官至户部侍郎，他的作品，皇宫里有收藏，雍正帝对他的画作自是相当熟悉，雍正帝平生最痛恨弄虚作假之人，看到假画，自然会生气。后来张氏父子揭开谜底，把王原祁与张若霭的师徒关系说出来，张若霭还主动认错，无形之中，便给了皇上双重惊喜。

大清子民安居乐业，朝廷人才辈出，希望让雍正帝不要太累，保重龙体为要。对于张廷玉的良苦用意，皇上自然明白，面对如此细致贴心的重臣，皇上不奖赏是过意不去的。

第六章　作别雍正时代

　　西北战事"泡蘑菇"样打来打去，并没有像预期的那样速战速决，清军与准噶尔部前后打了五年，仍然没有结果。雍正帝觉得这样打消耗战没意思，俗话说"大炮一响，黄金万两"，大清国库刚刚回填，也经不起连年战事的消耗啊。头三年清军几乎连吃败仗，尤其是傅尔丹所部在和通泊战役中大败，让清军伤亡惨重。好在雍正十年（1732）的额尔德尼昭之战，清军取得了决定性胜利，眼下敌我双方屯兵前线，交战处于对峙局面。

　　大清十万大军远征千里之外，军费开支可想而知，此时采取垦荒屯田之策，也解决不了燃眉之急。眼下库银已经耗去大半，倘若不尽快结束这场战争，战局反而对清军不利。

　　针对西北平叛成效不大，雍正帝下旨命令西北两路将军来京会同军机大臣一起商讨对策。到底是继续发兵，将准噶尔部彻底剿灭，还是遣使议和？将军们肯定主战，他们天生就是吃打仗这碗饭，朝廷不打仗，他们怎能挣得军功？而军机处的四名同志，其中鄂尔泰和庄亲王两人属于鹰派，特别是鄂尔泰，他被准噶尔部称为大清一只嗜血的战鹰，好战的两位同志都建议朝廷下令增兵西北，一举歼灭准噶尔部，置他于死地。

果亲王不懂军事，所以他希望恩威并施，能劝降要尽量劝降。打仗就是烧钱，大清经济刚刚恢复元气，再也经不起折腾了。

眼见双方争执不下，雍正帝此时感觉喉咙里滚动一个字：卡。

而后他便把目光投向了张廷玉，张廷玉没有作声，他在拼命地想。

张廷玉在朝中重大问题的决策上，都秉承他的一句名言：万言万当，不如一默。

鄂尔泰看到张廷玉淡定的样子，心里是憋得相当难受。过了许久，张廷玉才说出自己的看法："现在平定准噶尔部，朝廷处于战略进攻阶段。准噶尔部游牧为生，长期作战，物资自然无法供给，他们已经意识到这一点，我们要是一举歼灭，可能性还是很大的。问题是准噶尔部也是骁勇善战的，不是一下子就能根除，况且光脚的不怕穿鞋的，如果把他们赶尽杀绝，我们也要付出惨重的代价。不如就此议和，战事一旦久拖不决，前方将士有了厌战情绪，就不利于我军作战了。微臣请求皇上降旨奖赏立功之人，然后打赢一场小规模战争，借此作为谈判砝码与准噶尔部议和。"

张廷玉的意见与果亲王差不多，鄂尔泰和庄亲王当然反对，叫嚣着要扬我大清国威，张廷玉自然也不甘示弱。一般精明的皇帝都希望看到臣子为了一个共同的目标产生激烈的争吵，皇帝心里就会认为这些臣子在用心为自己办差。

真理往往是越辩越明朗，倘若做臣子的都异口同声地一边倒，那做皇帝的就更看不清问题的症结了。

很多朝中大事都是众臣吵着解决的，末了，还是雍正帝做总结，随即雍正帝命张廷玉草拟诏书,西北战事由战略进攻转为战略防守。鉴于西北战事关乎大清社稷,雍正帝决定广开言路,征求王公、文武百官们的意见,希望能找到合适的方案。

其实,雍正帝心里早已决定,他把西北平叛将领召回,就是为了安抚他们的好战情绪,同时召集王公、文武百官廷议,就是为了做个样子给好战的臣子们看,朕可是征求众臣的意见,不是不想扬国威。廷议过后,雍正帝当即决定撤回部分前线将士,开始着手与准噶尔部议和。

是年八月,朝廷派出兵部侍郎傅鼐、内阁学士阿克敦、副都统罗密为议和使者,前去准噶尔部,与噶尔丹策零议和,并将大军后撤四十里以示诚意。噶尔丹策零也被连年的征战拖得上气不接下气了,自然愿意与朝廷议和。

双方经过一年的拉锯式谈判,最后议定:自克木齐克、汗腾格里,上阿尔泰山梁,由索尔毕岭,下哈布塔克、拜塔克之中,过乌兰乌苏,直抵噶斯口为准噶尔部与喀尔喀部的分界地,另以呼逊拖辉至喀喇巴尔楚克为空闲地带,双方不得进入。

此份协议在雍正朝虽未最后签署,可西北边境暂时休战了。谁知春节刚过,苗疆又传来苗民大规模叛乱的消息。原来,从雍正四年到九年(1726—1731),朝廷采取恩威并举的措施,一举收复了黔省苗族四万户,开辟疆土有两三千里,几乎占了贵州省一半的面积。苗疆地区从"无君上,不相统属"的原始部落进入到设官建制的封建社会,不能不说是很大的社会进步。可是朝廷派去的流官驻军,为了修城、建署、筑碉、开驿等,无偿地奴役苗民,加上繁重的赋税和摊派,给苗民带来沉重的负担,苗民不堪忍受官兵的压榨,自然对朝廷官兵产生怨恨之心。

雍正十二年(1734),黎平人包利来到苗疆腹地古州,谣传自己是"苗王出世",煽动苗民起来造反。雍正十三年(1735)二月,官兵又滥征钱粮，古州地区的八妹、高表等寨苗民率先起事，包利趁机纠集两万苗民，与古州总兵研勋所部军队展开激战，包利所部溃败，而后转移到清江、台拱地区，此时造反苗民又增至两万人。

驻守苗疆的官兵一连几次被造反苗民打得措手不及，不少官员还在民变中被杀。督抚闻知，立即派兵前去镇压，不久雍正帝又派刑部尚书张照为钦差大臣，前去抚定苗疆。朝廷也专门成立了一个苗疆事务专案组，由宝亲王弘历和大学士鄂尔泰、张廷玉等具体负责。

因为苗疆事务一直由鄂尔泰经办，张廷玉与鄂尔泰关系不是很融洽，就没有多插手。而鄂尔泰与张照素来不和，张照在征剿苗民的过程中，不免受制于鄂尔泰。由于两位主事者不和，结果导致苗疆之乱不仅没有扑灭，反而有了蔓延之势。朝中大臣对此不免私下议论，其中地方大员田文镜几次三番弹劾鄂尔泰，说苗疆祸乱，都是鄂尔泰一手造成的。鄂尔泰难辞其咎，只好向雍正帝请罪。雍正帝此时也是忧愤交加，他念及鄂尔泰旧日有功，便允准他辞去大学士的职务，暂时回家养病。

雍正十三年（1735）中秋节刚过，某天雍正帝在圆明园听政，突然觉得眼前一片漆黑，接着就昏倒在地。张廷玉见状，赶紧找来太医诊治，原来是气血冲脑，此病最忌怒火攻心。雍正帝患此病，盖因经常熬夜加班所致。此次苗疆叛乱，完全背离了改土归流的初衷。西北边境虽然休战，可是议和协议尚未签署，那噶尔丹策零一向出尔反尔，西北战事尚未定局。

雍正帝此番病倒后，只能在床上口授圣意，如此一来，张廷玉身上的担子就越来越重了。农历二十三日晚上，张廷玉刚从军机处赶回家中，正准备换下朝服歇息，此时张府大门传来一阵急促的敲门声，从来没有谁敢这样敲打相府大门，张府管家一听，不由得一阵恐慌，赶紧跑去开门，原来是内侍太监，他奉命前来传皇上口谕，张廷玉闻声出来，跪接了口谕，即刻与内侍太监进宫。

张廷玉来到皇上寝宫，只见太医和太监忙作一团，想不到雍正帝召他入宫，竟是为了见他最后一面。这些天来，雍正帝病卧龙榻，张廷玉一直在他跟前聆听口谕，不承想君臣二人今晚便要永别了。想到这里，张廷玉不由得悲痛哭泣。接着，宝亲王弘历、庄亲王允禄、和亲王弘昼、果亲王允礼、大学士鄂尔泰、内大臣海望、领侍卫内大臣讷亲、丰盛额等王公重臣先后接圣谕入内候命。众人到齐之后，按文臣武将分成两班，列于雍正帝的御榻跟前行君臣之礼，恭请圣安。

此时的雍正帝已然病入膏肓、神志不清了，他无法向诸位爱卿问话，也无力打手势，神情木然。众臣悲痛哭泣，强忍内心的紧张与恐慌，稽首而退，全部候在宫门外等候消息。

到了雍正十三年农历八月二十三日子时，"大行皇帝龙驭宾天了！"随着内侍太监一声哭喊，宫门打开了，霎时雍正帝的寝宫哭声震天。张廷玉一直自信内心强大，而今一听到雍正帝崩逝的噩耗，他也显得手足无措。在场的嫔妃、太监和官员此刻都忍不住内心的悲痛，宫里一片哀号。

第三辑

张廷玉和他的乾隆时代

看到张廷玉风烛残年的老态,一股恻隐之心在乾隆帝心头油然而生。他不免暗自寻思:这个张师傅虽然巧滑,但在四十多年的仕途中,还是为爱新觉罗家族费了不少心血。看他眼下这般光景,就让他安享几年林下之乐吧!

第一章　心惊胆战的新王朝

一、这位新君有点冷

在众人沉浸于悲痛时，张廷玉回想起康熙帝龙驭宾天的情形，也就是在雍正元年，雍正帝因为莫须有的传位遗诏引起坊间非议，为了杜绝皇子们因夺嫡而引发兄弟相残的悲剧，雍正帝立下了用满汉两种文字写密诏立储的规定，将密诏封藏在朝堂龙椅上方的"正大光明"巨匾的背后，另外将密诏的副本随身携带，藏于宫中内廷，以备查验。

张廷玉大声劝阻众人哭丧："诸位王爷、大人，现在不是哭丧的时候，得立马册立新君，传位密诏，大行皇帝先前与我和鄂大人都提起过，密诏副本就藏在大行皇帝寝宫。国不可一日无君，现在烦劳苏公公把密诏请出来！"

内侍太监苏培盛回应说："大行皇帝并未与老奴说过什么密诏之事，张大人，你让我如何请出来啊？"

张廷玉告诉他说："大行皇帝封存密诏不多，你只管在御用物品里面找，用黄纸固封，背面写有封字的便是。"

苏培盛听后，只得当着众人找寻，不承想在大行皇帝的御案抽屉里找出一封黄色密函，背后真的写有一个封字。庄亲王、果亲王急切地打开一看，正是雍正帝亲笔书写的那道传位密诏，并附有顾命诏书一封。

众人见密诏上写的是宝亲王弘历的名字，便立即将密诏呈送到宝亲王面前，宝亲王顺手把密诏递给了张廷玉。张廷玉肯定明白宝亲王的意思，便当众宣读了传位诏书：

宝亲王皇四子弘历，秉性仁慈，居心孝友，圣祖皇考于诸孙之中最为钟爱，抚养宫中，恩逾常格；雍正元年八月，朕于乾清宫召诸王、满汉大臣入见，面谕以建储一事，亲书谕旨，加以密封，收藏于乾清宫最高之处，即立弘历为皇太子之旨也。其后仍封亲王者，盖令备位藩封，谙习政事，以增广识见，今既遭大事，著继朕登基，即皇帝位。

张廷玉读罢遗诏，众人便随他一起，朝宝亲王弘历跪下叩头，齐声叫喊："请皇上登基！"宝亲王听了，只是悲喜交加，在众人的劝说下，他收泪落座，接受了众人的朝拜。

而后庄亲王将另一封密诏呈递给新君弘历，弘历看过密诏，亲自宣谕说："奉皇考遗旨，命庄亲王、果亲王、大学士鄂尔泰和张廷玉辅政。"而后弘历又说："鄂尔泰先前因病辞职，今既为辅政大臣，着复任。"

四位新命辅政大臣听了，顿时感动得号啕大哭，既悲痛大行皇帝的离去，又感激新君隆恩。

大行皇帝的梓宫移到乾清宫，已经是卯时了。在京的王公贝勒、文武百官得知先帝驾崩的消息，早已齐聚乾清门外。张廷玉命内侍太监传诸位同僚进入乾清宫，他当众请下正大光明匾后的锦匣，果亲王撕下封条，取出里面的密诏，这是雍正元年八月大行皇帝亲笔御书的原件。庄亲王从果亲王手上接过密诏，当众宣读传位诏书。

宝亲王弘历于次日在宫中举行即位大典，改年号为乾隆，随即宣读了大行皇帝的另一道密诏：

> 大学士张廷玉器量纯全，抒诚供职，其纂修《圣祖仁皇帝实录》宣力独多；大学士鄂尔泰志秉忠贞，才优经济，安民察吏，绥靖边疆，洵为不世出之明臣，此二人者，朕可保其始终不渝。将来二臣着配享太庙，以昭恩礼。

清朝的太庙是皇帝的祖庙，就是现在的北京劳动人民文化宫，为皇帝祭祀祖宗的地方。民间祭祀祖宗的地方，叫祠堂。太庙前殿是祭祀主殿，中殿供奉努尔哈赤以后的历代帝王神龛；中殿后界供奉努尔哈赤以前的四世祖先；前殿东庑以王公（并非所有）配享；前殿西庑为功臣（仅为满臣）配享；中、后殿两庑储藏祭器。每年除夕前一天祫祭，中、后殿神主奉至前殿合祀。后殿遣亲王行礼。国有大事大典，遣官祭告。

张廷玉配享太庙，就是按照雍正帝的遗诏，张廷玉死后，他的神位可以安放在太庙的前殿西庑，接受后世皇帝每年一次的祭祀。在整个大清朝，汉大臣以功臣配享太庙的，只有张廷玉一人，这是清朝历代皇帝对汉大臣唯一的一次最高礼遇和殊荣。

先帝爷雍正生前对张廷玉提及过这份恩宠，而今当张廷玉确认自己死后真的可以吃到太庙里的冷猪肉，那种激动的心情，他从未有过。你试想一下，自大清开国以来，还没有哪位汉大臣可以吃到大清太庙里的冷猪肉。张廷玉把这份荣耀看得比命还重要。而后他冷静地想了想，即便是先帝的恩赐，那还得仰仗新君去落实啊！

对于乾隆帝的脾性，张廷玉也不甚了解。张廷玉之前只做过他名义上的老师，因为公务繁忙，张廷玉与皇子们很少交流，况且也怕惹上朋党嫌疑。眼下面对这份沉甸甸的荣誉，张廷玉还真不能肯定这位新君会落实下去。俗话说，一朝天子一朝臣。如今张廷玉与新君打交道，他真有点跟不上节拍。虽说乾隆帝自幼受过康熙爷的调教，可他毕竟没有经历朝政的大风大浪，乾隆帝在雍正朝虽然下到六部历练，也就是浅尝辄止，不像雍正爷做皇子时，踩着钢丝替父皇办差。况且年轻小伙，喜怒哀乐都随感觉走，张廷玉想到这里，脚下的步子不由得沉重起来。新君的执政风格，张廷玉一时还琢磨不透，表面像康熙爷，骨子里像雍正，可仔细思量，却全然不像。张廷玉毕竟是官场老狐狸，决定试一试新君的反应，于是他想到了固辞。

与张廷玉同吃冷猪肉的鄂尔泰在固辞这件事上，与张廷玉的看法一致。认为辅政大臣必须再三请辞，谎称自己的功勋和修为还远远不够配享太庙，有负先帝隆恩，恳请新君收回遗命。年轻气盛的乾隆帝极为厌恶这种矫揉造作的奏请，当即便对二人说："既然如此，就让果亲王、庄亲王、徐本、鄂善先翻翻典籍，看看历朝历代有没有君主准允朝臣请辞死后配享太庙的先例，而后再行廷议。"乾隆帝斩钉截铁的一句话，无疑给了张廷玉当头一棒。不管是康熙爷，还是雍正帝，在面对众臣固辞时，绝不会像乾隆帝这样武断。他们通常的做法是臣下请辞，皇上不允；臣下再辞，皇上不允；如此反复三次，最后，臣下表示妥协。如今新君走马上任，却不按套路出牌，还喜欢剑走偏锋，玩新潮。面对大清这盘棋，乾隆帝有了新的走法，根本不吃先辈的那一套，张廷玉如果不顺应乾隆帝的走法，那以后的日子就没有先前顺当了。

乾隆帝一口答应了他与鄂尔泰的固辞，这让张廷玉内心很慌乱，乾隆帝让果亲王、庄亲王、徐本、鄂善先翻翻典籍，看看历朝历代有没有君主准允朝臣请辞死后配享太庙的先例，乾隆帝这样做的目的究竟是为了什么？

对于雍正帝遗赠给他的精神财产，张廷玉从内心要捍卫到底，他要借此表达自己对雍正帝的忠心。人是很怀旧的动物，也是观念先入为主的动物，看到本该属于自己的东西，突然间没了，心里肯定很失落。可是他没有想到雍正帝死后对自己恩宠的目的是什么？说白了，雍正帝就是把张廷玉当作一颗用得顺手的棋子，除了爱不释手之外，他还想留给子孙后代享用。面对乾隆帝无形的一棒，张廷玉做官三十多年来，内心从没有感到如此失落过。可从张廷玉的面部表情，你是根本读不出他的内心世界，于是他主动请旨，命礼部成立临时治丧委员会，大肆张罗先帝爷雍正的丧事。

没过几天，庄亲王奏报乾隆帝说："启禀圣上，典籍里确实记载了明太祖朱元璋曾下旨让李长善等七人配享太庙的事迹，历朝历代还没有出现皇帝收回已赐予大臣死后配享太庙的资格。"乾隆帝听后，没有表态，也许是沉浸在丧父的悲痛之中，只是朝庄亲王挥了挥手说："朕知道了，你下去吧！"庄亲王随即走到张廷玉跟前，安慰他说："看皇上的神情，应该会很快下旨，驳回你与鄂尔泰的固辞。"

庄亲王几句宽心的话，张廷玉听了，心里十分高兴，他也觉得自己鞍前马后，尽心为大清国办差，况且是历经三朝的阁老，眼下还是辅政大臣里边的唯一汉臣，于情于理，新君都应该驳回固辞，就当是暖一下汉人的心吧。

第二天早朝听政，张廷玉隐性地拍了新君一记马屁，他奏请乾隆帝将辅政大臣的称谓改成总理事务大臣，因为西北边境休战，军机处也可以撤销了，待三年守制期满，总理事务大臣就按原职复命。张廷玉这一提议颇为新颖，朝臣们也认为乾隆帝自幼受过圣祖仁皇帝的调教，也在六部当过差，觉得用辅政大臣的称谓实为不妥，还是改成总理事务大臣妥帖，众臣都称颂张廷玉的这一提议是效仿祖制的理论创新，同时也彰显乾隆帝独掌乾坤的能力。

张廷玉满以为乾隆帝会装个样子谦逊一下，要等众臣力谏，他方肯准奏，没想到，乾隆帝与他的先辈真是不同，只见他平淡地吐出两个字：准奏。

张廷玉没想到自己处心积虑的一记马屁拍在棉花上，乾隆帝竟然无动于衷。乾隆帝此次早朝听政后，便要坚持服丧三年，三年之后才行御门听政大典，在这三年内，乾隆帝只在乾清宫理政，朝中军政要务一律交与四位总理事务大臣襄理。

乾隆帝自知资历尚浅，不足以运筹帷幄，他要等自己尽悉熟知国家政务方才实行听政。他可以趁这三年守制期，考察诸位臣工，以便日后励精图治时，不缺体己的股肱之臣。

二、猜不透的帝王心

雍正十三年（1735）十二月二十七日，张廷玉主管的《明史》纂修工程已经大功告成了。《明史》的纂修历经顺治、康熙、雍正三朝，终于在乾隆帝登基时修成，这就不失为献给新君的一份厚礼。乾隆获悉，自是龙颜大悦，因为张廷玉是总裁官，于是赏了他一个一等阿达哈哈番。吏部接旨后，便将哈哈番加于张廷玉以前受封的三等子爵之上，合并为一等子爵。乾隆帝看后，不由得想了想，随即下了一道圣旨："鄂尔泰因为祖上世爵，再加上朕先前所赐，如今已是三等伯爵了。张廷玉的功劳不应该屈居鄂尔泰之下，着张廷玉同样进为三等伯爵。"

说起张廷玉负责修纂的《明史》，这是乾隆年间钦定二十四史的最后一部正史，也是我国历史上官修史书修纂时间最长的一部，倘若从顺治二年（1645）始设明史馆算起，到乾隆四年（1739）史官正式向乾隆帝进呈为止，前后竟然历时九十四年。如果从康熙十八年（1679）正式组建班子编写算起，到史官正式向乾隆帝进呈史书为止，也有六十年之久。一部《明史》的修纂为何要费时这么久呢？其主要原因还是当时社会政治不稳定，满汉之争一直未曾停歇。

真正着手修纂《明史》，是在康熙十八年以后了。康熙年间，修纂《明史》的人当中，可谓是大儒云集，其中有当时著名文学家毛奇龄、尤侗和朱彝尊等人，他们当中出力最多的是清初著名史学家万斯同。写到这里，不得不提一下我国史学史的一段公案。在明清之际，其实有一批明朝遗臣和反清志士十分重视对明史的研究。思想家黄宗羲曾编纂《明文海》四百多卷，并著有《明史案》二百四十卷；顾炎武也辑存有关明朝史料一两千卷。大清铁骑入关后，为了笼络前明旧臣和天下士子，清廷有意开设博学鸿词科。黄宗羲、顾炎武等坚持不为清廷打工，可是为了保存明朝的真实史料，他们仍然派出得力助手参与《明史》的修纂。万斯同先后编审了两种明史稿，各有三百和四百多卷，可以说，《明史》的初稿在万斯同手头已经完稿了。万斯同离世后，担任《明史》总裁官的王鸿绪，把万斯同的初稿进行了改编，分别于康熙末年和雍正初年两次向皇帝进呈，于是就变成了王氏《明史稿》。王鸿绪的所作所为引起后世文坛的非议和责难，史学家们都认为王鸿绪实际上剽窃了以万斯同等人为主的数十个学者的劳动成果。

此后，从雍正元年至乾隆四年（1723—1739），清廷又命张廷玉等人第三次组织人手修纂《明史》，这才形成定稿的《明史》。

乾隆元年（1736）春天，会试开考在即，主考公正一直是张廷玉的金字招牌，在朝野，他的口碑很好，有多少朝廷大员倒在这个肥差上，唯有张廷玉岿然不动。这是新君登基后的首场科考，乾隆帝肯定重视，为了不出岔子，他自然就选中了张廷玉。张廷玉还没摸清新君的脾性，万事都很谨慎，在获悉自己即将担任会试主考官时，凡是与自己沾亲带故的人，在科考没有结束前一律回避。与他同为主考官的福禄，觉得张廷玉此举有点小题大做，只要参加此次科举的亲属回避就可以了，张廷玉可能怕亲朋好友给想走门路的考生当说客。不管怎么说，他这样做，也算是一种高调的美德吧，好比现在高调的慈善家，不管人家行事怎样出格，至少捐出了真金白银。

可是一号首长乾隆帝，对张廷玉的高调行为并不赏识。会试圆满结束后，此次会试所有的主考官、副考官，还有同考官，除了领头的张廷玉，其他的考官都受到乾隆帝的赏赐。乾隆帝的托词很漂亮，说张师傅是德高望重的三朝阁老，朕一登基，他就立下如此功劳，朕想了许久，不知如何奖赏他才算合适。

张廷玉是心有七窍之人，怎不知乾隆帝故意绕着弯子奚落他，就是因为自己此次科考太高调了，抢过乾隆帝的风头。过后，张廷玉听到同僚私下聊起此事，说皇上没有奖赏张大人，只因为张大人此次科考回避搞得太招摇，好像全天下唯有他一人清廉。如此作秀，有此地无银三百两之嫌，难免让人猜疑，他是否藏有猫腻，这个事还真难说。

张廷玉听后，不由得大惊失色，他真不知道该如何与乾隆帝打好大清这副官场牌。张廷玉这个人什么都好，就是爱较劲，李绂也是在较劲上栽了跟头。张廷玉觉得乾隆帝盯上了自己，可自己一没贪腐，二没弄权，难道皇上怀疑我恋权，我正愁手头揽的活太多，我拼命为你爱新觉罗家族加班加点，回头还要受你猜忌，我真是犯贱啊！张廷玉三步并作两步，急

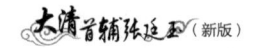

忙进宫面圣，他向乾隆帝行过君臣大礼后，便奏说："圣上，微臣很快就到古稀之年了。最近精力越发不济，唯恐办事出错。微臣斗胆请示皇上，能否卸任一些兼职的差事，也好给同僚多些晋升的机会。"

乾隆帝一听，脸顿时一下子沉下来了，心想这个张师傅见风就是雨，想跟朕撂挑子，没门！乾隆帝于是转过身来，对张廷玉微笑地说："张师傅，你主考会试，士子口碑这么好。眼瞧着，马上就要举行殿试了。请辞的事情暂行搁置，等有合适的人选，朕自会与你商议。朕现有个事情，征询你的看法。"

张廷玉听后，只得无奈地点头。

"此次会试，被你回避的那些张家子弟，想必对你有所怨言。先帝在世时，主考官的亲属子侄都可以另设考场，为何到了乾隆朝，张师傅的子弟反而要回避了呢？如此做法，你我君臣不就显得生分了吗？"乾隆帝故作质疑地等待张廷玉回话。谁知张廷玉故意装傻，杵在皇上跟前，就是一句话也不说。他知道自己只要一开口说话，皇上总可以找出理由来驳回他，乾隆帝就是容不得张廷玉倚老卖老。末了，乾隆帝不得不给自己找个台阶下："此次殿试，朕想改改以往的出题方式，朕当场亲自出题，张家子弟就不用另设考场，让他们直接参加殿试，是骡子是马，都得拉出来遛遛，朕要给他们公平！"

新君执政总不按套路出牌，让张廷玉不知道该如何应付，只得跪在地上磕头谢了恩。乾隆帝给人的感觉，就像个长不大的男孩，逗着张老爷子玩似的，先是给人家一棒子，然后往人家口里塞一粒糖。

乾隆帝见张廷玉一脸茫然的样子，便明知故问："张师傅，可否有事要奏报？"张廷玉只得再次跪在地上，向乾隆帝禀明自己的来意，乾隆帝和颜悦色地拒绝了他："张师傅，吏部和户部都是大清国的核心衙门，没有称心的人选，朕是不会允准你的请辞。朕也累了，还想小睡一会儿,你就跪安吧!"

张廷玉此次从宫里头出来,心里比先前要踏实多了。虽然这次请辞没有成功,可是乾隆帝与他谈话甚多,并没有厌烦他。总而言之,张廷玉此番至少让乾隆帝知道自己不是恋权的人。

大概过了半月,乾隆帝突然向张廷玉示好,赏给他一对金如意,并驳回他与鄂尔泰的固辞。如此说来,张廷玉与鄂尔泰死后配享太庙的先帝遗诏在乾隆朝已经生效。面对同僚和门生的祝贺,张廷玉内心没有丝毫喜悦。比起雍正帝,乾隆帝的第一次打赏显得姗姗来迟,他知道新君倚重自己,只是因为乾隆帝对朝政还不熟悉,需要不时地参考他这部大清活字典。

通过一段时间的君臣磨合,张廷玉感觉新君想学康熙爷治国理政的范儿,可是学虎不成反类犬,比起雍正爷的干练劲儿,张廷玉觉得新君实干不足,脾性见长。张廷玉知道乾隆帝此番向他示好,那是新君不想留下冷落前朝重臣的坏名声,况且眼下的大清国还离不开他这本活字典。

张廷玉在下班回家的路上,一直琢磨来琢磨去,他想通了,自己不应该与晚辈置气,大清国对张家恩重如山,不管乾隆帝如何对待他,张廷玉都要一心一意尽忠大清国。

三、生日变成冷食节

很快,时间一晃就到了乾隆元年的重阳节了,读书人很看重的登高节,可对于张府来说,就非比寻常了,今天是张廷玉六十五岁生日,他的很多门生都赶来给老师祝寿,这些年轻后生在张家府邸狂欢了一整天,借此来感谢张老师对晚辈们的援引之恩。在管家送走张廷玉最得意的门生汪由敦之后,张廷玉这才静下心来,仔细一想,这下子可坏了大事，以后这样子的庆祝活动，不能再搞了，否则乾隆帝不怀疑自己结党营私才怪呢！

自从张廷玉的老爸张英入朝做了京官，与张家扯上关系的官绅朋友那是越来越多。当时父亲张英并不在意，因为在康熙朝，重臣辈出，比如大学士明珠、李光地、索额图等人，他们的政治光芒遮蔽了张英，张英与场面上的朋友来往，康熙帝不会把朋党的帽子往他头上扣，况且张英为人低调，一直按本分做事，与同僚关系也很和谐，康熙帝十分喜欢他，根本不会往这方面想。

可张廷玉与他老爸不同，眼下贵为三朝阁老，位居大清权力枢纽多年，一身挂满了要职，前不久还被乾隆帝任命为皇子们的老师，张廷玉可算大清当下最为耀眼的政治明星。要知道官场上的麻烦事就像锅巴，你越炙手可热，就越容易被黏住。张廷玉置身官场几十年，一直对朋党保持高度的政治敏锐感，时刻提防朋党嫌疑，可朋党这个词总是往他怀里蹿。就说重阳节的这天生日吧，张廷玉压根不想大肆操办，就是招呼一些在京的张家亲属和桐城门生，在自家院子里低调地摆上几桌酒席，就算应付过去了。可这些皇子们知道张老师的生日，他们先前从皇爷爷雍正帝那儿听过有关张老师重阳节出生的传奇。阿哥们执意要来给张老师祝寿，张廷玉怎能驳了这些皇二代的面子？无奈之下，只得应允。

阿哥们这么一闹，张廷玉六十五周岁生日的事便在朝中传开了。朝中同僚好友自是闻讯赶来，就连乾隆帝也表示了恩宠，他嘱咐御膳房给张老爷子做了几道宫廷膳食，命内侍太监送到张家府上。张廷玉得知，内心无比感动。当他接到圣旨一看，却傻眼了，原来乾隆帝在圣旨上如此说道："作为配享太庙之臣，每逢生日之时，一定要静心追思先皇的恩宠，不得有声色犬马之闹。"乾隆帝的这一道圣旨把张廷玉惊得目瞪口呆，乾隆帝摆明了是要警告他不要搞朋党。张廷玉想到这里，内心也凉了一大截，眼下还没有得到乾隆帝的确认，死后能否吃到太庙里的冷猪肉，皇上却先把自己的生日定格为冷食节，张廷玉知道皇上摆明了要埋汰他。前来给他祝寿的皇子们，一些与张廷玉走得近的亲王、同僚以及门生故友，还有张家在京的亲属、桐城子弟都来了，你让张廷玉如何回绝？张廷玉一旦驳了这些人的面子，那可就失去了人心。在这节骨眼上，乾隆帝可是给张廷玉出了个难题，无奈之下，张廷玉只得把皇上赏赐的膳食摆在案桌上，先祭祀过雍正帝，然后才过自己的生日。权倾朝野的张老爷子就这样战战兢兢地过完自己的六十五岁生日，前来贺寿的一干人等，因为乾隆帝的这一道圣旨，这祝寿酒也喝得不是滋味。张廷玉把大伙送走后，便让家人仆从各自回房休息，而后他独自一人坐在厅堂里发愣。此时爱子张若霭走了过来，说："父亲大人，我把这次生日宴会收取的礼单拿来了，您要不要过目一下？"

"礼金总计多少？"

"现银两万四千六百两，如果把贵重物品折成现银，单独这些珍珠、玉器、玛瑙、古玩字画，就不下十万两银子。"

张廷玉一听这个估数，顿时大吃一惊。他原本想把生日所收取的礼物全部交由内务府处理，因为皇上先前已交代不得有声色犬马之闹，自己把礼物和礼单悉数上缴，就摆脱了朋党的嫌疑。

可眼下一下子收取这么多礼物，张廷玉还敢往内务府送吗？乾隆帝会怎么看？朝中同僚会怎么想？张廷玉自身遭殃不算，可不能害了前来祝寿的人。

想到这里，张廷玉长叹了几口气，想不到自己为官清廉几十年，竟然第一次知道，一个小小的生日，可以收受这么多礼物。自己先前出席同僚的生日宴会，他也就是出手五十来两银子，要知道当时一品大员的年俸银才不过一百八十两啊！

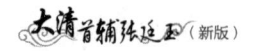

"父亲大人，这些礼物和礼单还往内务府送吗？"张若霭走向前，问询他老爸张廷玉。

张廷玉当即摇头表示否定，说："你按照礼单，给我一家一家地去退礼，明天务必弄完，你务必告诉人家，这是皇上的旨意，不得不执行，他们的这份心意，张家心领了，但是礼物绝不能收，都是为了大家好！"

看到儿子张若霭直愣愣地站在庭院里不作声，张廷玉不得不与他解释说："此次生日宴会礼物这么多，而且又贵重，送去内务府，就是惹火上身，搞得不好，还会连累人家！不管送礼人怎么想我们张家，咱们都得这么干！再者说老张家有朝廷给的赏银，咱不差钱。"

"那亲王和阿哥们的礼物，也给他们退了吗？"

"这个，我来处理，我亲自登门说明缘由，他们会理解的。"

夜已深，张廷玉反而睡不着了，这是他置身官场以来，第一次失眠。张廷玉觉得官场就像这黑夜一样深不可测，人家都说官做得越大，胆子就越大，可是自己官做大了，胆子反而变小了。张廷玉越想越觉得内心苦闷，不由得走到窗前，抬头一望，天上挂的还是那一轮大清的月亮。张廷玉越发怀念自己在雍正朝当差的日子，先帝爷啊，您老人家可知微臣内心的苦楚，张廷玉回想自己的官路生涯，在康熙朝，他是沾了父亲张英的光，可在雍正朝，他靠的是自己的技术活，正儿八经地做了不少贡献。可乾隆这个孙子辈皇帝一上台，便要与他打擂台，自己真是前世招惹了他，哎！不想这些闹心的事了，还是奉旨追思先帝恩宠吧！

不过，张廷玉自信新君还有很多地方用得着他，张廷玉觉得自己有以下几方面的优点：他有一手做机要秘书的绝活，练就了即兴写诏书的本事，与皇上口授的旨意没有丝毫偏差。此外就是张廷玉说话办事谨小慎微，从不出岔子，能够为主子恪守秘密，遇到朝政大事，能够深谋远虑，能够提出有分量的参考意见。

可张廷玉的这些优点，对于一心想要乾纲独断的乾隆帝来说，根本就没有吸引力。乾隆帝需要的是逆来顺受的奴才，张廷玉所具备的优点，在乾隆帝眼里看来，只是一个人臣应有的素质和操守而已。此时的张廷玉已经是新皇的辅政大臣，他不能再用先前的标准来考量自己。如果张廷玉不能适时地调整自己的步子，向乾隆帝靠拢，他将会被逐出大清朝政的权力枢纽。

第二天，张廷玉进宫面圣，当即就把自己六十五岁生日的细枝末节，向乾隆帝做了汇报。张廷玉觉得只有这样与新君敞开心扉，才能消除他对自己的戒心。看到乾隆帝惊异的眼神，张廷玉心里不由得发毛。可乾隆帝并没有责备他，只是随口说道："过生日，收取礼物，人情往来本属正常，过于认真，反而驳了人家面子，礼物代表人家的一份心意。已经退了的，就算了。没有退的就不要退了，不能让同僚说你不近人情啊！"

乾隆帝心计极高，几句模棱两可的话，张廷玉听了，脑袋顿时一片空白，他真的搞不清皇上话里的意思，只好稀里糊涂地应承了。

四、踩着刀尖给乾隆打工

人在官场，每个人面对危机，都有自己独特的处理方式。当你无法判断对方的招数，你唯一应付的办法，就是无招拆招。张廷玉这招以退为进，像云南白药治创伤，还真管用！

乾隆二年（1737）十一月，雍正帝辞世已满二十七个月，按照古礼，守制期到了。雍正帝的神位从雍和宫移往太庙，乾隆帝开始脱下丧服，准备御门听政了。在众臣的恳求下，乾隆帝裁撤了总理事务处，与此同时，恢复了军机处。张廷玉仍为军机大臣，兼管吏部和户部。

乾隆帝有张廷玉、鄂尔泰这样的能臣良相协助理政，他自是安心无虞。乾隆帝不像雍正帝那样励精图治，相对于雍正帝通宵达旦的勤勉，乾隆帝就显得十分逍遥自在了。雍正帝留给乾隆帝一个太平盛世，还留下了一班治国安邦的老臣。乾隆帝不用为治理烂摊子而忧心，也不用为坊间非议而恼怒。乾隆帝感激先皇，让他可以清清白白、轻轻松松地做皇帝，于是乾隆帝立志要做中国历史上十全十美的皇帝，他从小生活在康熙帝身边，学到了康熙帝的风雅和宽政。乾隆帝御门听政后，他便学着皇爷爷拿着公款到处旅游，当然除了游山玩水，他还要学着皇爷爷的样子，体察一下地方民情，暗访一下外省官员的政声。朝政上的一摊子事务，他悉数推给鄂尔泰、张廷玉两老头在京总理。

乾隆帝表面上放权不管，可对朝臣们办的差事却吹毛求疵，他有先帝爷留下的一班密探，但凡朝中有个风吹草动，甚至哪个大臣家中的阿猫阿狗丢了，他都了如指掌。

话说乾隆四年（1739），朝中出了一件微不足道的小事，却让保和殿大学士张廷玉领教了乾隆帝的精明。原来乾隆帝的密探遍布大清的每个角落，他到处游山玩水，其实就是个政治幌子，朝臣们稍有懈怠，就会栽跟头，因为老板的眼睛时刻在盯着他们这些打工仔。

是年三月，工部奏报前两月宫廷营造事项的财务开支，工部修缮太庙里的"庆成灯"，总共支取了纹银三百两并二百串钱。

按理来说，这三百来两银子，相比耗资巨大的皇家贴用，那就是可以抹去的零头。不承想这件汗毛大的事情混杂在工部呈报的百十件大工程里边，就显得格外扎眼。这些大的工程有皇家灯会承办的项目，耗银两万两；圆明园正门翻新，耗银八千两；乾清宫整体装潢，耗银一万二千两，等等。工部就是想让新君觉得他们办事记账事无巨细，没想到就此捅了娄子，区区三百两银子，一下子引起乾隆帝的警觉。

也许乾隆帝年轻，精力充沛，这些大学士都没在意的问题，他倒一眼就瞧出来了。乾隆帝虽说是发烧驴友，可是每天阅读上万字的奏折，他从头至尾，一个字也不会落下。乾隆帝看到这笔鹤立鸡群的款项，便对修缮灯具竟要花费三百两纹银，当即心存疑虑。

乾隆帝命内侍太监把大学士张廷玉、讷亲，还有兼管工部的大学士徐本，连同工部属吏赵殿最、来保一干人等传唤进宫。乾隆帝一见诸位臣工悉数到齐了，便佯装不知地问道："诸位爱卿，可否觉得这道折子里头有问题？"

张廷玉拿起折子，看了看，觉得无甚问题，便摇了摇头。讷亲也接着看了一下，随即也摇了摇头。余下的三位工部高管见上级领导都没发表意见，也就跟着说没问题。

乾隆帝一见诸位臣工众口一词，自然就发飙了："讷爱卿，昨日朕视察太庙的时候，你当时数了一下，大概有多少盏'庆成灯'？"

"当时张老大人也在场，奴才数了一下，总计三十六盏。"讷亲已经明了皇上为何追问此事，可此时他必须说实话。

乾隆帝用威严的目光扫了一下眼前的众臣："修缮三十几盏灯具，朝廷竟要花上三百两银子！朕估摸着，就是买新的，也用不着这么多纹银。朕可不愿像先帝那样，逼着你们彻查亏空，大清国伤不起啊！"

张廷玉和讷亲一听乾隆帝撂下狠话来，顿时吓得赶紧跪在地上请罪说："臣等失察，罪该万死，恳请圣上惩处！"

徐本和赵殿最、来保等人，一听工部出了岔子，自是吓得两腿直哆嗦，他们与此事干系不大，可是作为工部的负责人，属下犯了事，自是难辞其咎。于是他们一起跪在乾隆帝跟前求饶说："臣等犯有渎职之罪，请皇上开恩！"

工部勾结内务府，在皇家工程滥支滥报，早已成了官场潜规则，再者来说，多支个百十两银子，工部也没把它当回事，便在奏报上写成预支银，日后会按实际金额再行报销，余银自会交回。可工部官员没想到新君如此厉害，他们满以为皇上日理万机，不会留意这等小事。岂不知乾隆帝御门听政以来，时刻提防的就是臣工的欺瞒，乾隆帝说："朕日理万机，面对臣下欺瞒，倘若视而不见，那将漏洞百出。"何况工部如此明目张胆地欺瞒。乾隆帝下旨说："该堂官等竟以为朕不谙事务，任意饰词蒙混，甚属乖谬。"但凡工程，都是先估后领，并不交还，查遍工部档案，历来也没有交还余钱的记录。

乾隆帝此举就是存心找茬儿，借此显摆一下新君体察入微的能耐，让尔等老臣不可小瞧于他。乾隆帝此次挣回了面子，可把张廷玉和讷亲两位高级打工仔搞得无地自容，工部的三位负责人更是郁闷死了。

乾隆帝为了缓和一下尴尬的气氛，故意干咳了一声，随即说："看来朝中大小政务有待整顿，倘若任由臣下欺瞒，那大清国的朝政将会漏洞百出。朕万万没想到工部竟然如此明目张胆，欺瞒于朕。张师傅，你说这个事情如何处理？"

工部的三位高官仍在现场，张廷玉只好打马虎眼说："微臣失察，无颜处理此事。一切听由圣上发落。"乾隆帝可不像他皇爷爷，他凡事一定要当场问出答案，乾隆帝见张廷玉不表态，随即把生气的目光转向讷亲，讷亲与乾隆帝是发小，也就少了顾忌，只见他躬身说："奴才以为虚报银两事小，但欺君罔上，其罪不可赦，一定要彻查到底！"

讷亲的这番恭维话，乾隆帝听了，心里觉着舒服，于是他笑着问徐本此事应该如何处置。徐本早已吓得魂不附体，他惶恐地回答说："工部出了此等欺君罔上的大事，是臣等监管不力，请皇上惩处！"乾隆帝瞧着徐本一副可怜巴巴的样子，语气也缓和了："徐爱卿不必如此惊慌，估摸此等小事，你定不知晓，只是监管疏忽。你主管的政务过于繁重，无法兼顾在所难免。你之前请辞工部尚书一职，朕现今准奏。你往后就安心做好本职工作，免得日后受太多的牵扯！"徐本见乾隆帝对自己宽大处理，大感意外，当即磕头谢恩。

乾隆帝隔三差五地揪出朝臣们的小辫子，搞得张廷玉这个军机大臣心里是一愣一愣的，他也担心自己的官路生涯就此走到了尽头。

乾隆帝没有把查办工部的差事交给张廷玉。他认为张师傅倚老卖老，几次三番与自己打太极拳，思来想去，乾隆帝命讷亲查办，尚书赵殿最、来保，侍郎韩光基、阿克敦等或被调用、或遭降级，最轻的也受到罚俸处理。此事一出，满朝文武大臣震悚了，都对这位年轻的皇帝刮目相看。

第二章　避不开的党争

一、张、鄂两党的首次交锋

权势是朋党之争的温床。鄂尔泰取代张廷玉,成为首席军机大臣后,张廷玉就躲他远远的,生怕引起朋党之争。因为鄂党主要是以满人为核心的权力集团,而张廷玉是当时朝中权势最大的汉大臣,无形之中他就成了汉臣的首领,即便张廷玉不出来挑大梁,他也避不开鄂党的纠缠。

历代帝王都知道朋党是危及君权的政治毒瘤。所谓朋党,就是官僚集团。一些官僚为了维护各自的利益,抱团组成不同的山头或团体,以组织或党派的形式,与其他党派展开内斗。同一派系的人,因为有共同的利益,结成联盟,相互提携,誓死捍卫朋党的利益。面对反对党,则要倾尽一切手段进行陷害攻击,置对方于死地。对抗的派系表面上打招呼表示友好,暗地里却使绊子下黑手。

朋党之争很容易导致朝政不稳、社会纷乱。官员们为了各自集团的利益，就会置朝廷社稷而不顾，彼此斗争的激烈程度，就连皇帝也莫之奈何。两党相争，导致双方的力量消耗极大，皇帝的诏令就无法贯彻，官僚机器高速空转，最终导致朝政瘫痪。

没有朋党的官僚系统在大清国是不存在的，要想朝政稳定，唯一的法子就是要让朋党达到权力平衡，这个关键要靠君王的权力平衡术。张廷玉亲眼目睹党争的惨痛事实，所以他一直回避朋党。康熙朝的九子夺嫡，雍正朝的年羹尧党、隆科多党，都是血淋淋的事实，给大清朝带来了动荡和隐患。张廷玉一直忠于皇帝，从不拉帮结派，且谨言慎行、为人低调，这才躲过康熙和雍正两朝的党祸。而今到了乾隆年间，位居朝政枢纽多年的张廷玉，还是没有躲过朋党之祸，因为它无处不在，让你身不由己，防不胜防。

人在官场，谁没有几个死党？尽管张廷玉无心做大朋党这块蛋糕，可鄂尔泰却要一门心思整垮张廷玉，因为他威胁到鄂尔泰首席军机大臣的位置，此外，张廷玉还是汉人堆里最为耀眼的政治明星，因为满人一直排斥汉人。可真要搞垮张廷玉谈何容易？鄂尔泰虽是大清贵族，可他资历比张廷玉浅，眼下唯一的办法就是找人弹劾他。由于鄂尔泰位高权重，声名显赫，久而久之，他手下就聚集了一批强悍的鄂党分子，有庄亲王允禄、军机大臣海望、湖广总督迈柱、河道总督高斌、工部尚书史贻直、总督张广泗、巡抚鄂昌、御史仲永檀，还有后来引爆大清血案的陕西学政胡中藻，这些人都是鄂党的骨干分子。

鄂党的阵营如此强大，张廷玉怎敢去招惹他们，于是绕着弯子与鄂尔泰拉开距离。惹不起总躲得起，没想到鄂尔泰几次三番当着同僚的面，蓄意给他难堪，面对鄂尔泰的挑衅，张廷玉一笑了之，他容忍鄂尔泰的骄横，不想把事态扩大。在张廷玉的官场词典里，与他旗鼓相当的同僚，对之既不能为敌，也不能为友。张廷玉倘若与鄂尔泰搅和在一起，势必会招致乾隆帝的猜忌。如果两者为敌，除了两败俱伤，还会导致朝政不稳。于国于己，张廷玉都不会把自己与鄂尔泰的矛盾激化。张廷玉与鄂尔泰同朝为官十几年，除了在朝堂之上，彼此几乎不搭话。跟张廷玉关系很铁的官员，除了几位亲王和皇子们外，主要是汉族官员，张廷玉与他们私交甚好，绝无结党营私之举。

由于鄂尔泰的挑衅行为极端蛮横，他经常唆使鄂党分子找茬儿弹劾张廷玉，这日子长了，汉族官员怎能咽得下这口恶气，于是抱团对抗鄂党分子。朝中大臣借此各怀心思和攀附之意，满大臣大多投奔鄂党以求庇护，汉大臣大多为张廷玉被鄂党蓄意污蔑而鸣不平，久而久之，鄂党与张党就这样诞生了。

张廷玉麾下的骨干分子，主要是桐城的本家子弟和他的得意门生以及故友。比如乾隆年间，四品以上的京官担任要职的，其中桐城张家就占了十五人，而张廷玉的门生和文友之中，挚友张照官至刑部尚书，学生汪由敦官至内阁学士……

说起鄂党与张党之争，在雍正帝驾崩那年就种下了祸根。鄂尔泰在改土归流的过程中，由于一些做法过于蛮横，没有考虑当地居民的实际利益，草率地按章行事，积累已久的民怨爆发，这个事情引发鄂党与张党第一次正面交手。

贵州台拱、古州的苗民率先起义，突袭清军，当时大清官兵被打得一败涂地。而鄂尔泰刚从西北平叛前线回京，西南就发生大规模土民起义，鄂尔泰根本来不及调派军队镇压，虽然改土归流的实施，雍正皇帝当初是点赞的，可是天下哪个皇帝不霸道，雍正帝觉得改土归流没有什么不对，可具体实施在西南地区出了很大的乱子，完全是鄂尔泰不会变通的缘故。雍正帝严厉指责了鄂尔泰在治理西南土司的过程中，犯了许多不可饶恕的错误，有失一个政治家的水准。比如不懂得如何与当地土著居民搞好关系，军事手段太过狠毒之类的，总之，鄂尔泰被喷了一头狗血。

而后，果亲王和张廷玉极力建议派兵前去镇压贵州的土著居民，雍正帝也想借此出口恶气，于是册封哈元生为扬威将军，统领广西、湖南、云南、贵州等省的官兵。

对于贵州苗民的叛乱，朝廷已经发兵，可雍正帝不相信八旗兵的作战能力，还得搞一搞和平谈判的路线，要做到一心平叛，两手准备，方可保西南地区无虞。

不到一个礼拜，皇上就派果亲王、皇四子、皇五子，还有大学士张廷玉、鄂尔泰等人负责苗疆一切军政事务。一个弹丸小地，派这么多重臣前去，有点牛刀宰鸡的感觉。鄂尔泰、张廷玉知趣地放弃对地方衙门的监管，此时，果亲王、皇四子、皇五子自然组成皇家三人团，贵州的地方军政大事就变成皇室的凉拌菜了。

鄂尔泰本来对西南事务最有发言权，可被雍正帝这么一顿斥责后，就变成了戴罪之身，对西南事务哪还有兴致？何况三位皇家大人物，对此次事件表现浓厚的热情，所以他就懒得管了。而张廷玉对文治武功又不专业，而且他为人低调惯了，借此"万言万当，不如一默"。如此一来，鄂尔泰和张廷玉整天看茶聊天，打打太极拳什么的，闲得发霉了，就去观赏皇室的三名"消防员"对西南事务"救火"的场面。

爱新觉罗家族的人就是"牛"，不到一月的时间，大清悍将哈元生硬是平定了贵州的苗民叛乱。这时，鄂尔泰和张廷玉自然就收起了太极拳，与皇室"消防员"一道回京复命，接受雍正帝的赏赐。雍正帝例行封赏后，立马任命副都御史德希寿、刑部尚书张照前往贵州，加强中央对苗疆事务的监管。

鄂尔泰一直打压张党的骨干分子，老张家也不是好惹的，张照作为张党的铁杆粉丝，自然要借此机会整点"颜色"给鄂党瞧瞧。一抵达贵州，张照不管百姓死活，什么安抚、休养生息，这些叛乱初定的国策与他无干。他走访州县衙门和地方乡绅，广泛搜集鄂尔泰渎职的罪状。比如鄂尔泰出任云贵总督的那段时期，云贵两地就爆发过数起苗民起义，鄂尔泰竟然隐匿不报，而且他在西南地区用刑严苛，惨无人道，任意打杀苗民，等等。末了，张照还获取了鄂党的骨干分子张广泗在贵州出任巡抚时，贪赃枉法之类的罪证。

张照待在贵州正事不干，以钦差大臣的高贵身份，到处搜集鄂党罪证。凡是耳闻目睹的，包括莫须有的，他都一一呈报给雍正帝，以图扳倒鄂党，让它从此一蹶不起。

张照含辛茹苦地搞到了这些密报，快马还没到京城，雍正帝就咽气了。

乾隆帝即位后，看到张照的这些密奏，眼前自然浮现鄂尔泰和张廷玉当年打太极拳的场景，一想到这里，乾隆帝心里就来气。对于西南事务，皇上还是很熟悉的，而且他也赞同改土归流的方案，对鄂尔泰之前的政绩还是肯定的。也许活该张照倒霉，出任钦差大臣期间，没有及时做好维稳工作，贵州又爆发了苗民叛乱。

张照一看，傻眼了，他这个刑部尚书拷打犯人专业，对于带兵打仗，他是一根毛线也不懂，结果清兵被叛军打得"哭爹叫娘"。乾隆帝见了奏报，顿时暴跳如雷，即刻召回张照，赶紧命令鄂党分子张广泗前去贵州平息叛乱。

张广泗文治武功都在行，就是为人蛮狠，手头有点"海底捞"。没过多久，贵州苗民安分了。这下子，张照可就惨了。

为了躲过张广泗对自己的清算，张照连忙跑去找张廷玉，跪请张党领袖帮他在乾隆帝跟前捞条活命。张廷玉此时心里也没谱，只是答应保张照不死。

三天后，乾隆帝收到张广泗弹劾张照的密折，随即降旨把张照抓捕入狱。

两大政治集团的首次交锋，以鄂党取胜结束。

二、鄂党败北

乾隆帝本来不想抓捕张照，就是希望张、鄂两党学"斗鸡"，就这样僵持下去。可是张广泗平定贵州立功了，鄂尔泰肯定不能容忍张照对自己的污蔑，便极力要求处死张照。对此，乾隆帝肯定不会答应他，不仅是碍于张廷玉的情面。在处置张照的问题上，张廷玉给乾隆帝上过一道折子，说张照妖言惑众，诬陷朝廷重臣，理应处死。张廷玉觉得重病需下猛药，只有用激将法才能平息皇上心中的怒火。

一看到张、鄂两党的头目同时上书要求处死张照，乾隆帝对此做出决定，不能不慎之又慎。张廷玉不顾朋党情义，极力要求处死张照，这就说明张廷玉还是把大清社稷放在了第一位。如果杀了张照，张党这边就掉了半边江山，以后朝中就没有实力强大的朋党与鄂党抗衡了。这样对乾隆帝坐稳江山不利。况且皇上继位不久，不宜对朝廷重臣加以杀戮，乾隆帝很珍惜仁君这个形象品牌。

张照只要不死，即便被打入死牢，张党这边也不算完全失败，在适当的时候，只要皇上有心，张照还是可以捞出来的。想到这里，张廷玉没有灰心，外甥打灯笼，他依旧面无惧色地在朝堂踩着钢丝。

而鄂党并没有因为皇上的心软就放弃对张党的攻击，他们依然处心积虑地要置张党于死地。

天有不测风云，鄂党终于逮住了攻击张党的机会。

乾隆六年（1741）的春天，山西道监察御史仲永檀向乾隆帝上了一道密折，他与皇上说起了最近京城坊间散布一个流言：京城一个有钱人俞君弼，家里人竟然用了一万两银子贿赂鄂善。他当时半信半疑，于是亲自走访调查，原来俞君弼只是个石匠，不过确实有钱，而且已经死了。其过继过去的孙子俞长庚和养女婿许秉义为了争得俞石匠的巨额遗产，都竞相巴结权贵，以此来求得靠山。

许秉义仰仗礼部侍郎吴家驹，使钱找了一些朝中大臣前去给他岳丈俞君弼吊唁，其中就包括文华殿大学士兼礼部尚书赵国麟。后来仲永檀还获悉，大清第一文臣张廷玉也派人送了帖子给许秉义。

仲永檀在奏折中提出了一些尖锐的问题，一个不起眼的石匠真的有那么多银子吗？竟然让朝中那么多大臣前去吊唁。乾隆帝看了折子，也是惊得目瞪口呆，不过他也心存疑虑，一个商民的死去，能惊动这么多朝廷大员吗？难道他们就这样经不起银子的诱惑？此事务必彻查到底！

奏折里交代的第二个问题就是密奏留中被泄密一事。御史吴士功弹劾湖广总督史贻直五大罪状，当时乾隆帝看了这份奏折，就把折子压了下来，留置宫禁之中不交办。谁知这个事情在朝中传疯了，众臣都说史贻直这次要死翘翘了，皇上留中不发，定是要严加查办。这件事走漏消息，就说明朝中有人把皇帝身边的内侍当作耳目传递宫中消息，这样大内安全就受到了威胁。折子里没有明说，但是明眼人一看就知道，这个人指的就是张廷玉，因为侍读学士吴士功是张廷玉的学生。

乾隆帝一看到此处，便知他在含沙射影，把矛头指向张廷玉。这个事情得尽快解决，否则将导致朝政不稳。乾隆帝立马下旨和亲王弘昼、怡亲王弘晓，大学士鄂尔泰、张廷玉和讷亲等一起会审鄂善受贿案。

鄂善非张、非鄂党派人士，他只是因为陷入俞长庚、许秉义争夺遗产的案子而成为党争的刀上肉。一干朝廷重臣会审之后，发现这个案子有点小题大做。张廷玉派人送帖子属实，可是他没有收受对方的银子。其他官员也没有收受太多银两，只是一些回敬的礼数，没什么可奇怪的。倒是鄂党一干人等想把张廷玉往死里整，和亲王和怡亲王为人宽厚，又处处为朝廷考虑，不会让小小的吊唁案平白无故地酿成血案。

在两位亲王的督促下，案子很快就结了。鄂善受贿是真，收受银两的具体数目有待查实。朝中大臣只是碍于同僚的面子，出于礼节，给俞家送了慰问的帖子。至于朝中大臣前去俞家吊唁，纯属子虚乌有。

乾隆帝没有看到鄂善受贿的具体数目，心里很是恼火。他来到大理寺亲自审理，在审讯之前，皇上就向鄂善保证，只要说出受贿的银两数目，就可以从轻发落。鄂善害怕累及家人，就承认收受贿银三千两，乾隆帝赐他狱中自尽，没有查封其家产。

这个案子到此水落石出，按照吴士功的预测，仲永檀诬陷朝廷重臣，理应重刑。可乾隆帝不但没有法办他，还把仲永檀升任为左副都御史，可能是因为密奏留中一案，皇上不想因此把事情闹大，对朝廷影响不好。

乾隆帝的脾性，张廷玉是越发摸不透，其他朝廷大员就更加搞不懂了。不过这一次，张鄂两党之争，鄂党仍旧占了上风。两党数次交手，鄂党都是赢家。这样一来，朝中大臣就纷纷依附鄂尔泰，连张党里的部分骨干分子也倒戈投敌了，这让乾隆帝内心极为不安。

于是，乾隆帝决定扶植一下张党，好让两者势均力敌，他是时候出来搞一搞权力平衡了。不久，张党的顶梁柱张照就被朝廷释放，依旧当他的刑部尚书。张廷玉纵横官场几十年，皇上心里的小九九，他还是清楚的，乾隆帝就是希望张廷玉与鄂尔泰这两路人马一直较劲下去。张廷玉算是看透了乾隆帝，跟着这么个阴损主子，他觉着自己的脑袋就像纸糊灯笼，随时会被挂在城门楼子上。张廷玉真的老了，他已经厌烦了党争，眼下一门心思就是想着死后能吃到太庙里的冷猪肉，此外就是全身而退，回桐城老家了却余生。张廷玉已经向皇上请辞了几次，乾隆帝一听，心里很不高兴，私下里便想：你张党领袖拍屁股走人，我怎么搞权力平衡？你就是死也要给朕死在京城！

张廷玉见乾隆帝把张照放出来了，仍旧让他做刑部尚书，心里顿时落定了。看来乾隆帝还是待见自己，可左都御史仲永檀心里就不服气。

仲永檀揪住密奏留中被泄密一事不放，说张党利用自己的特殊地位和身份，经常往外传递宫中消息，危及大内安全。乾隆帝对仲永檀持续的诬告很是反感，在为官慎重的问题上，鄂党远不如张党，皇上对此深信不疑。

刚出来呼吸新鲜空气的张照获悉仲永檀这一举动，顿时两眼发光，皇上认为张廷玉比鄂尔泰办事缜密，既然张党有泄密行为，那鄂党岂不更加严重？

于是，以张照为骨干的张党反攻战轰轰烈烈地打响了。

世上没有不透风的墙，张照获悉仲永檀把留中密奏的疏稿内容泄露给鄂尔泰之子鄂容安，随即奏请皇上。

乾隆帝接到密奏后，打开一看，极为愤怒。想不到仲永檀"做贼的喊捉贼"，皇上当即命几位亲王和张廷玉审理此案。仲永檀诬陷在先，给朝廷造成很坏的影响，几位亲王对他也是极为讨厌，经查实仲永檀、鄂容安两人交往甚密，疏稿泄密一事属实。

张照一听，心里甭提多高兴了。他正好利用刑部尚书的职权，好好修理仲永檀，张照于是提议乾隆帝扩大调查范围，说此事定有幕后指使，提议将涉案者一网打尽，以儆效尤。张照想借此把鄂尔泰拉下马，从而彻底打垮鄂党。

对于张、鄂两党，乾隆帝不会让任何一方倒下，要不然他就无法搞权力平衡了。对于这个案子，皇上为了体现仁君风范，只是让仲永檀锒铛入狱，把鄂容安逐出南书房。过后不久，皇上觉得这样做有些不妥，不能挫伤了张党战斗的积极性，于是在廷议的时候，他严斥了鄂尔泰对子弟管教不严。

不料这年岁末，鄂尔泰于病中逝世。乾隆帝闻讯，内心极为失落，他亲自前往鄂府祭奠，让他配享太庙，入祀京师贤良祠。鄂党头子突然挂了，两党之争就暂时偃旗息鼓了。

三、离开军机处

党争对手鄂尔泰永别了，张廷玉心里没有丁点儿兴奋。因为鄂尔泰一死，乾隆帝就死盯着他一人不放了。下一步，张廷玉该怎么办？

此时张廷玉觉得心好累，他再也扛不住任何的打击。因为爱子张若霭死了，这白发人送黑发人的滋味不好受，张廷玉一下子觉得走路都很吃力了。

说起张若霭的死，纯属意外，与鄂、张两党之争毫无无关。张若霭与讷亲都是乾隆帝的发小，因为鄂、张两党之争，其父张廷玉又是张党领袖，乾隆帝就没有让张若霭进到军机处，而是让他入值南书房，兼任礼部尚书。

乾隆帝立志要做一个文治武功的皇帝，在文治上，他喜欢搞一些风花雪月的诗词，比如他写的《食莲》："平湖参错芙蓉紫，看罢莲花食莲子。轻舟棹入碧州湾，犹有新红才有水。"此诗就反映了这位风流天子闲情逸致的生活情趣。至于影视剧里提及的打油诗："一片两片三四片，五片六片七八片，九片十片十一片，飞入草丛都不见。"这纯属坊间戏说，都是子虚乌有的事情。在武功上，他从小就喜欢骑马射箭，登基后就决定重开木兰围场。他喜欢学圣祖仁皇帝南巡，到处游山玩水。而张若霭自幼喜好书画，不像他老爸张廷玉，没有一点生活情趣，所以张廷玉正好与雍正帝配成一对，难怪两个工作狂惺惺相惜。而乾隆帝醉心诗词书画，平时最喜欢画扇子赏人，他通常让张若霭画好扇面，自己便在上面题诗，而后赏给臣下和后宫佳丽。张若霭就这样成了乾隆帝的文学侍臣，天天待在皇上身边。

张若霭刚过完三十三岁生日，就随驾去往五台山游玩。一路上，乾隆帝兴致高昂，可累坏了张若霭。每到一地，随驾人员都可以得到休息，唯有他还要忙于绘画，还要整理乾隆帝随口吟出的破诗。为了表示对佛祖的敬仰，乾隆帝决定上五台山礼佛。他知道五台山除了是佛教圣地，自然风景也是美不胜收。眼下到了初冬季节，漫山遍野的霜叶，定比那二月花还要灿烂。五台山的五大寺庙分别建在五大主峰之上，游客通常在清晨登山，午后才能登顶。乾隆帝和随身侍卫个个都是自幼习武，走起路来，健步如飞，唯有张若霭是个地道的书生，这一路攀爬，可把他累得够呛。初冬季节好比小阳春，太阳还是很热情，登山之人一时热得脱了外衣，等你停歇下来，便感觉山风浸骨。张若霭身子虚，一活动就容易出汗，也就格外贪图凉快。这样一冷一热，张若霭就发起高烧了，接连两三天，越发严重起来。乾隆帝一见，心里也着急了，赶回京城后，张若霭已经烧得不省人事，汤水不进了，太医见了也无济于事。

乾隆帝命令侍卫内大臣前去探望张若霭的病情，不承想他当天便溘然而逝，乾清宫总管王太平直到张若霭断气后方才回到宫里。乾隆帝听到王太平奏报，内心极为悲痛，随即亲笔写了一道手谕，以示哀悼。乾隆帝随即自言自语地说："张师傅一直器重若霭，如今老爷子痛失爱子，这白发人送黑发人，他如何扛得住啊！你去告诉张大人，朕不宜亲去祭奠，但朕与若霭亲如弟兄，朕就在官中心祭了。"

张若霭死去一个多月，张廷玉方才来到朝堂上班。张廷玉这一下老去了很多，走路比先前迟缓了，毕竟七十五岁高龄了。

对于张若霭的突然离世，乾隆帝心生愧疚，他下旨张廷玉可以在家办公，不必每日临朝，同时允准他辞去兼管吏部、户部的政务。因为张廷玉年老需人扶掖，着张若澄在南书房行走。乾隆帝对张家如此恩典，既是安慰张廷玉，也是对张若霭之死的一种补偿。张若澄与哥哥张若霭一样，不但很有才学，也善于书画，这让乾隆帝大为欣喜，终于找到替补张若霭之人了。第二年正月初七，乾隆帝下了一道特旨，授张若澄为翰林院编修。

丧子之痛，痛彻心扉，可是张廷玉还得在朝堂硬撑下去，张家子弟和桐城门生需要他庇护，此时的张廷玉压根没有结党营私的念头，他只想全身而退，不想招惹是非，他想死后能吃到大清太庙里的冷猪肉。

俗话说树大招风，即便张廷玉不想成为朋党党魁，可他权倾朝野，况且鄂尔泰已死，主动投奔他门下的官员比下雨天出来的蚂蚁还多，你想赶也赶不走。作为大清第一汉臣，张廷玉低调为官，在旁人看来，那是矫情。说句心里话，张廷玉是无法舍弃手中显赫的权力，除非不得已而为之。

常在河边走，哪有不湿鞋。张廷玉纵横官场几十年，虽说按规矩办事，但因为他的关系，私下通融的事情也不少。不管张廷玉怎样往自己的鼻孔插葱，可乾隆帝的眼睛是雪亮的，猪永远是猪，与大象有本质的区别。皇上之所以没有拿张廷玉开刀，那是时候未到。

其实，张廷玉心里很清楚，臣子与君主的关系，再好只能比作情人的关系，二者永远成不了夫妻，所以说，人在江湖，逢场作戏。君主从来都是铁石心肠，尽管自己把毕生精力贡献给了爱新觉罗家族，可只要乾隆帝一狠心，对他也不会手下留情。

乾隆十一年（1746），皇上起用三十多岁的讷亲为军机处领班大臣，看来乾隆帝要更换领导班子了，因为鄂尔泰死后，乾隆帝不会让张廷玉一枝独秀，必须任命新人，盖过张廷玉的权位，同时打压张党，使张党与鄂党势均力敌。

讷亲能成大清最耀眼的政治明星，主要因为家庭成分好，他爷爷遏必隆是大清名臣，他的两个姑姑都是康熙皇帝的老婆，一个是温僖贵妃，一个是孝昭仁皇后，照这样子的说法，讷亲跟乾隆帝就能攀上亲戚了。

讷亲接替鄂尔泰的职务后，与张廷玉因为排班行走次序起了争执。大学士经常要排班面圣，按照大清的规矩，同一级别的满汉官员，无论哪个部门，满人的职位都要排在汉人前边。如今鄂尔泰死了，讷亲不愿意走在张廷玉前边，张廷玉自然要遵循制度，于是两人相持不下，便闹到乾隆帝跟前。

张廷玉奏请说："根据大清章程，内阁由满大学士领班，请皇上下旨让讷亲行走在前。"

讷亲随即奏说："张大人乃三朝阁老，在大学士任上已有二十多年，奴才新任大学士，行走在前，内心着实不安！"

乾隆帝听后，呵呵笑道："两位爱卿都说得不无道理。我朝旧制规定满大学士行走在前，不过讷亲尊重张师傅，也是出于真心。再者说了，旧制也不是一成不变的，朕给它改改。以后内阁排班觐见，就由讷亲行走在前，吏部排班觐见，就由张师傅行走在前。此事就这么定了，不容更改。"

乾隆帝如此做法，就等于释放了这样的政治信号：皇上要组建新的内阁班子，要将老臣排除在朝政枢纽之外。

张廷玉恪尽职守惯了，每天准时赶到朝堂上班。可天天看到一个三十来岁的毛头小伙，杵在自己前边，他能想得通吗？张廷玉一想自己的官龄比讷亲的年龄还大上一轮,他冷静地琢磨一番,觉得乾隆帝在拐弯抹角地逼他离开军机处。张廷玉越想越气,人一上年纪就有点小孩子脾性,随后他向乾隆帝乞休。看到张老爷子一大把年纪,请辞又那么恳切,乾隆帝便答应了他的请求,但是不准其回桐城老家休养。第二天,乾隆帝就下旨:大学士张廷玉服官数十年,今年逾古稀,朕念他劳苦功高,准他原职致仕,留京供朕面咨军政。皇上的这道圣旨明确告诉了众臣:张廷玉不再参与军机处的事务了,军机处的日常事务,将由讷亲面承皇帝。这道圣旨一下来,张廷玉就被排挤出了朝廷的权力枢纽。

四、开涮老臣

乾隆十三年(1748)农历大年初一,这一天京城下起一场大雪。张廷玉奉旨进宫出席宫廷的新年宴会,乾隆帝为了答谢新老近臣为朝廷所做出的贡献,特地举办了一场君臣见面会。宴会后,张廷玉有了与乾隆帝私下谈话的机会。自从离开军机处后,张廷玉接近皇上的机会很少了,此番趁皇上心情还不错,张廷玉恳请乾隆帝恩准他回桐城终老,可被他当场拒绝了。乾隆帝做梦也没想到公忠体国的张廷玉,竟会提出终归园田的想法,虽然张廷玉不能操劳具体政务,可是他的从政经验能为朝廷服务啊。作为顾问大臣,对大清朝政也是很有裨益的。

在张廷玉的再三恳求下,乾隆帝明确地回复说:"张师傅领受三朝隆恩,并且奉了皇考的遗诏,死后要吃太庙里的冷猪肉,哪有从祀元臣终老乡野的道理?"这句话的潜台词就是说,你要想死后配享太庙,就不能离开京师,就应该与朝廷共进退,倾注毕生的精力,为大清效忠到死!

一听乾隆帝要求自己老死在京城,张廷玉内心肯定急了。张廷玉赶紧向皇上叩了头,便搬出典故来说服皇上:"微臣已经是走向黄土的老朽了，人活着要知荣辱、懂进退，只有这样才能保全一生的荣誉。况且宋朝和明朝也有配享太庙的大臣回家终老的，像朱元璋就允准刘伯温归田园终老。"

乾隆帝一听张廷玉说起这话，心里就不高兴了。乾隆帝与他皇爷爷康熙一样，精通汉学。刘伯温当年告老返乡，那是提防朱元璋加害于他，才被迫做出急流勇退的下策。乾隆帝生性多疑，他心里认为，张廷玉请求告老返乡，是因为他在朝中已无大权，再也没有人依附于他，于是心中就产生了愤懑。

"如此说来，张廷玉对朕的情义，远远比不过他对先皇的情义。他把朕比作朱元璋那样薄情寡义的君主，竟然担心朕对他下黑手，所以三番五次地请辞，要告归园田，其实就是防备朕加害于他，实在可恶！"乾隆帝越想越有气，天性爱争辩的乾隆帝不会放过这次露脸的机会："刘伯温可不是诚心要告归园田，他是被朱元璋赶回老家的。作为一个好臣子，应该自始至终效忠朝廷，不能半途而废。像诸葛孔明就为蜀国效忠到底，这才是做臣子的最高境界。"乾隆帝和颜悦色地劝说张廷玉。

张廷玉一见皇上说到自己的痛痒处，那脑子反应很快，与他的年龄成反比，张廷玉迅即回禀乾隆帝说："诸葛孔明在三国纷争的乱世，天下尚未平定之时，与朝廷生死共存亡，那是尽本分。而老臣有幸生于太平盛世，跟随仁德明君，怎敢与诸葛孔明相提并论？老臣只图垂暮之年，能够享受园田之趣。"

张廷玉一向沉默寡言，没承想今天与皇上争辩，口才非同凡响，这让乾隆帝大开眼界，于是乾隆帝的即兴辩才又来了。

乾隆帝一针见血地指出："真正忠君爱国的臣子，不论在什么情况下，都会从一而终。比如稷契、皋夔幸遇盛世明主，比干、龙逄则遭遇乱世昏君，情况不同，可是忠心亦然。"

面对眼前这个满族汉学家，张廷玉不再引经据典，他已经听出皇上话里有话，既然皇上否认他对大清国的忠心，张廷玉就不能搭话了。此时的张廷玉竟然像个老小孩，他取过头上的顶戴，跪下向乾隆帝叩首，还止不住哭出声来。

"朕只不过说说而已，张师傅不必记在心上！"乾隆帝也想不到君臣的一场叙话会弄成这般模样，当时内心也是挺难受的。乾隆帝随即命身边的内侍太监："尔等赶紧搀扶张大人出去休息吧！"

乾隆帝与他老爸雍正帝的性格有很大的不同，因此对张廷玉为人处世的看法截然不同。可能是张廷玉跟随雍正帝十三年，为官做人已经形成一套固定的思路，如今突然间换了主子，就得根据新君的性格特点校准自己的做法，但也许是多年的习惯使然，也许是本性注定，张廷玉无法改变。做臣子的人生齿轮倘若不能与做君主的同套，那是很危险的。如果长期磨合不了，早晚是要脱轨的，那遭遇祸殃的可就是臣子了。雍正帝为人阴狠干练，可他的脾性有天真虚荣的一面，经常表现出蛮横暴躁，这与慢性子的和事佬张廷玉性格刚好互补，因此君臣关系如胶似漆。雍正帝认可张廷玉的才能，更认可他的性格和人品，所以他把张廷玉看得很重。

在遗嘱中，雍正帝给了张廷玉大清自开国以来的汉大臣从未有过的殊荣：大学士张廷玉才华卓著，人品纯正，做事实诚本分……他对大清国的功绩很大……他不愧为千古难得的一代名臣，朕可以断言他对大清国的忠心是自始至终的。他死后有资格配享大清的太庙，以表示大清国对他的恩宠和敬重。以上就是雍正帝对张廷玉情义深厚的最好证明。

可是乾隆帝对张廷玉的印象与雍正帝相比，那是截然不同的。也许人性就像磁铁，异性相吸，同性排斥。乾隆帝和张廷玉都是心有七窍之人，工于心计。对于张廷玉，乾隆帝一眼就能看穿他低调实诚背后的

"巧"与"滑"。另外一个重要因素，乾隆帝从骨子里就是排斥汉人的。他认为满族大臣虽然有许多坏毛病，甚至有些心狠手辣，但是性格淳朴正直，为主子死心塌地。

可是汉人心眼太多，居心狡猾，凡事太过于算计，做官、做人都太过于细致，这对于大清社稷并不是什么好事。汉人凡事从自身出发，考虑问题时太计较个人得失，往往置君主和国家利益于不顾，所以汉人总是不能让乾隆帝放心。

在乾隆帝看来，张廷玉的官场哲学，表面上低调实诚，背后却偷奸耍滑。张廷玉克勤克俭，功绩卓著，可是他的言行举止，如此谨小慎微，就说明了他要把自身利益做最大化考虑，只不过这种动机被他伪装的官场技术活化于无形之中，像这样的官场老狐狸能算得上纯臣吗？张廷玉三番五次地向皇帝恳请回老家，就充分证明了这一点。

雍正帝动不动就打赏底下的臣子，乾隆帝对他老爸的这种做法极为反感，他认为做君主的这个坏毛病很容易滋生一干逆臣。他们为了得到领导的赏赐，不遗余力地挖空心思，从而忘了凡事从本性出发才能求得圆满。长此以往的打赏，很容易导致豆腐渣工程的抬头，歌功颂德、阳奉阴违、投机取巧等不正之风的蔓延。正因为如此，乾隆帝对他老爸的遗命很慎重。虽然对鄂、张两位权臣予以重用，可是做儿子的天生就有一种逆袭老爸的心理，就像雍正帝当年拼命地熬夜加班，想要盖过康熙帝一样，雍正帝在遗嘱里断言张廷玉从一而终，乾隆帝就是不服气，一直要揪出张廷玉的小辫子，他要向死去的老爸挑战：老爷子，你也有看走眼的时候哦。

张廷玉没想到自己正当合理的要求被乾隆帝断然拒绝，更令他震惊的是，在第二天的朝会上，乾隆帝竟然把君臣二人这番私密性的谈话公示天下。

乾隆帝为人争强好胜，从不给人留面子。那天张廷玉叩首一哭，把他的江河口才拦截了。乾隆帝觉得这些话卡在喉咙里，不吐不快，那是憋得相当难受。接着，乾隆帝发表了长篇谕旨，向朝廷众臣畅谈了此事的原委以及它的重要性，并把这次辩论提升到臣节的高度。

乾隆帝向众臣宣讲，作为一个可以吃到太庙里的冷猪肉的大臣，应该要与朝廷共存亡，怎么还有私心去想着享受什么林下之乐呢？如果把做官当作谋生的工具，那么时局对自己有利，就全力以赴，时局不利于自己，就想撂挑子，以求保荣避祸，请问这是一个纯臣的作为吗？

为了表示自己对张廷玉的情深义重，乾隆帝还煞有介事地说："天天在一个屋檐下相处的朋友，一旦分开，心里都难受，何况君臣情义这么多年，他怎么能忍心离去呢？朕看张师傅精于雄辩，才思敏捷，一些年轻人还比不过他。如果一心只想园田之趣，他怎么面对诸葛孔明的纯臣之训！"

在这篇谕旨的末尾，乾隆帝这样总结说："如果张师傅恐怕有人背地里说你恋权，你请求告老归田，这个朕还是可以理解。如果说做臣子的，倘有效忠君主的情义，还提出这样的请求，那是万万不应该的。……做臣子的，万万不可有这种想法。如果真有这种想法，那就是藐视朝廷，那么君臣之间的情义，就淡薄得像秦越人竟不知道魏晋，老死不相往来。如果谁都想告老归田，那还有谁愿意为朝廷出力办实事呢？此事关系到朝廷、官场、世道人心啊！"

张廷玉万万想不到乾隆帝在这篇谕旨上，把他说得一无是处。自己含辛茹苦地为爱新觉罗家族祖孙三代打工五十年，换来的竟是这样的皇家定论。可是人在屋檐下，不得不低头，张廷玉还得强装笑颜，接受乾隆的批评。

五、官场沙尘暴

乾隆十三年（1748），大清官场突然刮起一场沙尘暴，在乾隆帝发狂地挥舞权力之棒时，张廷玉只是不小心地磕碰了一下，而其他一些臣子就没有这么幸运了。

这一年，乾隆帝的心情糟糕极了。在人的一生当中，没有比中年丧偶更悲痛的事了。乾隆帝与孝贤皇后富察氏伉俪情深、恩爱无比，孝贤皇后的突然离世，让乾隆帝悲恸欲绝，也陷入深深的自责中，可是谁也没想到皇后的葬礼竟然导致一场官场浩劫。

说起皇后的死去，这与乾隆帝的风流韵事有关。乾隆帝贵为天子，喜欢拈花惹草无可厚非，他是个风流天子，南巡时，还去过秦淮河嫖妓。其实这也不算事，可乾隆帝连大臣的妻子也不放过，出了这档子事，无论是太后，还是皇后，面子上都挂不住，毕竟有失君臣体统嘛！令皇后感到忧惧的是乾隆帝竟然与皇后的弟媳搞上了，这真让皇后感到耻辱。皇后的弟弟傅恒，可是军机大臣，兼任工部尚书。先不说他国舅的身份，作为一位朝中重臣，他的妻子与皇上有染，此事倘若传到坊间，岂不天下哗然？好在傅恒与姐姐皇后富察氏一样，都有良好的家教和修养。姐弟俩只好对乾隆这个皇帝姐夫的出格行为忍气吞声。

谁知乾隆帝不知收敛，几次三番，与傅夫人搞在一起。乾隆帝的这些出格事传到皇后耳中，此事搁在谁身上，都会大发脾气的。乾隆帝为了讨好皇后，答应将皇后所生的次子永琮封为太子，不承想永琮活不到两岁就死了。皇后先后死了两个儿子，自是痛不欲生，她心中的悲苦真是无法言表。

乾隆帝为了哄皇后开心，便决定带皇后出宫散心。一路上游玩，皇上兴致勃勃，可皇后怎么也高兴不起来。皇后见乾隆帝离京已经有一个多月了，于是劝皇上回京，说皇上不理政事，就算不得好皇上。乾隆帝本来是为了哄皇后开心，才出来游玩。没想到自己的一片好心被皇后当成了驴肝肺，乾隆帝当即生气地回说："后宫不得干政！"皇后听了，又气又伤心，便病倒了，没过几天，皇后就病死在返京的龙舟上。

皇后已经驾鹤一个多月，乾隆帝还是念念不忘，批阅奏章之余，他顺手拿起翰林院所编的皇后册文，发现"皇妣"一词译成满文时，误译成"前太后"，一个小小的过失竟让乾隆帝发怒了，他当即下旨，把兼管翰林院的刑部尚书阿克敦收监候审，拟定秋后问斩。这条消息一经传出，大清官员闻知，莫不吓得面如土色。

深受丧偶之痛的乾隆帝，脾性变得异常暴戾阴狠，好像被疯狗咬了脑袋。他对眼前一点鸡毛小事都要蹬鼻子上脸，满世界找茬儿。是年五月，乾隆帝觉得皇后的册宝甚为粗陋，与皇后的尊贵不相匹配，于是下旨将工部全堂问罪。不久，册谥皇后时，礼仪上出现了小小的错误，礼部尚书就被降级。某天，皇上察觉祭礼所用的桌子不怎么亮堂，就把光禄寺的主要官员通通革职。

祸患并没有就此消停。清朝要求男人要蓄猪尾巴，一般两个礼拜剃一次头。按照满人传统的习惯，皇帝和皇后的丧期，大清官员百日内不准剃发，以此来表示自己内心悲痛，顾不上自己的容颜。这只是一种约定俗成的规矩，在大清会典上并无记录。大清开国那么久了，别说汉大臣，就连许多满族官员对此也不甚清楚。

雍正帝驾崩那会儿，大丧期间许多大臣没有遵照传统习俗，朝廷并没有追究罪责。于是，在皇后富察氏的丧期，许多大臣照样剃了头。乾隆帝发现后，气得暴跳如雷，他觉得这些大臣蓄意对皇后表示大不敬，心中毫无哀痛之意。结果，湖广总督塞楞额和江南河道总督周学健两位一品大员被赐令自尽，湖北巡抚、湖南巡抚两位二品大员被革职。

是年冬至日，乾隆帝要谕祭皇后富察氏，翰林院照例，要替皇上撰写祭文。乾隆帝审阅撰写的祭文时，发现文中竟用了"泉台"二字，不由得勃然大怒。

对于大清皇室之人，死后只能说登仙、西归等溢美之词，怎能用"泉台"这样普通的字眼？乾隆帝当即下了一道谕旨，大概意思是批评翰林院撰写祭文措辞不当，"泉台"一词只能用于普通人，就连王公都不宜用，怎么能把它加在尊贵的皇后上面呢？既然汉文已经用错，为何译成满文也没有校正过来？大学士张廷玉等全不留心朝政大事，如此敷衍塞责，有失朕望！着张廷玉、德通、文保、程景伊罚本俸一年。

在众臣遭遇横祸之时，唯有傅恒一人不断得到升迁，盖因绿帽子庇护之故。由于乾隆帝的无端惩罚，招来很多人的不满。天下没有不透风的墙，乾隆帝与傅夫人的暧昧之事，不出一个月的工夫，便在坊间传得沸沸扬扬。坊间流言很快传布到乾隆帝的耳中，他便像得了失心疯，变得更加暴戾乖张。

此时讷亲正好撞在枪口上，乾隆帝已于三年前派兵平定川藏战事，谁知这一仗打到乾隆十三年（1748）还没有结束。皇上恼了，便派自己的发小讷亲前去西北军中走一遭，主要是让他得个军功，好堵住众臣的悠悠之口，因为讷亲既非科甲出身，又没有半点军功，朝野对其领班军机处颇有微词。没想到讷亲却打了个败仗，乾隆帝十分恼怒，便将讷亲调回，改派傅恒前去立功。讷亲回京后，乾隆帝觉得他有损自己尊严，令其用祖上军刀自裁，同时从前线调回的川陕总督张广泗也因贻误军机被处死。讷亲死后，傅恒便接任，做了首席军机大臣。

这场政治沙尘暴刮得如此猛烈，不过是乾隆帝借皇后之死，发泄自己对官僚集团压抑多年的不满。乾隆帝登基十三年以来，奉行的不是康熙爷的儒家政治，也不是雍正爷的法家政治，而是专制的独裁政治。他对大清官僚系统的判断过于悲观，主要因为自己是凭空降落在皇位上，在官僚系统里没有自己的骨干分子，这年月久了，他便觉得自己真的是孤家寡人，不像父皇和皇爷爷，有体己的臣子在身边陪着说说话。乾隆帝的暴戾阴狠之气越来越甚，说明此时天下大权尽握在皇上一人手里。

乾隆帝曾发出这样的政治讯号："如果尔等臣工因为朕的宽仁，一而再、再而三地放任下属来欺瞒朕，要是导致朝政漏洞百出、弊端丛生，最好不要激怒朕采取非常手段，到时候恐怕对尔等臣工和天下百姓不利。""今天朕暂时容忍，不过朕总有一天会算总账。"乾隆帝早就预谋对官僚机器进行一次大清洗，让这些官吏从欺上瞒下中警醒过来，让他们清楚地知道自己不是随便糊弄的庸主。从乾隆十三年的官场风暴起，这个算总账的日子就来了。

乾隆帝对众臣的态度，开始还能保持以礼相待，后来就把臣工们当家奴使唤，动辄痛骂训斥，肆意羞辱。儒家的政治理想对人格的互相尊重，在乾隆帝的执政词典里被删除了。从这时开始，乾隆年间的君臣关系就变成了暴戾阴狠的主子与屏息而侍的奴才的关系。在朝堂之上，臣工们言行稍有不慎，就会遭遇皇帝的怒斥和严惩。朝中很多臣工都想罢官不做，可是又不敢请辞，怕招致杀身之祸。

不过，乾隆帝对张廷玉这位三朝阁老还保有表面上的斯文，说句心里话，乾隆帝如何对待张廷玉，张廷玉早已不在乎了，先前的两次政治开涮，张廷玉吓破了胆，也受够了羞辱。本来处分对于一般臣子，倒不是什么大不了的，但是对于拥有近半世纪官龄，又没有犯过一次错误的张廷玉来说，这种精神打击是比死还沉重。

眼看乾隆朝的官一天比一天难当，作为三朝重臣，张廷玉肯定揪心大清的未来。他预感官场沙尘暴还会到来，因此日夜忧虑，为大清国，为朝廷官员，也为他自己，为了死后能吃到太庙里的那块冷猪肉，张廷玉决心忍受一切打击。因为配享太庙，既是先帝爷的恩宠，也是对他官路生涯的充分肯定。眼下张廷玉年近八旬，牙齿都光荣下岗了，老年斑已经抢占了双颊，如今他走过一里地，倘若没有人搀他，那是断定完不成了。

在乾隆十四年（1749）岁末，乾隆帝突发体恤之心，在一次君臣问话当中，皇上问起了张师傅的身体状况。张廷玉抓住这个机会，详陈接近进土状态的衰疲，战战兢兢地乞求归园田居。

看到张廷玉风烛残年的老态，一股恻隐之心在乾隆帝心头油然而生，他不免暗自寻思：这个张师傅虽然巧滑，但在四十多年的仕途上，还是为爱新觉罗家族费了不少心血。看他眼下这般光景，就让他安享几年林下之乐吧！

乾隆帝随即发布谕旨："张师傅自入冬以来，精神已经大不如以前了，可能是因为年岁太高，写字读文都很费时，而且常常出错。每每看到你，仔细打量，心里很感恻然。……如果执意把你留在身边，显得不合情义，而让你离开，这句话朕实在不忍心说出口。放在桌台上的鼎彝古器，观摩的时间长了，都舍不得移开，何况朝廷阁老，这情义如同朕的股肱，这叫朕怎么舍得？"皇上差人把这道谕旨送到张府，问张廷玉是否真的归居园田，由他自行决定。这道谕旨体现了乾隆风格，即把所有的道道抓在自己手头，这样自己就可以进退自如，却让对方难以应付。谕旨中，乾隆帝既表达自己对张廷玉的关爱，又表明要珍惜彼此难以割舍的君臣情义，他就是想试探张廷玉如何答复。

按常理来说，张廷玉接到谕旨后，应该反复揣摩，然后在折子上陈述自己的身体实况，起居行走诸多不便，难以上朝，同时深切地表述自己的犬马情怀，对主子是如何依恋，说自己不忍离开皇上，身体衰弱如风烛，也愿跟随在皇上身边，直到死去。

倘若这样，乾隆帝就可以再拟一道圣旨，说读了张师傅的折子，感动异常，张师傅实为天下人臣之表，朕关心三朝重臣，特准张师傅荣归故里，享园田之趣。这样一来，君臣情义，彼此都搞得很漂亮，可以入史册，成为后世一段佳话。

也许乾隆帝高估此时的张廷玉了，被乾隆帝来回折腾数次的张廷玉，神志恍惚，已经没有当年的精明了。再说人一老就想叶落归根，他打开圣旨一看，就以为皇上默许了他的请辞，顿时欢喜得像小孩子过年一样，随即上奏谢恩，定于来年春天启程。

乾隆帝看到张廷玉的回复后，无奈地摇头说："这个老爷子，不再是当年的张师傅了，他难道对朕一点情义也没有？"不过想起张廷玉那副随时可能进土的模样，皇上还是表现难能可贵的宽容，毕竟大清江山的长治久安，还是有他一份心血的。乾隆帝一直想做千古明君，当然要与张廷玉有始有终。因此，乾隆帝在上谕中，用抒情的笔调展望十年后的君臣情义："朕五十大寿的时候，大学士就快九十了，一叶扁舟从天边来，张师傅就像南极仙翁手执拂尘觐见，然后君臣见面叙旧，把话家常。"

张廷玉的官路生涯至此，可以说无可挑剔了。他享受应有的荣华富贵，又平安地政治软着陆，死后还能吃到太庙里的冷猪肉，这是历朝为人臣的最高理想。

可惜，人生在柳暗花明的时候，往往就峰回路转了。

六、吊诡的冷猪肉

话说鄂尔泰病逝后，权力新贵讷亲一跃成为大清最具实力的政治明星，可是，好景不长，他像流星一样拖着尾巴谢幕了。过后，一位与张廷玉势均力敌的政治对手闪亮登场，他就是大学士史贻直。

这厮与张廷玉是同年进士，但是前期仕途不顺，于是攀附在鄂尔泰门下。鄂尔泰走后，鄂党中人就把史贻直当作鄂党的实际领导人，像蚂蟥叮咬农夫的腿肚，继续以造谣指摘张廷玉为事。

自打乾隆十三年（1748），张廷玉请辞归园田居起，以史贻直为核心领导的鄂党分子在朝中肆意广播说：张廷玉没有什么可以与鄂尔泰媲美的历史功绩，根本没有资格配享太庙，还明目张胆地跪在皇上面前力陈其词。

申请归园田居成功后，晚年的张廷玉终于松了一口气，至少可以埋骨桑梓间了。可是皇上在第二道圣旨上说："死后配享朝廷太庙的三朝重臣，哪有放归山林终老的道理？"乾隆帝在圣旨上含糊其词的反问句，潜台词就是说张师傅一旦放归山林，那死后能否配享太庙，这个事就很难说了。

史贻直三番五次地奏请皇上取消张廷玉的配享资格，张廷玉得知后，心里不得不思量：倘若让史贻直阴谋得逞，那我这一生不是辜负了先帝爷的期望了吗？皇上近日对自己恩宠有加，配享太庙应该没问题。可是皇上谕旨并没有明确指示，万一自己归园田居，远离京城，在朝中就没有丝毫影响力了，到时候史贻直用谗言不停打扰皇上，乾隆帝听烦了，便会采纳他的提议，那自己死后就无法吃到太庙里的冷猪肉了。

张廷玉辗转反侧地想了一宿，他竟然为此失眠了。在京城的宰相府邸，他反复思量了几日，做事要干脆利落，张廷玉这次是决定豁出老脸，进宫面圣，恳求皇上做出一个明确的指示，借此粉碎鄂党一干人等的阴谋。

在张廷玉的中年时期，这样异常的举动，他是绝对做不出来的。以淡定、谦卑著称的和事佬，张廷玉一生从来没有主动争取过任何恩宠，也许人到老年，就跟小孩一样任性和固执。

张廷玉不顾隆冬严寒对病体的侵害，说服儿子搀扶他，步履蹒跚地走进紫禁城，来到了内廷，他一趔趄就跪倒在皇上面前，哭诉了自己的忧虑，而后取下顶戴，恳求皇上对他配享太庙作一具体明示。

听罢张廷玉的苦苦哀求，乾隆帝大为吃惊，眼前是当年万言万当，不如一默的张师傅吗？皇上一沉思，心里感到很不高兴，他没想到一个臣子竟然要求自己写个明示："胆子也太大了！朕从来没有说过不准允你配享，而今你这种做法，就是担心朕失信于你。既然已经恩准你回乡终老，朕就会送佛送到西，免得后世笑话。况且先皇也在遗命里说过：朕可保其始终不渝，朕总得给先帝面子，与这个父皇留下的古器有始有终吧，自古君臣佳话都是造出来的。既然如此，朕就姑且饶恕你，给你一封保证书。"

乾隆帝平生最讨厌臣子跟他谈条件，要是每个臣子都效仿张廷玉的话，那九五之尊何从谈起！乾隆帝应允下达恩准他配享太庙的谕旨，可回头一想，心里觉得不是滋味。于是他诗兴一起，题了一首诗给张廷玉："造膝陈情乞一辞，动予矜恻动予悲；先皇遗诏惟钦此，去国余思或过之。可例青田原侑庙，漫愁郑国竟摧碑；吾非尧舜谁皋契？汗简评论且听伊。"这首诗写得很有意思，不妨用现代白话文与诸君分享一下：你一把年纪，厚着脸皮跪在朕面前，哭诉地说史贻直三番五次地进谗言，意欲取消你的配享资格，你怕朕受了蛊惑，恳求朕给你保证书。这一异常举动，让朕产生悲恻之心，先皇的遗命，朕定当遵守，这是毫无疑问的。你归园田居后，在家好好想想，应该有所明白。朕已准允你如同刘基一样，既可放归山林，同时又可配享太庙殊荣。你估摸着朕会像李世民那样，亲手给谏臣魏征写了碑文，然后又亲手把它毁了？朕虽配不上尧舜，可不知谁能配得上稷契、皋夔之臣？至于将来历史怎样评价我们君臣，就让它像风一样吹吧！

"可例青田原侑庙"，是引用了前朝刘基归园田居的典故。刘基以休致之臣，而得从祀。"漫愁郑国竟摧碑"，是引用唐朝有名的谏臣魏征，死后被唐太宗砸碑的典故。这首诗的语气表达的情谊很难琢磨。末了的两句摆明了就是赌气，这个谁都看得出来：你张师傅没什么文治武功，功绩能与稷契、皋夔相比吗？至于父皇让你配享，于公于私，他的意思，我现在还没搞清楚。

张廷玉拿到了荣誉保证书，开心得像孩子笑了，他不会因为皇上的那首含蓄诗而影响心情。在官场混，看的与求的都是最终的结果。而今张廷玉心中的块垒释然了，他可以回家安心睡个踏实觉了。况且皇上还象征性地施恩，准允他第二天不用进宫谢恩，说白了就是不想再看到张廷玉那张老脸。

张廷玉昨日进宫折腾了一天，临近八旬的老人与皇上精神对决，那要杀死多少脑细胞。回到府邸，刚一落座，他就两眼发黑晕倒了。第二天醒过来，张廷玉竟然下不了床，只好差儿子张若澄代他到宫门谢恩。

不料，就这么个小小的礼仪细节竟然惹来大祸。其实，乾隆帝并不是那么小心眼，他不会与一个行将就木的老人计较，问题是张廷玉已经成为朝廷党争的政治符号，只要他不死，张党就会存在。而且皇上也不希望他死，三番五次地不准允他归园田居，就是要让张党与鄂党余孽一直斗下去。皇上只要继续搞权力平衡，大清就会持续安定。说白了，你张廷玉哪怕成了植物人，只要朋党之争还存在，你就是躺也得躺在北京城。

张廷玉一生恪守君臣礼仪，近半世纪的风风雨雨，他一直跟随在皇帝身边，从来没有在礼数上出过丁点差错。对于这次乾隆帝的"施与特恩"，张廷玉自然受宠若惊，不管皇上怎样讨厌他，他都得进宫谢恩，这是礼数，况且乾隆帝也喜欢这样摆谱，谁料张廷玉一病就起不来了。第二天一早，儿子张若澄就代父进宫面圣谢恩。乾隆帝不见张廷玉前来谢恩，便觉得张廷玉压根对他没有君臣情义，如今他的要求都一一得逞了，就视朕如陌路人，就连朕也不想见了，这胆子也太大了！

这时，皇上藏在心底已久的愤懑就爆发了，退朝后，乾隆帝就命军机大臣拟旨，问张廷玉"明白回奏"究竟是何意？

当时在军机处听差的大臣只有汪由敦和傅恒两人。汪由敦是张老爷子的掌上门生，从翰林院实习秘书开始，每一步的历练，都是承蒙张廷玉的援引，爬到如今的军机大臣。汪由敦觉得皇上这次发飙非同寻常，必须慎重对待，赶紧差一仆从把消息迅即递往张府。

张廷玉不知是吓傻了，还是老糊涂了，这圣旨都还没传下来，他竟然做出了一个草率的决定，看来他真的是老了。次日天还没亮，他就硬撑着进宫面圣，扑通一声就跪在皇上跟前，磕头谢罪。

乾隆帝一听张廷玉的陈述，顿时怒火中烧，当场就把他臭骂了一顿。皇上问他"明白回奏"是何意的谕旨还没发到张府，张廷玉就提前来谢罪了，消息如此灵通，皇上见了，不暴跳如雷才怪！

军机大臣汪由敦向张廷玉泄露消息，这就暴露了朋党旧习依然很猖獗。皇上没想到自己打击朋党十几年，到头来还是毫无成效。张党竟然如此胆大妄为，乾隆帝此次是彻底发火了，他把张廷玉赶走之后，越想越有气，于是亲自撰写了一篇上谕，广布天下。

上谕大概是这样写的："朕允准了张师傅告归园田，同时享受死后配享太庙。他应当前来谢恩，即使老弱不堪，也应该令人扶持而来。如果君臣没有礼数，天威何在？张师傅不来谢恩就是把配享资格作为应得之分，那是先皇的允诺，与朕无任何干系。既然朕写了保证书，日后就没有反驳之理，张师傅能得到大清国的恩赐只能到此为止，日后君臣就互不相干了。"张廷玉恳求皇帝写保证书，就是不信任皇上，这让素性猜疑的乾隆帝最为生气。张廷玉急于返回桐城老家，就说明对乾隆帝没有任何依恋之情，把君臣情义看得太过淡薄。张廷玉贵为三朝重臣，也得为大清臣民做好表率，不能这样草草绝情而去啊！

况且张廷玉在没有请辞之前，他把自己的进退看得比大清朝政还重要，可见对皇帝不够忠心。"综观他的官路生涯，在基本工资保持养家糊口的情况下，张廷玉为人低调、明哲保身，以保住官职为最高的理想追求，并没有以社稷为至上。张廷玉在没有跪接'明白回奏是何意'的谕旨，就提前跑来谢罪了。出现这样的荒诞事，肯定是军机处泄密的缘故。既然汪由敦是张廷玉举荐来替代他就任大学士之职，汪由敦肯定想加以回报，这就是路人皆知的结党营私。张廷玉在卸任时，还不忘在朕身边安插耳目，留星替月，这招实在阴险。"

在这道谕旨里，乾隆帝彻底撕掉了对张廷玉温柔的面纱，露出其暴戾阴狠的品性。按谕旨列出的罪状，与张家有关联的一干臣子可能会丢官削爵，打入大牢的可能性也是有的。皇上一旦兴起大狱，就会牵扯张党一干人等，完全有可能把张廷玉一锤打倒在地。此时满朝文武大臣都在焦急等待皇上对张廷玉的发落，虽然各自怀揣不同的目的。此时张廷玉也是追悔莫及，在回奏的折子里说："罪臣福薄，鬼迷心窍，导致为人做事纰漏百出，给朝政带来很大的危害，请求皇上严加惩处。"

事情已弄到这般田地，张廷玉就是百口也无法辩驳，只有承认事实，皇上才有可能准许自己离开。张廷玉相信，乾隆帝一直想做贤君名主，料定不会大加杀戮，皇上会平心静气地处理他的问题。

皇上不想大动干戈，何况是对于张廷玉这样的三朝阁老，而且朝廷还有依附他的张党。乾隆帝是那么精明，他的一言一行都会慎重考虑，不会因为一时情绪，从而打破大清既定的政治蓝图。

打开张老爷子恳切谦卑的回奏，一见张廷玉主动服软，乾隆帝心中的怒气顿时少了许多，于是乾隆帝下了一道圣谕说："朕一直宽容张廷玉，这次严旨斥责于他，主要是因为党争旧习，朕无论如何不能纵容臣子们结党营私，那样大清朝政就危在旦夕，此等荒诞的伎俩竟然还敢在朕面前摆弄！张廷玉马上就要告归园田，朕再宽容他一次不难，如果不把事情挑明，他不会领会朕保全他的情义，还以为朕上了他的圈套。如今念张廷玉认错恳切谦卑，朕不忍心给三朝老臣加以大罪。张廷玉虽然有功于朝廷，但那都是些雕虫的技术活，写一手很好的公文与文治武功相比，就显得可以忽略不计了，所以张廷玉不配死后配享太庙。可是朕贵为皇帝，要对大清臣民仁德厚爱，朕不会取消他这一资格，这是先皇所赐。但伯爵这项国家级政治荣誉，是朕亲授的，既然张廷玉对朕薄情寡义，朕又何必硬塞给他，因此削去他伯爵头衔，以示惩处。"

张廷玉五十年奋斗的官场脸面，在人生的夕阳时刻，大有付之一炬的趋势。他低调做官，本分做人，就是图个仕途圆满。离京前夕，张廷玉碰了一鼻子灰，死后能否吃到太庙里的冷猪肉，这还是个未知数。万分沮丧之时，这位官场老人什么也不想了，他一心只想赶紧回到桐城老家，远离京城这个是非之地。

七、张、鄂两党倒台

乾隆十五年（1750）的春天，张廷玉遵循乾隆帝的旨意"明春回乡"，眼下正忙于收拾京城一切家什，变卖的赶紧变卖，送人的赶紧送人，张府上下都急急忙忙地准备返回桐城老家。

在这吊诡的人世间，你越想办成某事，它偏偏给你生出岔子。是年三月，张廷玉已经写好了给乾隆帝的折子，眼看就要启程了，不料遭遇乾隆帝的长子永璜突然离世。

张廷玉是永璜的老师，因有师生情分，他必须参加丧礼。在一次又一次的礼仪过后，终于熬过了初祭，丧礼算是暂时告一段落。张廷玉因归家心切，于是向皇上奏请，要马上启程。也许张廷玉老糊涂了什么的，之前皇上的丧偶之痛，就掀起了一场政治风暴，这丧子之痛更甚于丧偶之痛，要是明眼人，躲都还来不及。

乾隆帝一看折子，顿时就被激怒了。皇上对皇长子很钟爱，丧子之痛不言而喻，况且乾隆帝心情不好的时候，习惯拿大臣出气，张廷玉知道皇上这个老毛病，没想到自己撞枪口了。

悲痛万分的乾隆帝把折子随手一扔，生气地说道："皇长子才过初祭，丧服未脱，张廷玉就要南返，可见他的内心并不悲痛。他枉为皇长子的老师，一点师生情分也没有，可见他对皇室的忠心是假的。"

张廷玉如此薄情寡义，乾隆帝于是旧事重提，认为张廷玉对皇室毫无情义，配不上忠臣二字，死后不够资格配享太庙。乾隆帝在谕旨中数落张廷玉，说他在雍正年间，只不过是个会写一手好公文的秘书长。在乾隆年间，游手好闲，文治武功方面，一片空白，毫无建树，朕念他资格老，就把他当作先皇传下来的鼎彝古器摆在朝堂之上，做个样子。

末了，乾隆帝还把历代配享名臣列个名单，让张廷玉看后回奏，扪心自问，看他配不配得上吃朝廷太庙里的冷猪肉，这个配享资格他到底还想不想要。

乾隆帝这样反复无常，搞得为官半个世纪的张廷玉心里很是不爽。既然是自己做错了事，那就主动认错，张廷玉向乾隆帝如实回奏说："罪臣老眼昏花，神志不清，没有好好地思量自己，对于是否有资格配享太庙，以前总是肆意妄为地反复向皇上请奏。皇上翔实地给老臣保证并加以训示，让老臣如梦初醒，心中愧疚不安。后来圣上给老臣历朝配享名臣的名单，老臣仔细看了几遍，顿时感到无地自容。想老臣一生既没有开疆拓土的武功，也没有安邦定国的文治，即便侥幸配享太庙，老臣死后得知，只会增加内心的愧疚。况且老臣年事已高，见识日渐短浅，实在愧对雍正帝的在天之灵啊。既然老臣有负皇恩，就恳请皇上对老臣加以严惩，更不用说配享太庙了。请求皇上向众臣说明，取消老臣配享太庙的资格。接受太庙祭祀，不是随便什么人就有资格死后配享的，老臣愚钝，只要能安守本分就知足了。"

这件事处理的结果就不言而喻了，在皇上乾纲独断的专制会议上，除了几个与张廷玉交好的亲王提议慎重考虑外，其余廷臣清一色地认为张廷玉不够配享资格。

乾隆帝随心所欲地玩了一把少数服从多数的现代民主后，就立马取消了张廷玉的配享资格，然后就没有理由不让张廷玉回家了。

回到桐城老家后，张廷玉无心乐于山林，因为心头有一种无法言说的羞愤。你试想一下，当年他老爸张英可是荣归故里，将来，如果儿孙们听话，与乾隆帝把关系搞好，儿孙们也可以荣归故里。而今，只有他自己，做官半个世纪，到头来还是丢掉了伯爵和配享这两项国家级政治荣誉。

张廷玉整天把自己关在书房里，他不是为了炼丹，只想一个人静下心来，更不想见客。在家里调养了几个月后，他才有心情乐于山林。故乡泥土的芬芳，那是治愈一个游子心灵的"云南白药"。没过多久，张老爷子的精神渐渐矍铄起来。

俗话说：人要不走运，喝凉水都塞牙。张廷玉刚刚变得开朗起来，朝中又传出令张廷玉烦心的事情：他的亲家四川学政朱荃在老母去世的时候，正赶上岁考之期，朱荃想搞点"考试补贴"，便"匿丧赶考"，"贿卖生童"，还"勒索新生规礼"，且查出朱荃是大逆吕留良、严鸿逵案内人员。贵州道监察御史储磷趾不知从哪儿得到了消息，随即参了朱荃一本。

此时，乾隆帝又念叨起张廷玉。朱荃在仕途上有所建树，那是得益于张廷玉的举荐，而当时办理严鸿逵案，张廷玉缮写谕旨，朱荃作为涉案的漏网小鱼，张廷玉应该知晓其底细。何况后来两人还结为儿女亲家。其实当时就算不和朱荃做儿女亲家，张廷玉也会和李绂做亲家，总之人要是走霉运，你想躲也是躲不了的。

乾隆帝有个怪毛病，只要朝廷一出事，他就要琢磨此事是否与张廷玉有干系，乾隆帝一想到没什么大功劳的张廷玉，就想变着戏法，跟他娱乐一下。狼要吃羊，它总是可以找到借口的。乾隆帝这样指责张廷玉，说朱荃这样一个品行低下的官员竟然受到他的举荐，可见张廷玉并不像他自己陈述的那样没有任何灰色收入，借此推想，张廷玉在乾隆年间做官，难保没有贪赃枉法之嫌。

搞定朱荃后，皇上立马传旨，说张廷玉举荐此人，并且与之结亲，是何居心，要是换做雍正年间，他绝不敢如此妄为。你张廷玉这样子搞，不是明摆着轻视朕吗？他责令张廷玉坦诚交代，与这样的卑劣小人结亲，目的何在？

面对皇上这般无理取闹，张廷玉真是苦不堪言，不过，此次张廷玉学乖了，选择了沉默，可他心里也许在说："我服了你，不与你争辩。"

乾隆帝见张廷玉不表态、不申辩，心里更来气，于是把张廷玉的儿子张若澄找来，训斥了一顿。意思是说：你老爸犯了严重错误，朕只是给他一点点惩罚，希望你不要学坏，好好做官。

面对乾隆帝的责难，张若澄既不能说老爸的坏话，也不敢得罪皇上，只能跪求皇上法外开恩。于是，乾隆帝玩起了政治的帽子戏法，先是打赏张若澄一些金银珠宝，而后又要收回三朝皇帝赐给张廷玉的所有赏赐，就当作其亲家朱荃的赎罪银。

皇上指派自己的心腹内务府大臣德保去执行这个得罪人的差事，临走之前，皇上还特地把内务府大臣德保召入宫里，慎重地叮嘱了一番。乾隆十五年（1750）中秋节前夕，钦差大臣造访了张家。张廷玉一早就带领全家老少跪在门口候着，并且遵旨把三朝皇帝打赏的珠宝、衣服、古器、字画、银两等收拾在一起，准备呈交给德保。

张廷玉没有想到皇上会如此兴师动众，钦差大臣德保后面跟随十来名大内侍卫，还有从当地知府抽调的两百名兵勇。这些兵勇好像事先得到命令似的，以查找遗漏的皇家赏赐物品为借口，在张家府邸到处翻箱倒柜，就连地板砖也给掀了，这不就等于抄家嘛！这些兵勇没有抢夺其他财物，就是把张家有字的东西反复搜查了一下。

张廷玉谨小慎微，在大清官场那是出了名的，此次查证正好给他做了充分的证明，张廷玉为官五十年，确实没有灰色收入。

内务府大臣德保并不是为了查核张家的财产，而是要带走张家所有带字的东西：文章、信件、书籍甚至便条。

在钦差大臣德保离京之前，乾隆帝就特意嘱咐，到了桐城张家，借查有无遗落的皇家赏赐物品为由头，严格排查张廷玉的藏书及私人信件等，看他是否有不轨之心或对朝廷有怨怼之词。结果审查了大半个月，德保在桐城张家没有查到对朝廷有抱怨的片言只语，这让德保对这位三朝老臣不得不肃然起敬。

张廷玉的书法也是很有功力的，作为大学士，免不了要用文字抒发内心的感受什么的，写书信、写日志、写工作记录、写读书心得、写回忆录，像张廷玉这样的高层离休干部，要写的东西实在太多。可是在张廷玉几百封往来的信件当中，没有一封涉及当朝政治。

张廷玉只是编了一本年谱，就相当于工作记录，上面记载了张廷玉官路生涯中的诸多大事。张廷玉编写年谱，目的就是想身后给后代子孙留个念想。在这本书中，他详细记载了三朝皇帝对他的恩宠和赏赐，细致到哪位皇帝说过哪句赞赏他的话语，时间、地点、当时的情景，都描述得很翔实。就连乾隆帝赏赐的宫廷酒菜，他都一一记载了，就是找不到一句对大清朝政的评点，也没有一字涉及朝政机密。

这次突击检查，德保没有抓到任何政治把柄，他想不到张廷玉如此谨慎，对三朝阁老自是无比敬仰。张廷玉向来认为当朝政治的评定都是后来人的事，当朝人都身陷其中，谁也看不明了。如果真的查出问题，张廷玉这次就要遭遇刑事处罚了。

这次莫须有的突击检查，举国上下的官员百姓闻之，莫不唏嘘。深感失望的乾隆帝觉得自己这事做得没品，不免有点心虚。为了向张家表示歉意，皇上加倍赏赐了张若澄，并让他晋升进了内阁，就连张廷玉的几个子侄，皇上也一并让他们连升了两级。

乾隆帝觉得这事有失仁君风范，为了堵住天下人的口风，他下了一道圣旨，训斥钦差大臣德保妄揣圣意，给朝廷造成恶劣影响，乾隆帝随即罚没德保两月的俸禄，以儆效尤。皇上让德保背了黑锅，可大伙心知肚明，突击检查等同抄家，德保没有领导的批示，有那么大的胆子吗？张廷玉可是三朝阁老，说白了，只要张廷玉还活着，乾隆帝就会变着法子整他，也就是说张党一日不垮台，乾隆帝就会一直找茬儿。接着，皇上揪住张廷玉跟朱荃这等卑污小人结为亲家，意欲何为？威逼张廷玉给出答复。张廷玉被逼无奈，只好奏请皇上说："老臣罪孽深重，心志不宁，做事颠倒黑白。自从与朱荃结为亲家，直到今天，我还被他蒙在鼓里，并不知道他是卑污小人。而今跪读皇上的谕旨，方才警觉，心中很是后悔，自觉愧对皇恩。眼下已经酿成大错，老臣也无话可说，只求皇上将老臣严加惩处。"

乾隆帝把张廷玉的折子交给众臣廷议，以示公正，结果，众臣肯定认为张廷玉犯了严重错误，建议申斥查办，交刑部处理，以示惩戒。皇上此时摆出一副仁君的模样,他下旨布告天下,赦免张廷玉的罪过,同时斥责了张廷玉:"张廷玉有幸蒙受三朝隆恩,这样的荣幸,世上是很少见的,而且得到配享太庙的荣耀,他应该怎样报效朝廷呢?即使年老多病,也应该眷恋朝廷,鞠躬尽瘁,不忍心说要离开。他平时低调做官只是为了保住自己的职位,而今老了,无法结党营私,于是再三请辞告归园田。对于君臣情义,他并不挂在心上。他这种做法不仅有负于朕,也有负于先皇啊。所以天地鬼神使他神魂颠倒,他一生的恶行坏事,而今逐一败露。张廷玉罪孽深重,即使去了他的官爵,加以查办,也不过分。他与门生结党以及与卑污小人朱荃联姻,这对于张廷玉倒是小过了。朕先前命钦差追缴皇家赏赐给张家两代的财物,也足以表示惩罚。如果按臣工们所奏,将他革职问罪,朕于心不忍。张廷玉虽然有负于朕,实属罪有应得,可是朕仍然于心不忍,还是决定赦免他的罪过,以表示朕始终珍惜君臣情义。"

通过这次问罪,张党彻底倒台了。乾隆帝轻松搞垮张党之后,就不会与张廷玉找茬儿了,现在他要忙着招呼鄂党了。

转眼到了乾隆二十年(1755)的春天,那天阳光并不明媚,胡中藻出任广西学政期间拟出的试题及与人唱和的诗文存在严重的政治问题,皇上密令广西巡抚卫哲治将里面一切有关政治敏感的地方,严加排查。

在朝堂上,皇上召集众臣,点评胡中藻《坚磨生诗钞》里的诗句,开始构建大清的文字狱。这个胡中藻就是有点小资情调的官僚,除了耍点文人脾性,没事就上上舞榭歌台,写写曲子,一些风花雪月也没啥罪过。他这次倒灶,关键在于他跟错了人。

胡中藻初涉官场,就一直跟鄂尔泰鬼混,从基层坐火箭做到了内阁学士。鄂尔泰死后,因为与张照等结下了梁子,胡中藻便遭到张党诬陷,被降职贬到广西做地方学政。他平日里喜欢喝点闷酒,写些无病喊痛的诗歌，为了给后人留存纪念，他找了一家书商，自费出版了一本自选诗集，取名叫《坚磨生诗钞》。

他的这件破事没什么可圈可点的，可是乾隆帝把张党一手撂倒了，一看鄂党还活得很蹦跶。张廷玉离开京城后，鄂党党魁史贻直就已经官拜文渊阁大学士兼吏部尚书，朝中再无人与之可比肩，听闻他时常在朝中吆五喝六，看那架势好像要把大清当作他的江山。听罢暗探的陈述，乾隆帝当即就发飙了，他决心要把鄂党清空。

是年三月，皇上召集群臣，在朝堂召开对胡中藻的代表作《坚磨生诗钞》的廷议。针对"又降一世夏秋冬""一把心肠论浊清"的胡氏名句，皇上进行了深度的政治解读："众爱卿想想，'又降一世夏秋冬'这肯定是暗指要变天了，是'明'的意思。而后面一句'一把心肠论浊清'，这个就更加明显了，污蔑大清是暴政，而且是发自肺腑的议论，在大清前面加一个'浊'字，其心可诛啊！"

众臣见皇上这样说文解字，自然明白他的意思，于是大伙努力地找茬儿，有这些科甲出身的官员协助，乾隆帝很快找到一堆莫须有的政治问题。比如"斯文欲被蛮""无非开清泰"这两句，就存在很明显的政治问题。头一句就是说汉人被满人奴役了，让汉人斯文扫地；后一句就是说满人是蛮夷之族，抢了汉人的天下，搞得国家不成体统！接下来还有两句"相见请看都盎背""与一世争在丑夷"，同样存在很大的政治问题，这两句可是说：号召汉人高举反清复明的义旗，胡中藻试图发动叛乱，推翻大清帝国。在乾隆帝的正确引导下，胡中藻的诗歌被众臣像刮鱼鳞似的，刮下一堆政治问题。廷议过后，众臣认为这些诗句仇视朝廷，而后乾隆帝下旨广布天下："申我国法，正尔嚣风。"随即下令将胡中藻拘捕归案，其家属全部收监，家产一并没收。末了，乾隆帝下旨将胡中藻凌迟处死，就连死去的鄂尔泰也以缔结朋党的罪名撤离贤良祠。

乾隆帝把死了的鄂尔泰也拉出来定罪，目的就是想借此把鄂党一锅端。这一次，受连带的官员鄂尔泰的侄子、甘肃巡抚鄂昌，皇上对他做了宽大处理，令他在狱中自尽。为了保证家眷不受牵连，鄂昌在狱中供出了同党史奕昂，说甘肃布政司史奕昂要他做好入狱的准备，鄂党其他骨干分子会全力营救。皇上一听，顿时勃然大怒，立即刑拘史奕昂，由于史奕昂是史贻直的儿子，史贻直自然受牵连，而后被削职处理。之前鄂尔泰的两个儿子在平定准噶尔的战争中阵亡，鄂党就这样彻底垮台了。至此，鄂、张两党的斗争，以乾隆帝的胜出圆满收场。

也就在这一年，三朝阁老张廷玉突然走了。永别的那天，京城突然狂风大作，接着下了一场好大的雨。乾隆帝疲于处理党争之祸，近日身体偶感不适。没过几天，张廷玉离世的消息传到了京城，乾隆帝得知后，心里很是失落，间或也有一些悲痛。毕竟君臣相处十四年了，当初乾隆帝还是宝亲王的时候，张廷玉对他可好了。乾隆帝回想张廷玉一生的功绩，觉得自己对张师傅太过苛刻。也许两个聪明人走得太近，时间长了，觉得彼此就像敌人，一旦永远分离了，却又觉得非常眷恋。

张廷玉为大清国玩命工作了一辈子，他的官龄近五十年。他的离去，朝廷自然会做出表示。党争之弊已除，为了打造自己的仁君形象，张廷玉的死，对于乾隆帝来说是个好的契机。乾隆帝佯装失去老臣的哀痛，广布赦免张廷玉以往的过失，令他配享太庙，恤典如常，谥"文和"。经过乾隆帝反复多次的政治恶搞，太庙里的那块冷猪肉，最终还是送还到张廷玉的嘴里。从乾隆十四年（1749），张廷玉去紫禁城找皇上写保证书，到乾隆二十年（1755），张廷玉重获国家级政治荣耀，这当中，整整相隔了六年。张廷玉料到了结尾，可是没想到过程如此折腾。而今这结局，还算圆满。所以说低调做人、本分做事，是张廷玉官路生涯中的不二法宝，瞧，他还是赢了！

张廷玉死后，后代得到了很好的庇护。儿子们踏着张廷玉的足迹，继续提着灯笼给乾隆打工，桐城张家所得到的恩赐和荣耀，在大清国，当时是第一家。

许多年之后，风烛残年的乾隆帝，在病榻上回顾自己走过的大清历史时，自然而然地想起了这位三朝重臣。他拿起毛笔，用颤巍巍的手写了以下的小楷文字：

纵观数千年的历史，奸臣、弄臣叹多，直臣、忠臣叹多。能如张廷玉这般历三朝名君隆恩而始终稳居高位而不倒的重臣，仅此一人而已。

附录：本书主要参考文献

1. 陈所巨、白梦：《父子宰相》，安徽文艺出版社，2004年版。
2. 张英、张廷玉：《父子宰相家训》，新星出版社，2015年版。
3. 赵尔巽：《清史稿》，中华书局，1977年版。
4. 徐尚定：《康熙起居注》，东方出版社，2014年版。
5. 冯尔康：《雍正传》，人民出版社，2014年版。
6. 张宏杰：《饥饿的盛世——乾隆时代的得与失》，湖南人民出版社，2012年版。
7. 蔡东藩：《清史演义》，中国画报出版社，2014年版。
8. 梁肇庭：《中国历史上的移民与族群性——客家人、棚民及其邻居》，社会科学文献出版社，2013年版。
9. 李国荣：《清朝十大科场案》，人民出版社，2007年版。
10. 金承艺：《清朝帝位之争史事考》，中华书局，2010年版。
11. 杨珍：《历程制度人——清朝皇权略探》，学苑出版社，2013年版。

12. 易中天：《帝国的终结》，复旦大学出版社，2007年版。

13. 来新夏：《清人笔记随录》，中华书局，2005年版。

14. 林乾、句华：《言官与康乾政治》，安徽人民出版社，2013年版。

15. 山本进：《清代社会经济史》，山东画报出版社，2012年版。

16. 金性尧：《清代笔祸》，紫禁城出版社，2010年版。

17. 史景迁：《雍正王朝之大义觉迷》，广西师范大学出版社，2011年版。

18. 江小角、吴晓芬：《桐城明清名宦》，安徽美术出版社，2011年版。

19. 艾永明：《清朝文官制度》，商务印书馆，2003年版。

20. 刘小萌：《清代北京旗人社会》，中国社会科学出版社，2008年版。

21. 瞿同祖：《清代地方政府》，法律出版社，2011年版。

22. 祁美琴：《清代内务府》，辽宁民族出版社，2009年版。

23. 张德泽：《清代国家机关考略》，学苑出版社，2001年版。

24. 张廷玉：《明史》，中华书局，1974年版。

25. 张廷玉：《张廷玉全集》，江小角、杨怀志校，安徽大学出版社，2015年版。

26. 张英：《张英全书》，江小角、杨怀志校，安徽大学出版社，2013年版。

27. 张体云：《张英年谱》，安徽人民出版社，2016年版。

28. 张体云：《张廷玉年谱》，安徽人民出版社，2016年版。